Traduction et Violence

T

D

O

N

U

R

A

C

T

et

I

V

I

N

E

O

L

C

번역과 폭력

티펜 사모요 지음
류재화 옮김

E

차 례

일러두기

* 모든 각주는 역자 주다. 인명과 용어, 특히 용어 번역 문제에서 보완 설명이 필요한 경우 역주를 달았다. 인용된 참조문헌의 서지사항을 주로 밝히고 있는 저자 주는 미주에 실려 있다.
* 직역론을 강조하는 저자의 뜻을 존중하여 품사나 문형을 과도하게 변형하지 않았다. 다만 프랑스어에 상당히 발달해 있는 명사구는 자칫 조악한 번역 투가 될 수 있어 적절히 해체하고 재조합하여 번역했다. 쉼표 및 접속사, 관계사로 이어지는 긴 문장의 경우 적절하게 문장을 나눠 가독성을 살렸다.

들어가며
자기 언어로 각자, 혹은 홀로

가까운 미래에 우리는 홀로, 그러니까 자기 언어로 각자 여행하게 될 것이다. 나와 다른 사람을 만나기 위해 굳이 외국어를 배울 필요도 없을 것이다. 인간이 하는 번역과 인공지능이 하는 번역을 비교하는 것이 타당한지 아닌지 여전히 갑론을박은 있을 것이다. 후자가 전자보다 우세할 수도 있다. 책 한권 전체가 번역 프로그램으로 번역되어 나올 때부터—2018년 10월, 800쪽이 넘는 과학책이 처음으로 딥엘DeepL(이 번역 소프트웨어는 **딥 러닝**Deep learning[1]에 기반한 것이다) 프로그램으로 번역되어 출간됐다—이런 문제는 제기되었다. 이 책의 내용은 기술과 관련된 것이다. 만일 인공지능 번역 프로그램으로 이 분야가 번역되었다면, 같은 프로그램 혹은 그와 필적할 만한 다른 프로그램으로 문학 텍스트도 충분히 성공적으로 번역될 수 있을 것이다. 물론 똑같은 학습 원리를 기반으로 한 건 아니어도 말이다. 프랑스문학번역진흥협회인 아틀라스ATLAS는 최근 10년에 걸쳐 이런 도구들(구글 트랜슬레이트와 딥엘)을 비교해봤고, 이 프로그램을 응용해 도스토옙스키에서 샐린저에 이르는 고전 문학 텍스트들을 번역하면서 그 기술을 향상하려고 노력했다.[2] 따라서 해를 거듭할수록, 이 기계(도구)들과 다양한 학습 시스템을 통해 많은 번역 개선이 이루어질 것이 충분히 예측되었다. 사실 이 기계들을 더욱 지능적으로 만들 수 있는 방법이 두 가지 있다. 첫 번째는 2016년까지도 사용된, 이른바 "자동 번역"이라 부르는 것이다. 언어와 사전의 모든 규칙을 기계한테 "먹이고", 실수가 나오면 알려주어 작은 분절체까지 살려 번역할 수 있도록 훈련시킨다. 이것이 이른바 "구문 기반 기계 번역"으로, 통계적 방법을 택한다. 두 번째는 대부분의 컴퓨터에 내장된 번역 도구들TAO의 이점을 활용하는 것이다. "신경 조직망" 같은 텍스트와 상당한 양의 번역물을 기계에 이식해 컴퓨터 혼자 스스로 실수들을 수정하면서 처리하는 방식이다. 이 실수들은 우선 훈련 실행 단계에서부터 지적된다. 이어 스스로 교정하며 교정 과정을 학습한다. 알고리즘이 서서히 자기가 이용해야 할 번역 규칙들을 결정한다.

점점 비중이 높아지는 알고리즘의 효율성으로 인한 변동은 충분히 가시적이고 효과적으로 일어나고 있다. 전세계에서 매일같이 수천수만 개의 번역물이 생산되면서 재현된 언어들 사이에 불평등이 나타나고, 가장 약한 언어들의 소멸도 가속화되고 있다. 이런 변동은 번역자의 노동을 제안 또는 발상이 아닌 수정 또는 점검으로 바꾸기도 한다. 번역자는 단순히 기계에 종속된 자가 되기를 원치 않지만, 번역해야 할 언어와 문화 앞에선 어쩔 수 없이 인공지능처럼 훈련당하기도 한다. 물론 이런 변동은 각 언어의 특수성이 보호되는 터다. 이제는 영어가 아닌, 바로 옆에 있는 번역기, 즉 자동 번역기라는 새로운 "글로비시"globish*가 부과되는 차원에서 이뤄진다. 아울러 동등성, 투명성, 대체성이 주장되기도 한다. 번역자들은 아주 많이 사용되는 언어를 중시하게 되는데, 그래서 이탈리아어보다는 영어, 위구르어보다는 중국어, 칸나다어**보다는 벵골어로 번역하는 번역자가 훨씬 효과적이고 숫자도 많은 게 그리 놀랄 일은 아니다. 그렇다면 번역된 말뭉치가 아주 제한적인 언어쌍은 어떻게 심화연습이 될까? 기계가 번역을 잘 하도록 하려면, 가령 이란어와 아일랜드어, 스와힐리어와 한국어 간에 충분한 교환이 있어야 하지 않을까? 세계에서 번역해야 할 언어쌍이 6000개나 된다는 것을 안다면 이 쟁점의 중요성이 짐작될 것이다. 이 사

* 영어 원어민이 아닌 다수가 사용하는, 단순화된 영어.
** 인도 카르나타카주에 거주하는 드라비다계 민족인 칸나다인이 사용하는 언어이다.

안에는 일종의 언어-교대 문제가 얽혀 있다. 인류 역사상 많은 번역이 이뤄지면서 실질적인 것들이 서로 이어지고, 아울러 하나 또는 몇몇 언어들이 지배적 위치를 점하면서 그만큼의 오류 발생 위험도 늘어나게 된 것이다.

　이제는 더 많은 여행자들이 여행 중 만난 사람과 굳이 그 나라 말로 대화를 하지 않아도, 모국어가 무엇이든 상관없이, 자기 언어로 들을 수 있는 앱과 이어폰만 있으면 온 지구를 성큼성큼 다닐 수 있게 됐다. 사실, 15개국 언어로 번역되는 이런 유형의 도구는—영화 〈스타 트렉〉의 주인공들은 이미 이런 도구를 가지고 다녔다—이미 상용화 내지 상업화됐다. 물론 동시 통역은 아니다. 목소리를 듣고, 그것을 클라우드에 보내고, 복사하고, 번역하는 데 몇 초의 시간은 필요하다. 2020년 도쿄 올림픽에서 사용된 소스넥스트Sourcenext는 관광업계 종사자(호텔 직원 및 택시 기사)를 위해 만든 것으로, 75개 가까이 되는 언어를 번역할 수 있는 도구다. 기계 및 알고리즘 혁명은 너무 빨라서 일단 한 번 나오면 얼마 못 가 구식이 된다. 비 예보가 있고, 실제 비가 오는 데 걸리는 시간보다 새로운 기계가 예언되고 현실화되는 시간이 더 빠른 세계 속에 우리는 이미 들어와 있다.

　컴퓨터 보조 번역기의 진보 및 그와 관련한 변화를 생각해보면, 번역이 외국인을 맞는 긍정적이고 이례적인 활동이거나,

자기 언어를 통해 다른 언어를 배우는 활동이라고 생각하는 것도 이제 그만둬야 한다. 번역을 칭송하거나 번역을 단순히 여러 문화와 다양한 사고 방식의 만남 공간으로 보는 것도 이제 그만둬야 한다. 번역은 저 멀리 외따로 떨어져 있는 나라로 향해 가는 발걸음에 필요한 주요 도구가 될 수 있을 뿐이다. 더욱이 각자 이어폰 하나만 귀에 꽂으면 외국인에게 접근할 수 있다. 투명성은 폭력이다. 이런 무지막지한 진보를 강박 또는 불안으로 지켜보며 예의주시할 수밖에 없는데, 그렇다면 이제 소통 과정과 방식 또는 그 총체를 전혀 다른 차원에서 생각해볼 필요가 있다. 이제 번역은 모호하고 복잡한 것이며, 최선이자 최악이 될 수 있다고 봐야 한다. 사실상 지배의 역사이기도 한 문화적 만남의 역사 속에 그간 표명된, 타자를 축소하고 타자를 자기화하던 권력을 떠올려보자.

복수성 및 개방성의 요인이자, 타자에 대한 윤리적 관계의 요인으로 번역을 보는 긍정적 담론이 일반화되면서 번역은 전쟁 또는 갈등의 반대어가 되기도 했다. 그런데 바로 그런 이유로 번역이 지닌 상당한 사유적 힘의 중요 부분이 박탈된 감이 없지 않다. 번역은 때론 전쟁 수행과정에서 결정적 역할을 했는데(유리한 점은 거의 없었지만!), 가령 에밀리 엡터는 이라크 전쟁에서 그 예를 보여줬고, 모나 베이커는 이스라엘·팔레스타인 갈등 국면에서, 알랭 리카르는 아파르트헤이트*에서 그 예를 보여줬다.³ 이처럼 번역은 요지부동의 대결 공간이기도 하다. 모든 사고 대상은 이 두 가지, 즉 차이와 반대에 아무리 완강히 매달리더라도 변증법을 통하면 거의 용해되지 않는 것이 없다. 따라서 번역 언어를 '민주적 합의**가 된 어휘 속에 놓는다는 게 역설 없이는 어려울 것이다. 다시 말해, 이 '놓는' 것은 모든 갈등을 축소하고 약화하고, 나아가 전적으로 부정한다는 것을 함의하기 때문이다. 그런데 이런 갈등에는 번역이 이미 들어와 있다. 전반적 정치 담론의 변화를 묵시적으로 드러내는 이런 번역의 전환 윤리는(다시 말해 이제 갈등 없는 평화로운 사회에 이르렀다거나, 적이 없는 세계에서 산다거나) 한 사람(자기 자신)과 또 다른 한 사람 간의 차이를 줄인 대가이다. 다소 허위와 기만이 섞여 있는 상호 간의 공감을 대가로 오는 것이기도 할 것이다. 이어지는 장에서 내가 일부 해체하고 싶은 것이 바로 이런 역설과 난제들이다. 그래야 번역에 능동적 부정성이라는 그 잠재성을 다시 부여할 수 있기 때문이다.

　　오로지 한 언어에서 다른 언어로 이동하며 생기게 마련

---

* 남아연방의 인종차별 정책.
** Consens démocratique: 다음에 나오는 1장의 제목이기도 하다.

인 상실 때문에 부정성을 말하는 건 아니다. 관계의 공간이기도 한 번역은 갈등의 장소이기도 한데, 여러 복수성 형태를 띰으로써 갈등을 어느 정도 해결하기도 한다. 이른바 "길항적 번역"은 길들여진 반목의 또 다른 이름일 수 있다. 고통이든 반목이든 번역은 단순한 종합을 인정하지 않고 변증법을 뒤집기까지 하므로 이 잠재성은 이론적으로도 말해볼 수 있다. 정치적 차원에서 말해본다면, 그 잠재성은 차이를 줄여나가고 갈등을 해결해나가는 방법이다. 그래서 이것은 실질적이다. 많은 번역가들은 이른바 타자(다른 언어, 다른 저자, 다른 글)와 길항하고 반목하는 대결 구도 장면을 익히 알고 있다. 서로 다툴 수밖에 없는 관계성 속에서 흔히 자신의 고유 언어가 약화되는 것을 내버려둘 수밖에 없다. 그렇게 무능력하고, 불완전하게, 한마디로 거의 불량 상태로 내버려둘 수밖에 없다는 것을 절감한다. 오늘날은 번역이 갈 수 있는 여러 길이 안내되어 있는데, 과거 이전의 길에 비해 지금은 이 길이 얼마나 복잡하고 산만한지. 그러나 얼마나 역동적인가. 그런데 이 복잡한 길을 통해 결국 동의의 담론에 이르렀고, 관련한 담론의 긴 역사 속에 자리매김하게 되었다. 어디서는 계속 번역이 갈등을 즐긴다. 번역을 두고 하는 논쟁도 있지만, 번역 자체가 곧 논쟁인 것이다. 이런 성찰적 측면을 떠올려보거나 번역의 사유 속에 들어 있는 부정적 힘을 분석해보는 것. 바로 이것이 이 책의 목표 가운데 하나다. 이는 단순히 긍정 담론을 부정 담론으로 뒤집는 문제가 아니다. 번역의 실제 속에서 어떤 모순이 생기는지, 언어의 지배성과 취약성으로 어떤 힘이 생기는지 보자는 것이다. 또한 인간과 기계의 상호작용으로 발생하는 새로운 관계가 어떻게 공동체로 만들어지는지, 또 그들 관계가 어떻게 재형성되는지 보면서 갈등의 차원을 좀 더 체계화 해보자는 것이다.

여러 해 전부터 나는 문학 그 자체보다 문학이 어떤 움직임을 통해 순환되고 전달되는지 가르쳐왔다. 그 이유는 아무래도 문학의 경험이라는 것은 "자기 고유"의 것이지 가르쳐서 되는 건 아니기 때문이다. 문학사 속으로 학문적 도피를 하느니 '아틀라스'를 통한 우회, 즉 텍스트와 언어를 통한 여행을 택한 것이다. 작품은 지속적으로 변화하지 실은 자신을 전혀 닮아 있지 않다. 비슷한 것들의 되풀이, 또 새로운 발견, 그런가 하면 부정 행위들과 망각들로 가득한 이야기를 우리는 얼마나 자주 마주치는가. 또 다른 이유라면, 내가 가르치는 과목은 비교 문학으로, 전 세계문학을 다루면서 비교 문학 연구 방법에도 상당한 변화가 생겼다. 세계문학은 지식이나 지성만으로는 이해할 수 없다. 하나의 어떤 체계를 만들 수 있을 만큼 전체적인 연관성을 고려하며 봐야 한다(파스칼 카사노바[*]가《문자들의 세계 공화국》에서 잘 보여준 것처럼). 어떤 특징이 다른 사례에서 보이면 그 특징들을 찾아가며 그것들 간의 특별한 관계를 살피면서 다소 유연한 방식으로 작품을 읽어야 한다. 특히, 번역의 사유를 만들어낼 수 있어야 한다. 세계화 관점에서 촉발된 탈중심성이 가능한 한 수반되어야 한다. 프랑스 문화 중심이어서도, 유럽 문화 중심이어서도 안 된다(비교 문학은 여전히 계속되고 있지만 말이다).

석·박사 논문 지도를 하면서 나는 학생들과 많은 과제를 수행해왔다. 파리8대학에서 클로드 무샤르[**] 교수와 함께《트랜슬라시옹Translations》이라는 잡지를 창간하기도 했는데, 학생들이 주도적으로 참여했다. 특히 우리 강의를 듣는 많은 외국인 학생들의 번역 덕분에 그들의 문학을 많이 알게 되었다. 우

---

[*] Pascale Casanova(1959~2018): 프랑스 문학평론가. 특히 세계문학의 장에서 문학 텍스트가 어떤 위상을 차지하고 어떤 투쟁 대상이 되는지를 다룬《문자들의 세계 공화국La République mondiale des lettres》을 썼다.

[**] Claude Mouchard(1941~): 파리8대학 비교문학 교수를 지냈고, 잡지《포에지Po&sie》의 편집장을 지냈으며, 특히 세계 유수의 많은 연극 및 시 작품을 번역했다. 일본 및 한국 현대 시인들의 시를 번역했다. 기형도의《입속의 검은 잎》도 번역했다.

리는 그루지야(조지아) 시인들, 한국 시인들, 또 저 옛날의 크레올* 우화만이 아니라 현대 아일랜드 작가들의 산문이며, 팔레스타인 시, 밤바리아어** 격언도 번역했다. 이 번역을 어느 정도 안정적으로 만들고 그 의미와 리듬을 잡는 데 프랑스어가 모국어인 학생들의 협조가 결정적이었다. 번역은 하나의 집단 예술이다. 여러 층위로 된 문학의 집단적 형태에 대해서도 성찰하게 해준다. 왜냐하면 항상 적어도 두 층위는 있기 때문이다. 물론 두 개 이상의 더 많은 층위가 있을 수도 있다(울리포의 실험성이 번역을 전면에 내세우는 것이 그닥 놀랍지 않다). 작품 자체는 복수성으로 생각되거나 그런 복수 상태 전체로 구성된 것일 수 있다. 과거, 현재, 그리고 다가올 미래의 문어와 구어로 된 것들 전체로 구성되어 있다는 것이다. 호메로스에 대한 보르헤스의 논문, 시에 대한 레옹 로벨과 자크 루보의 논문만 해도 바로 이런 것을 다루고 있다.[4] 한때, 나는 작품의 이런 복수성 개념과 더불어 역설일 수 있지만 그로 인한 원문의 상대적 소멸을 제시한 바 있다. 오늘날 나는 그것을 하나의 자명한 이치로 본다. 텍스트는 다른 번역본(판본)들 사이에서만 그 진정한 실존을 갖는다.

* 서구 유럽 사회가 식민화한 서인도 제도를 가리킨다.
** 아프리카 말리에서 사용되는 밤바라족의 언어이다.

이들 가운데 단 하나에 정통한 권위를 부여하지는 않는다. 그런 권위를 갖는 대체물이 때론 번역이라고 생각하지만, 이젠 번역에서 "성실성"의 문제를 따지는 것도 단념하게 되었으니 그 질문 자체가 문제시된다. 쓰기는 말하기에 비해 훨씬 안정적이므로, 쓰기가 전달 및 전승 과정에서 더 인정받는 것도 사실이다. 그러나 이제 구어와 문어를 상호 절충하며 문학 텍스트를 새롭게 보는 개념이 도출되고 있어, 적어도 문학에서 이 두 양식을 완전히 분리할 수는 없게 되었다.

번역을 사유하기 위해서는, 수많은 이론가들이 이미 강조한 것처럼 번역의 실제가 핵심이다. 번역을 실제로 해야만 번역이 갖는 저항성을 느낄 수 있고 번역 안에 상존하는 갈등의 힘을 느낄 수 있다. 미셸 드기, 클로드 무샤르, 그리고 마르탱 루에프와 함께 나는 《포에지Po&sie》라는 잡지를 만들었다. 시적 이성 또는 비이성은 번역적 이성 또는 비이성이 될 수 있다. 시인들을 힘들게 번역하다 보면, 컴퓨터 보조 번역 같은 투명성이 없다. 이 투명성은 곧 폭력성일 수도 있다. 시 번역에는 언어의 한계를 뛰어넘는, 시를 통해 더 언어를 작업하는, 그야말로 언어 대 언어의 드잡이가 있을 뿐이다. 의미는, 소리와 단어 그 이상도 이하도 아닐 수 있지만, 시에서는 의미에 결정적 울타리가 없다. 소리와 단어들은 (찌르레기처럼) 날아갈 수 있다. 찌르레기들은 비상하며 하나의 형상을 만드는데, 우리에겐 그저 수수께끼 같지만, 그 형상은 그야말로 압도적이고 아름답다. 찌르레기들은 날아가고 이동하며 공간과 시간을 데생하는 그들의 리듬에 따라 그 형상을 운반한다. 시는 우리로 하여금 언어의 일상적이고 사회적인 용법을 시험하게 하는가 하면 여러 오해를 불러일으키기도 한다. 다음 시를 번역하면서 우리는 말과 진실의 관계를 해방시킬 것이다.

 언어의 거울 속에

 침묵하며 마주하기 위해

 번역한다

 더 이상 내가 아닌 곳에 있기 위해

 번역한다.

 그리고 그것들이 더 이상 그렇게

 있을 수 없는 곳에서

 그것들을 다시 만나게 하기 위해

 나를 본국에 송환하기 위해

 음절을 음절로

 단어를 단어로

 문장을 문장으로

들어가며 자기 언어로 각자, 혹은 홀로

번역한다.

눈꺼풀―상처의 봉합선―을 닫는 것처럼

쟤들과 맞서 번역한다

쟤들과 맞서 번역한다

쟤들과 맞서 번역한다.[5]

　언어에 폭력성이 있는 건 사실이지만, 언어는 다시 하나가 되기 위해 우선 분리되어 있다. 의미의 복수성은 하나의 풍부한 자산이기 이전에 갈등의 샘물이다. 번역은 죽은 자들을, 죽은 모든 것을 송환하기 위해 바로 이런 폭력과 함께하는 일이다. "쟤들과 맞서 번역한다." 파괴의 폭력성에 맞서, 불가피한 소멸에 맞서 번역한다는 의미다. 모든 만남에 내재되어 있는 갈등과 직접적으로 대면하며, 번역은 이런 세계의 폭력성을, 그리고 공생하는 삶의 폭력성을 책임진다.

1장

번역과
민주적 합의

"할머니를 프랑스어로 뭐라 말하죠?"

"프랑스어로? 할머니"[1]

— 외젠 이오네스코

이론적 담론*이건 제도적 담론이건, 프랑스어로 쓰였건 영어로 쓰였건 혹은 다른 모든 언어로 쓰였건, 번역에 관한 현대의 모든 담론은 행동의 긍정성을 지지한다. 발터 벤야민이 말하는 사유의 유사어는, 한스 게오르그 가다머에 따르면 진실

---

* Discours: 이 글에는 'discours'라는 단어가 상당히 많이 나오는데, 담론, 담화, 대화, 말, 이야기 등 다양하게 번역될 수 있다. 문맥에 따라 변화를 주며 번역했다. Discours는 동사 courir('달리다')에서 파생되어, 글이나 대화 속에 자유롭게 흘러 돌아다니는 말, 때로는 어수선하고 분망한 말을 의미하기도 한다. 프랑스어 사전에 따르면, 첫 번째 뜻은 말하는 주체가 확실하게 정해져 있고, 그 주체가 자신의 생각을 비교적 논리 정연하게 말하는 것을 의미한다. 그런데 바로 이어지는 두 번째 뜻은 특별히 정해진 주제 없이 주제를 심화하지 않고 시시콜콜한 다양한 주제를 자유롭게 말하며 의견을 교환하는 것을 의미한다. 또한 세 번째 뜻은 쓸데없이 이어지는 길고 장황한 말이다. 가령 롤랑 바르트는 사랑에 빠진 자의 말을, 즉 사랑의 담론discours을 이렇게 어수선하고 분망한 말이라 보며, 사랑에 빠진 주체를 이 같은 언어 형상을 통해 역설적으로 사유한 바 있다. 따라서 이 글에서는 discours를 '담론'으로 주로 옮기면서도, 문맥에 따라 두 번째 또는 세 번째 뜻에 가까울 때는 '글에 흐르는 말' 등으로 옮기거나 원어 discours를 병기하고 작은 따옴표를 붙였다.

의 계시이자 폭로일 수 있다. 이것은 앙투안 베르만[*] 또는 폴
리쾨르[**]에게는 환대일 수 있다. 또 바바라 카생[***]에 따르면
이것은 하이데거의 존재론에 대항하는 복수성에 대한 보증일
수 있다. 유일무이한 언어의 헤게모니에 대항하는 복수성의 수
호자이기도 한 바바라 카생은 《철학들의 유럽 어휘Vocabulaire
européen des philosophies》의 서문에서 이를 강조한 바 있다. 엄
격성은 다소 유보로 하고, 작품이 번역되길 거부하듯 저항함에
도 "불구하고" 식의 번역의 난제를 다루는 담론은 대부분 대학
및 학술 기관에서 나오는 이른바 제도권 도식으로 표현되는가
하면 정치적 도식 또는 '독사doxa'[****]의 도식, 더 나아가 철학

---

[*] Antoine Berman(1942~1991): 언어학자이자 번역가, 번역학자, 번역철학자
이다. 독일 및 스페인 문학 번역가로 이름을 알렸고, 프랑스 번역학 및 번
역철학을 대표하는 인물이다. 문자 번역, 직역의 중요성 등을 강조한 그의
번역학은 이 글에서 자주 다뤄지므로 맥락을 통해 이해할 수 있다. 주요
저서 《번역과 문자: 먼 것의 거처》, 《낯선 것으로부터 오는 시련》 등은 모
두 국내에 번역 소개되어 있다.

[**] Paul Ricœur(1913~2005): 베르그송, 메를로 퐁티 등에서 이어지는 대표적
인 프랑스 철학자로 후설의 현상학 저서들을 번역하기도 했다. 철학적 주
제로 해석학에 몰두하면서 더욱 분석적인 텍스트론을 다수 집필하였다.

[***] Barbara Cassin(1947~): 프랑스의 문헌학자이자 철학자로, 특히 그리스
철학과 수사학의 전문가다. 2018년 아카데미 프랑세즈 위원으로 선출
된 바 있으며, 앙투안 베르만의 《번역과 문자》의 서문을 알랭 바디우 등
과 함께 썼다.

적, 이론적 도식으로 표현된다. 이것은 관대하고, 열려 있고, 믿음을 주는 발언이다. 문화들 간의 소통은 미덕이므로 이를 믿어야 하며 그렇게 다양성을 노래해야 하며, 불평등한 관계 또는 지배적 관계는 이제 잊어버리자는 것이다.

제도권 담론들, 즉 몇몇 전문가들이나 국제 조직에서 언어를 담당하는 사람들의 입에서 듣게 되는 이런 담론들은 이것이 얼마나 관대한 확신인지 여실히 보여준다. 유럽위원회EC 번역 총무처에서 일하고 있는 미카엘 뫼니에는 자신의 업무를 세계에서 가장 큰 기관 및 제도권 번역 업무라고 소개했다(2014년 기준 1500명의 번역자, 24개의 공식 언어, 그리고 552개의 가능한 언어 조합이 있다). 그리고 "유럽연합은 여러 국민들과 가치들의 공동체이며, 다중적 다양성이 풍부한 연합"이라 확신했다. "종교적 다양성, 언어적 다양성, 인종적 다양성 등 다중적 다양성이 풍부한 연합체로, 이것은 단순한 혼합이 아니라, 진정한 모자이크"이며, "유럽으로 만든 이 다양성의 유형이 곧 유럽을 갈등의 땅

**** Doxa: 감각 기관을 통해 얻은 지식을 대상에 대해 품게 되면서 생기는 상식적 견해. 객관적 검증을 거치지 않았으므로 주관적이거나 억지 주장일 수 있다. 보통 '억견'이라 번역하기도 하는데, 플라톤이 두 번째 지식 단계로 분류하면서 쓴 용어이기도 해서 원어대로 옮겼다.

에서 풍요의 샘"으로 만들 것이며, "다양성 없이는 개념으로서의 유럽, 기획으로서의 유럽은 존재할 수 없다"[2]라고 말했다. 다채로운 예술작품처럼 번역된 이 다양성은 평화를 증진하는 도구로 고양될 수 있다는 것이다. 만일 걱정이 획일적 단일성에서 생긴다면, 조화는 논리적 다각성에서 유래한다. 유럽위원회는 e트랜슬레이션eTranslation 업무를 조정하는 위원회로서, 공공 행정기관들이 유럽연합의 모든 공식 언어에서 출발해 유럽연합의 모든 공식 언어로 도착하는 날것의 자동번역을 신속히 얻을 수 있게 해준다. 이 도구는 유용하고 상대적으로 효과적이다. 하지만 기계적 계산성 때문에 언어의 다각성이 사라지고, 같은 언어로 단순히 환원되는 측면도 있다. 아직 완벽히 신뢰할 만한 정도로 개발되지 않아서일까? 아니면 2개 국어를 쓰는 자와의 협조가 더 필요한 것일까? 아니면 인간끼리의 소통을 대체할 만한 것이 없어서일까? 글쎄, 다 확실치 않다.

오랫동안 문화부 산하 프랑스어와 프랑스 언어 총국DGL-FLF* 위원장을 지낸 자비에 노르 역시 언어의 다양성 및 풍요

---

* La délégation générale à la langue française et aux langues de France의 이니셜을 딴 기관으로 전자의 프랑스어langue française는 단수로 프랑스어 자체를 의미하고 후자의 프랑스 언어langues de France는 여러 번역 정책을 통한

로운 언어 교류의 열렬한 옹호자다. 이 직책을 가지고 그는 정치적 쟁점으로서의 번역을 증진하기 위해 여러 기관 행사에 참여하고 언론과 미디어에 출연하는가 하면, 《바벨 이후, 번역하기Après Babel, traduire》를 쓴 바바라 카생이 집행위원장을 맡은 2017 마르세유 유럽 및 지중해 문화 박물관MuCEM** 전시회에도 참여했다. 그의 연설에서 관심이 가는 것은, 그 직책과 입장 때문인지, 지배권이나 주도권 같은 어휘를 사용하는 데 있어 별다른 제약을 갖지 않는다는 점이다. 그는 프랑스가 "해외 식민지 사업으로 확장한 영토"에서 누렸던 영광을 유지해야 한다는 말도 서슴지 않는다. 동시에 이 세계 지역들에 다른 언어들이 공존해야 한다는 것도, 그 쟁점적 성격도 잘 알고 있다. "번역의 대규모 정책을 통해 다른 언어 공동체에 열려 있어야 한다"[3]라고 적극 말하는 것도 그래서다. 에마뉘엘 마크롱이 대통령에 당선되고 나서 프랑스어와 관련해 내린 첫 결정 중 하나가 번역상을 만든 것인데, 그때부터 나온 여러 정책들에 기반해 그의 아이디어들도 채택되었다. 당시 문화부 장관이었던 프랑수

복수화된 프랑스어를 의미한다.
** 마르세유에 있는 박물관. MuCEM은 Museum of European and Mediterranean Civilisations의 이니셜이다.

아즈 니센은 2017년 베이루트에서 열린 도서전에서 언어에 대해 말하면서, 우리는 "프랑스어"를 공유하고, 우리를 연결시켜 주는 언어, 즉 "번역"을 공유하고 있다고 했다. 번역을 언어로 보는 개념은 움베르토 에코의 도식 "유럽의 언어, 그것은 번역"을 그 선례로 삼고 있는데, 물론 이게 틀렸다 해도 이런 도식은 효과적이다. 그런데 번역은 하나의 언어가 아니다. 여러 언어 간의 '작용opération'이다. 에코의 도식은 하나의 언어와 다른 언어 사이에 벌어진 틈을 가릴 여지가 있다. 흔히 번역은 이 틈을 채우느라 고생하는 일이다. 그러면서 갈등을 가라앉힌다. 만일 프랑수아즈 니센이 말한 것처럼 "프랑스와 레바논 간의 대화는 또 다른 언어를 통해 이루어지는데, 이 또 다른 언어가 바로 번역"[4]이라면, 번역이 다른 언어들에 대한 지식을 대체할 것이다. 왜냐하면 번역은 번역 실무자들이 다국어를 가지고 있음을 전제하기 때문이다. 그러면 이제 번역이 자기 차례라도 된 듯 모든 세계를 다국어로 만드는 이 기적을 지지할 것이다. 그럼에도 불구하고 이 담론은 중요한 하나의 거부에 근거한다. 번역을 가지고 하나의 언어를 만들겠다고 하지만, 이 경우 아랍어는 잊고 있다. 유럽인들은 지금까지도 거의 배우지 않는 이 언어를 배워야 할 필요성을 잊고 있는 것이다. 주변의 땅을 사들여 개발하듯, 아랍어, 이슬람어라는 참조물을 사서 개발할 필요성은 잊고 있는 것이다.

　이토록 희망 가득한 정책적 담론이 "크세주" 문고 같은, 학
술적 내용을 대중에게 보급하기 위해 기획된 책들에도 기술되
어 있는데, 가령 미카엘 우스티노프는 다음과 같이 설명한다.
"번역은 단순한 언어 활동이 아니다. 언어는 문화적 다양성과
떼려야 뗄 수 없는 관계에 있다. 생명의 다양성에 버금가는 이
다양성은 유네스코는 물론 유엔에서도 옹호하는 것으로, 21세
기의 문화 충격에서 기인한 여러 갈등의 확산을 막기 위해서도
필요하다."[5] 또한《번역하다. 다국어의 옹호와 조명》[6]의 저자인
프랑수아 오스트가 쓴 책에서도 이런 인식을 만나볼 수 있다.
이것은 폴 리쾨르로부터 폭넓게 계승된 공식 중 하나일 수 있
는데, 이렇게 쓰고 있다. "이는 변증법적 개념으로 이해해야 한
다. 우리의 정체성은 상대적이다. 우리를 갈라놓는 차이들은 절
대적인 게 아니다. 이런 직관의 기초 위에서, 우리는 번역의 세
계로 들어갈 수 있다. 타자에 있는 어떤 것을 울리게 해서, 그와
동등한 것을, 즉 우리 고유의 언어와 우리 고유의 문화 속에 잠
들어 있는 잠재적인 것을 찾아낼 수 있다. 이것은 번역가의 작
업을 계기로 깨어난다. 나는 번역가적 반사행동의 근원에는 어
떤 윤리적 성향이 존재한다고 믿는다. '자기 자신'을 하나의 타
자로 보는 이런 입장이 없으면, 번역은 항상 헤게모니가 되거나

동화시키는 자가 될 위험이 상존한다. 역사가 이런 예들을 많이 제공한다. 로마는 그리스 시인과 극작가들을 로마화했고, 17세기 프랑스는 번역한 외국 문학을 궁중 언어로 '윤문하려' 했다."[7](이때가 이른바 '아름다우나 부정한 여인들*의 시대다.

　이런 담론들에서 크게 두 가지 경향을 부각할 수 있다. 첫째는 다중성에 대한 열광이다. 번역은 세계화 및 세계 공용어 같은 동질화 공격에 맞서 언어를 지켜내려고 한다. 다양성, 복수성, 다국어가 그 예다. 이들은 번역이 이런 공격에 맞서 한층 고무되어 있음을 보여준다. 물론 프랑수아 오스트가 말한 것처럼 번역에는 병합주의자적인 충동도 있어야 한다. 둘째는 번역과 갈등 간의 대조성을 강조하는 것으로, 번역은 외국 또는 낯선 것에 대해 실증적인 긍정적 경험을 하는 것이나 갈등은 부정적인 경험이다. 가령, "크세주" 문고의 서문에서 밝히듯, 이 대조성은 두 가지 용어를 중심으로 전개된다. 두 용어 모두 다

---

* Les belles infidèles: 번역을 우의적으로 표현한 말로, belles은 '아름다운 여인들' 또는 '미녀들'을 뜻하고, infidèles는 '불성실한', '부정한', '불륜을 저지른' 등의 뜻을 갖는다. 당대의 언어 취향에 맞추기 위해 지나치게 프랑스어식으로 번역하는가 하면, 번역한 외국 문학의 외국어보다 프랑스어가 월등하게 우월하다는 자의식을 고취하여 번역하던 태도를 비유한 말이다.

중성multiple을 표현하는 말이지만, 한쪽에는 "생명적 다양성di-versité vitale"이 있고, 다른 쪽에는 타자의 "증식성prolifération"이 있다. 전자가 건강한 상태를 의미한다면, 후자는 병 또는 병세를 의미하는 표현으로 서로 대립된다. 좋은 다중성과 나쁜 다중성이 있다는 것이다. 그리고 번역은 우리에게 좋은 것을 보장할 것이다. 번역에 대한 이런 현대적 표현은 앙투안 베르만, 로렌스 베누티**, 앤서니 핌*** 이후 번역학에서 자주 볼 수 있게 된, 번역의 윤리 차원 개념에 좀 더 감미료를 입힌 일종의 화해를 꾀하는 표현일 뿐이다. 아니면, 철학 담론을 이어받은 것일 수 있다. 폴 리쾨르는 1997년과 1999년 사이 있었던 여러 학회에서 이를 완벽히 종합한 바 있다. "번역하는 행복은 그래도 어떤 성과가 있어서인데, 언어적 절대성의 상실을 받아들일 수밖에 없는 번역자는 합치성과 등가성 사이에 격차가 있음을, 아니면 다른 말로, 합치성 없는 등가성을 결국은 받아들이게 된다. 바로 여기에 행복이 있는 것이다. 자기 고유어와 외국

** Lawrence Venuti(1953~): 미국의 번역학자로, 이탈리아어, 프랑스어, 카탈루냐어 문학의 번역자이기도 하다.

*** Anthony Pym(1956~): 오스트레일리아의 번역학자로, 번역학의 담론을 '번역'에서 '번역가'로 옮겨온 점에서 평가받고 있다.

어가 한 쌍이어도 서로 완벽하게는 환원 불가능하다는 것을 고백하거나 인정하면서 자기 보상이 생기는 것이다. 즉 번역 욕구에 합리적 지평선을 설정하듯, 번역하는 행위의 대화성에는 어떤 초월할 수 없는 위상이 있음을 인정할 때, 자기 보상이 생기는 것이다. 번역자의 힘든 과제를 더욱 극화하는 '투기鬪技, l'agonistique'* 측면이 있긴 하지만, 번역자는 자기 행복을, 그러니까 나는 이런 이름을 붙이고 싶은데, 언어적 환대hospitalité** 속에서 찾아야 하는 것이다."[8] 말하는 어휘와 방식이 다소 다르긴 하지만, 번역의 성격을 규정하는 듯한 다중성의 대화나 외국 또는 낯선 것에 대한 행복한 환대 또는 리쾨르가 표현한 대로 "번역의 도전과 행복" 같은 특징적인 표현을 엿볼 수 있다. 그럼에도 불구하고 여기서는 '투기'가 번역과 대립(미카엘 우스

---

* 고대 그리스 체육에서 나온 말로 완전히 무장한 채 경기장에서 사력을 다해 싸우는 경기를 뜻한다. 뒤의 장에서, 번역과 관련하여 이 개념은 다시 자세히 논의된다.
** '손님맞이', '환대', '융숭한 대접', '구호' 등의 의미를 갖는다. 그런데 hospitalité라는 단어에는 어원적으로 hôte라는 단어가 어른거리고 있다. Hôte는 '주인'이라는 뜻과 '손님'이라는 뜻을 동시에 갖고 있다. 또한 생물학에서는 '숙주'를 뜻하기도 한다. Hospitalité는 차라리 비결정적이어서 더욱 풍부한 함의를 가진 다중어로, 손님처럼 또는 적처럼 맞아들이면서 환대와 적대가 공존하는 영역이 될 수도 있다.

티노프의 경우처럼)되지 않는다고 지적하는 것은 흥미롭다. 대신 번역의 실제에서는 이것이 필요한 단계라고 제시되어 있다. 따라서, 그건 번역의 실제에서 극복하고 초월해야 할 사안일 것이다. 앙투안 베르만의 글에서도 환대라는 어휘가 자주 등장한다. 그는 트루바두르였던 조프레 뤼델의 표현을(그의 저서 제목이기도 하다) 인용해 "먼 것의 거처auberge du lointain"에 대해 이야기했다. 베르만은 "자국중심주의"에 반대하는가 하면, "낯선 것을 낯선 것 자체로 자기 고유의 언어 공간에 열어보이고자 하는 욕망"을 중시한다. 그 아름다운 제목으로 특히 유명한《낯선 것으로부터 오는 시련》[9]만 하더라도 이미 제목부터 그것을 강조하고 있다. 여기서 시련은 '쟁기질labour', 그러니까 노동이자 '찍어 자국 내기impression', 즉 인상이라는 이중적 의미가 있다. 즉, 타자가 자신을 잘라가게 내버려둔다. 여기서 타자란 번역이라는 노동이자 고역에 참여하는 자다. 왜냐하면 이 타자는 다음과 같은 하나의 윤리를 따르기 때문이다. "번역하다, 그것은 확실히 쓰는 것이다. 전달하는 것이기도 하다. 하지만 이 글쓰기와 전달은 자기 행위를 통제하는 윤리적 목표에서 출발할 때만 그 진정한 의미를 갖는다. 이런 의미에서 번역은 예술보다는 과학에 훨씬 가깝다—적어도 예술에서는 윤리적 책임성을 굳이 상정하지 않으므로."[10] 이와 유사한 생각은 북미 번역학자인 로렌스 베누티의 글에서도 찾아볼 수 있다. "문화적 차이의 인정을 하나의 이상적 윤리"로 보는 윤리가 여기서 전제되는데, 아무리 소수의 문화와 언어여도 자기 고유의 것과 외국에서 온 낯선 것the "domestic" and the "foreign"[11]을 함께 구성하며 재정의한다. 이런 "언어"는 기술적인 사전적 어휘로, 번역자 스스로도 자주 사용하는 것이다. 가령, "협상négociation"이라는 단어를 움베르토 에코는 이탈리아어(negoziazione)[12]로 다소 무절제하게 쓰고 있고, 샌드라 버만이나 마이클 우드는 영어(negotiation)[13]로 쓰고 있다. 이렇듯 이 단어는 지식과 문화의 모든 담론에 전체적으로 유입되어 쓰인다. 이와 비슷한 용어로는 "대화술dialogisme", "교환échange", "문화적 혼혈metissage culturel", "국지화localisation" 등이 있다. 간단히 말해, 신자유주의 사회에서 민주적 합의를 본 어휘들이 다량으로 쓰이면서 번역과 관련한 지정학적 분석을 하고 싶게 만든다는 것이다. 번역은 "동일한 담론을 초월하기 위한 조건들 가운데 하나"로 간주되고 있다. 왜냐하면 "서로 다른 문화적 실제들의 대결 가능성을 제시하면서 문화 생산 영역의 기능 및 국제적 교환 등을 동시에 다루는 문제를 제기해볼 수 있기 때문이다."[14]

이런 담론은 번역 자체의 어려움이나 번역의 보급으로 제기되는 문제를 굳이 거론하지 않는다면 그야말로 훨씬 긍정적이고 관대롭다(가령, 지젤 사피로와 그의 연구 팀은 프랑스를 대상으로 교환의 불평등성 및 경제 세계의 불평등한 위계질서 상에서 문화적 전이가 어떻게 자리잡는지 사회학적 분석을 통해 보여준 바 있다.[15] 또한 그 밖의 다른 연구자들의 연구도 있다). 바바라 카생은 그의 연구 전체에 아울러 ─나중에 "번역 불가능의 사전"이라는 별명이 붙은 《철학들의 유럽 어휘》라는 매력적인 연구 기획을 시작으로─ 결코 '어떤 하나의 번역une traduction'은 없지만, 그렇다고 단 하나의 언어가 있지는 않을 것이라는 견해를 주장한다. 만일 항상 번역을 해야 한다면, 만일 번역이 끝이 없는 것이라면, 그것은 그 의미가 언어 속에서 부단히 움직이기 때문이다. 하지만, 이런 상당한 노력으로 번역이 정치의 장에 등재될 수 있긴 했지만, 그럼에도 불구하고, 아니 아마 바로 그것 때문에 바바라 카생의 담론은 화해를 꾀하는 번역의 일반론에서 완전히 벗어나지 못한다.《번역 예찬Éloge de la traduction》에서도 이를 보여주고 있지만, 타자에 대한 변명과 자기 언어에 대한 변명으로 끝나고 있기 때문이다. 그녀는 이렇게 쓰고 있다. "다음과 같이 요약하면서 나는 이 예찬을 낱낱이 하나하나 설명하고 싶다. 우선, 타자에 대한 고려가 있어야 한다. 이 타자는 나 같은 나가 아니라 유사한 나다. 타자란 또 하나의 바바라가 아니다. 언어는 교회와는 차이가 나는 판테온이다. 그것은 유일무이한 신이 아니라 미지수 x라는 신들이 있는 곳이다. 정치의 기저에, 아이도스ⓐidôs*에 대한 존중이 있어야 한다. 즉, 타자의 시선에 대한 의식이 있어야 한다(변두리 외곽 지대가 요구하는 것도 이런 것이다). 번역은 타자를 고려하는 것이다. '정치적 올바름politiquement correct'를 뛰어넘어 다양성을 만드는 것이다."[16] 번역 불능성과 직접적 대결을 한다 해도, 거기에서 경험되는 어떤 행운과 기회가 있다. 《바벨 이후, 번역하기》 전시회 도록에 실린 글에서 다시 이렇게 말한 것처럼 말이다. "'번역 불능성intraduisibles'은 언어 차이성의 전조들이다. 이 전조들이 너무나 귀중한 것도 그래서다. 이 전조들을 통해 세계에 대한 고유하고 정밀한 지각이 훨씬 풍요롭고 복잡다단해진다. 우리가 하나의 언어로 말한다는 것은 주지의 사실이다. 그런데 이 하나의 언어는 '다른 언어들 사이'에 있는 언어다. 그림 수수께끼를 풀며 상상하고 꿈꾸듯 여러 개의 모호한 기표들이 섞여 있지만 기발하게 하나의 언어처럼 보일 뿐이다. 이보다 더 구체적이고 이보다 더 유희적인 것은 없다."[17] 물론 그렇다. 하지만 이 번역 불능성이 더 이상 번역하지 않기 위한 구실이 될 수도 있다. 상기해보자. 1790년 이

* 고대 그리스어로 '양심'을 의인화해서 표현한 말이다.

후 입헌의회는 모든 사람이 이해할 수 있도록 모든 법령을 "민간의 대중적 언어"로 번역하기로 결정했다. 한편, 1794년 1월 27일 공안위원회에서 바레르**의 연설이 있었는데, 그는 맹신과 미신에 저항하기 위해 프랑스어를 통일하고 이를 널리 사용할 것을 촉구했다(모두 알고 있듯이 당시에는 남브르타뉴 방언을 쓰기도 했다). 이어 그레구아르 수사의 "방언을 없애고 프랑스어 사용을 보편화할 필요성과 방법에 관한" 보고서가 같은 해 6월에 나왔다. 방언들은 번역 불가능이라는 이유로 추방되기도 했다. 방언들은 "번역에 저항하거나 불성실한 것만을 약속할 뿐"[18]이라는 것이었다. 이런 정책은 한 세기 후 프랑스 영토 전역에 적용될 것이다. 여기에는 일반원리가 있었다. 문화적·사회적 장벽을 무너뜨림으로써 각자 타자를 이해할 수 있는 수단을 만들자는 것이었다. 앞의 그레구아르 수사는《유색인들에게 호의적인 회상록》의 저자이기도 한데, 여기서 그는 유색인들에게 "백인들에 모두 동화되기"[19]를 부탁한다. 이 경우, 사법적 시민적

** Bertrand Barère: 프랑스 혁명 당시, 제헌의회 및 국민의회(혁명 당시 의회 형태를 가리키는 말. 급변하는 정국 속에 당면한 목표에 따라 의회 이름이 계속해서 바뀐다) 의원을 지냈고, 로베스피에르가 이끄는 산악당(자코뱅당)으로 결집하기 전 평원당의 수장이었다.

평등은 다양성을 없애는 게 아니라, 오히려 지역 언어의 파괴 속에서도 그 다양성을 인정하는 거라면서 일견 논리적 보편주의를 주장하지만, 하나의 언어가 다른 모든 언어를 번역할 수도 있다는 개념이 밑에 도사리고 있는 이상, 이 보편주의는 지배주의의 보충어일 뿐이다. 한 언어가 다른 언어보다 우위에 있다고 주장하는 식의 존재론적 국가주의는 사라졌다고 믿고 싶지만, 절대 타협을 모르는 번역 불능성이 있다고 전제하는 이런 국가주의는 도처에서 되살아나고 있다.

명확하게 해두자. 윤리적 담론의 관대성과 개방성에 유감을 표하자는 게 아니다. 이에 상응하는 것을 탈정치적 화두로 보여주자는 것이다. 기술주의로 가득한 은어들의 숲에서 그 언어들과 부딪히다 보면 살짝 파인 틈이 생길 테고, 거기서 어떤 낙관론을 도출해보자는 것이다. 더불어 번역의 사유에 있어 늘 한계선이 있다는 것을 지적해보자는 것이다. 부정성을 다시 천명하는 것이 수사적 표현으로 가득한 이전의 담론으로 돌아가자는 말은 아니다. 이전의 담론은 대결 국면의 중심부를 상기하다 보니, 여타의 위험들을 전제하곤 했다. 그러나 바로 그렇기 때문에 우리가 다시 천명할 부정성을 이 위험 분석의 틀 속에 다시 넣어야 한다. 이 틀은, 여러 분쟁과 갈등 사안을 주요하게 다루는 탈정치적 국제재판소 같은 공간일 수 있으니 말이다.

다시 부정성을 천명하는 것은, 번역의 길항성으로 더욱 생명력 넘치는 힘을 만들어내기 위해서다. 불침번을 서듯 한껏 긴장하고 경계하는 힘, 오해가 불러일으키는 힘, 결국 어떤 것도 결정적으로 획득한 것은 없지만, 그래도 이 오해의 과정 속에서 숱한 힘을 얻을 것이다. 긍정주의 담론은 항상 별반 우세한 가치가 없다는 것 또한 상기하게 될 것이다. 번역은 타자를 응대하는 연습이라기보다 자기 자신을 강화하는 연습이다. 자기 해소를 통해 자기 유희를 느낄 수밖에 없는 것처럼 자기 정체성이라는 흔해 빠진 논거를 만들어내긴 하겠지만, 그러나 우리가 말할 번역은 투쟁 공간을 가리지는 않는다. 그것은 부단히 움직이는 공간이기 때문이다. 앙투안 베르만이 말한 "자민족 중심주의 담론"으로는 어떤 경우에도 돌아가지 않을 것이다. 번역 한가운데 있는 근원적 대립성은 부단히 강조될 것이다. 이 대립성에 새겨진, 저항적이기에 폭발적인 잠재력을 발휘하는 힘을 부각하기 위해서라도 말이다.

2장

번역의 반목성*

* 원어는 Les antagonismes de la traduction이다. 저자는 antagonisme과 agonique를 자신의 번역론에서 나름 '부정성'과 '긍정성'으로 구분하여 쓰고 있다. 다음에 이어지는 3장의 제목은 "La traduction agonique"인 데 이는 '길항적' 번역이라 옮겼다.

하나의 언어가 유배를

선고받는다는 것은 무엇을 의미하는가?[*]

— 대니얼 헬러로즌[*]

* Daniel Heller-Roazen(1974~): 캐나다 출신의 철학자로 프린스턴대학의 비교문학 교수로 있다. 조르조 아감벤의 저작들을 영어로 번역하기도 했다.

역사적 반목성

타자와의 만남은 항상 언어와의 만남이다. 이웃한 언어들 간에, 즉 국경을 맞대고 있는 공간끼리도 방언들이 있어 작은 차이를 만든다. 억양이 달라 서로를 놀리거나, 마포麻布 또는 강낭콩 같은 단어도 다른 단어를 내세우며 그 독창성 또는 차이성을 새긴다. 이렇게 역사는 하나의 문화 모델이 다른 모델 속으로 들어오며 문턱이 살짝 흔들리는 듯한 변화의 순간들로 새겨진다. 여기서 번역은 주요한 역할을 한다. 하지만 가능한 선택은 그다지 많지 않다. 번역이 일어날 즈음, 번역은 부정성에 복무하게 된다. 잘 알려진 바지만—프랑스에서는 츠베탕 토도로프와 장루이 코르도니에가 이를 주로 연구하였는데[2]— 미 대륙 정복의 사례에서 번역의 양면성이 주로 환기되고 두드러졌다. 여기서는 식민지 언어가 일방적으로 강요되었다기보다 시대에 따라 변화무쌍한 태도들이, 더 나아가 상호모순적인 태도들이 나타났다. 1492년부터 식민 영토가 된 남미의 경우 1000개 이상의 언어가 있고, 스페인어화는 하루 만에 일어난 게 아니라 수 세기에 걸쳐 일어났다. 16세기부터 인디언들에게 스페인어 교습이 이뤄졌지만, 남미 대륙 대부분 도처에서는 2개 언어를 병용하는 형태로 이뤄졌다. 정복 후 3세기가 흐른 1770년에서야 인디언 언어가 공식적으로 금지되었다.

이것은 물론 과거의 이야기다. 기독교와 아랍, 무슬림 언어 문화 간의 장구한 여행은 스페인어 번역을 통해 학문적·문학적 혼혈 또는 이종교배를 만들어냈고, 특히 그 유명한 톨레도 학파가 이를 조명했다. 오늘날 톨레도*에 가면 아랍어, 히브리어, 라틴어 3개 언어와 3개의 다른 알파벳으로 적힌 비문 및 게시물을 볼 수 있다. 카스티야어가 지배적 문화어가 된 것은 13세기 알폰소 10세의 추진력으로 모든 아랍 문화유산을 번역하고 나서였다. 이때 최초로 라틴어 번역이 아닌 민간 대중어로 번역을 장려하면서 문자 그대로의 직역을 두둔했다. 그러나 이사벨라와 페르디난도 치세에 와서 이를 반대하고 반박하면서 "왕실" 언어만 쓸 것을 강요했고 이런 움직임은 종지부를 찍게 된다. 장루이 코르도니에가 이미 설명한 것처럼, 그 나라 특

---

* 엘 그레코의 그림으로도 유명한 톨레도는 스페인의 옛 수도로 기독교와 유대교, 이슬람교 유적이 공존하는 장소이다.

유의 최초의 "식민화"가 스페인의 대정복을, 그리고 이에 수반되는 타자의 축소를 이미 전조하고 예고한 것이다. **트란슬라시오 스투디**translatio studii가 국가의 이익에 복무하는 **트란슬라시오 임페리**translatio imperii로 이어진 것이다. "일견 번역은 긍정적으로 보이는 요소들은 수입하고, 부정적으로 판단되는 요소들은, 즉 도저히 받아들일 수 없는 것들은 배척한다. 자, 바로 이것이 **자민족 중심주의 거부의 한 기원**[3]이다.

이 역사적 일화에서 번역이 수행하는 역할의 양면성은—그리고, 앞으로 보겠지만, 많은 식민 지배 상황에서 이런 게 나온다—정복자들이 도구화한 어떤 인물상과 관련된다. 정복자들의 역사에서 그 모호한 역할이 인정되었기 때문이다. 이 존재들은 두 세계 또는 두 언어 사이에서 떠도는 자들로, 그 가운데 가장 논쟁적인 인물은 말린체[**]다. 멕시코만 나후아 부족 출신인 이 여인은 마야족 대장의 노예가 되었다가 1519년 4월에 다

[**] 말린체, 말리날리, 말린첸 등 발음에 따라 불리는 이름이 여럿 있다. 말린체는 스페인어로 '배신자'라는 뜻이다. 이 역사적 일화에서 유래했다. 스페인의 콘키스타도르(정복자)들이 주로 부른 건 도냐 마리나였다. 1500년 무렵 태어나 1529년 사망했는데, 아메리카 인디언인 나후아족 출신으로, 스페인의 에르난 코르테스가 아스테카 제국(지금의 멕시코)을 정복했을 때 코르테스에게 바쳐진 노예였으나 나중에 그의 정부가 된다.

른 20여 명의 여자 노예들과 함께 스페인 정복자들에게 바쳐진다. 에르난 코르테스의 정부가 된 그녀는 그 옆에서 혹은 그를 뛰어넘는 중재자로서 여러 다른 경쟁국들과의 사이에서 많은 역할을 하게 된다. 그녀에게 주어진 역할은 다양했는데, 우선 어머니의 역할(코르테스와의 사이에 아들이 하나 있었다), 통역자의 역할(나후아족 언어와 마야 유카텍의 언어 사이에서 통역을 하거나, 교섭 장소에 와 있던 스페인 사람을 통역해준다. 처음에는 전자의 두 언어를 통역하나, 몇 달 후에는 이 두 언어와 스페인어 사이에서 통역한다), 그리고 자문관의 역할이 있었다. 에르난 코르테스가 그녀에게 맡긴 역할을 하다 보니 번역에 수반되는 여러 역할이 하나로 모이면서 그녀 같은 인물 유형 및 더 나아가 그런 이름이 생기게 되었다. 베르날 디아즈 델 카스티요*의 이야기에서부터 시작하여, 정복자들의 이야기에서 통역가들은 사건을 원만하게 진행해주는 결정적 중재자로 표상된다. 독립을 지지하는 민족주의 사관의 역사가들은 이런 통역자들을 반역자로 규정한다. 말린체를 다룬

---

* 16세기 스페인의 역사가로 군인 출신이다. "직접 경험하거나 눈으로 본 것"을 주로 썼고 제국주의적 이상을 과감히 생략했다. 다른 역사서들이 정복자 에르난 코르테스를 영웅시할 때 그는 그와 동행한 다른 병사들의 헌신과 희생을 주로 서술했다.

소설에서 그녀는 때론 마녀로, 때론 원죄를 저질러 천국에서 추방된 자로, 때론 자기 자식들을 죽인 못된 어머니로 나온다. 현재 페루 지역에서 말린체의 또 다른 이름인 도나 마리나를 다룬 이야기에서 펠리필로라는 작중 인물은 흔한 고정 관념 없이 실질적이고도 전설적인 기능을 한다. 펠리필로는 1532년 카자마르카에서 아타우알파**와 피사로***가 만날 때 통역하게 된다. 하지만 정확히 어떤 순간에 이 잉카의 대장을 고의적으로 해칠 생각을 하게 되었을까? 이 주제에 대한 역사가들의 입장은 분명치 않다.[4]

번역가 또는 통역가라는 인물형을 나름 중요하게 평가하는 현대적 맥락에 비추어 보면, 19세기만 해도 이런 인물들은 지나치게 악마화되었는데, 이를 다시 원상태로 복구하는 시도들이 현대에 와서 일어난다는 것이 흥미로운 부분이다. 페미니스트 독법에서는 이런 모호한 이야기에 이의를 제기한다. 아스테카

** 잉카 제국의 5대 황제. 1532년부터 1533년까지 재위. 스페인의 프란시스코 피사로에게 사로잡히면서 잉카 제국은 허수아비가 된다. 독립된 잉카 제국의 마지막 왕이다.

*** 프란시스코 피사로는 스페인의 왕이자 신성로마제국의 황제인 샤를 캥(카를 5세)의 재정적 지원을 받아 스페인 정복을 떠난 콩키스타도르로, 잉카 제국을 정복했다.

제국의 몰락을 이 여성 인물 탓으로 돌렸다는 것이다. 페루의 극작가 라파엘 두메트는 2011년 "펠리필로의 명예회복과 예찬"[5]이라는 제목의 글을 썼다. 왜냐하면 이 두 인물(다른 인물들을 인용할 수도 있다)은 오늘날 남아메리카 사회에서 의미를 갖는 혼혈을 구현하고 있기 때문이다. 그들은 스페인인들에게 강탈당한 인디언들이다. 이들은 언어들 사이, 그러니까 양립되는 두 힘 사이를, 선과 악 사이를 돌아다닌다. 이들은 식민지배자와 식민피지배자 간의 반목을 추월한다. 그리고 독립을 지지하는 민족주의자들이 왜 그들을 거부하는지 이해한다. 이들은 그들의 나쁜 양심이다. 그들을 비추는 거울이다. 예전의 식민주의자들이 식민을 당한 자들이 되었고, 이제는 해방을 원하는 것이다. 그들의 해방이 성공한다면, 이전에 지은 큰 죄에 대한 대가를 치러서다. 《고독의 미로》에서 옥타비오 파즈는 지배당한 자이자 항복의 상징으로 말린체를 보면서 그녀를 그렇게 만든 어떤 도덕적 불편함을 환기한다. "도나 마리나—기독교식 이름이 부여된 것이다—는 이젠 스페인인들에게 매혹당하고, 겁탈당하고, 또는 유혹당한 인디언 여성들을 대표하는 인물로 완전히 바뀐다. 그녀의 자식은 자신을 버리고 아버지한테 간 이 어머니를 용서하지 못할 것이다. 이런 식으로 멕시코 민족에게 말린체는 용서할 수 없는 반역자다. 그녀는 금욕적이고, 냉정하고, 닫혀 있는 우리 인디언들에 비해 다 열어젖힌 자, 그러니까 친가도chingado[*] 같은 여자를 구현한다."[6] 이런 예시를 통해, 역사적으로 대화 및 통역 담론을 구축함에 있어 번역의 역할이 무엇인지 알게 된다. 멕시코에서 말렌치스모malinchismo[**]라는 용어가 외국 문화, 특히 유럽 문화 코드를 따르면서, 그들 고국과 지역 문화를 반역한 자를 명명하는 데 쓰인다면, 어쨌거나 말린체는 현대 멕시코의 어머니상으로 간주되는 것이다. 그러나 적어도 그녀의 개입이 없었다면, 정복은 훨씬 파괴적인 방식으로 이루어졌을 것이다.

전 세계 어디서나 번역의 역사에는 반역이라는 상상계가 늘 들어붙어다닌다. 알렉시 누스[***]가《반역 예찬》에 적은, "**번역은 곧 반역이다**Traduttore, traditore라는 일종의 격언이 이탈리아어, 프랑스어, 한국어, 마다가스카르어에 이르기까지 수많은 언어로 존재한다.[7] 쉬쥔도 중국에서는 '협력자' 하면 사람들의 머릿속에서 바로 번역자를 떠올린다고 지적한다.[8] 전쟁 지

[*] 스페인어로 형용사로는 '다친', '상한', '고장난'이라는 뜻이고, 명사로는 '성매매하는 여자', '매춘부'라는 뜻이다.

[**] 스페인어로 '외국 것을 좋아하거나 외국에 대한 호감 및 애착을 보이는 행동'을 뜻한다.

[***] Alexis Nouss: 캐나다의 언어학 및 번역학자로, 특히 다국어 및 혼혈의 문제, 증언 문학, 현대성의 미학 등을 연구하고 있다.

역에서 쓰는 "픽쇠르fixeur"라는 말은 흔히 반역자의 유사어로 통용된다. 갈등이 해결되고 난 후에도 간혹 그렇게 평가된다. 픽쇠르는 전쟁 지대에서 취재 기자들이나 군인들 또는 정부 관계자들을 동행하며 만남을 주선하는 사람으로, 때론 교전 당사자들과의 만남도 주선하는데, 그 지역과 언어에 능통하다. 그의 역할이 결정적이지만, 대부분 음지에서 이뤄진다. 중세 시대의 픽쇠르들, 특히 십자군 전쟁 중의 픽쇠르들을 연구한 즈린카 스타홀랴츠가 제시한 것처럼, 픽쇠르들이 주체의 위상을 차지한 적은 거의 없다.[9] 활동 중에는, 그를 고용한 자가 그를 좌지우지하므로 그에게 목숨이 달려 있지만, 때로는 이런 그에 대한 두려움이 일어 그에게 등을 돌리기도 한다. 언어가 상품처럼 제안되기 시작한 세계에서 통역자들은 경제적·정치적 권력 고리 속에 암암리에 들어오게 되었다. 중재자로서의 역할이 끝나고 쓸모가 없어지면 또 쉽게 이 고리에서 사라지곤 했다. 이런 양면성 때문에 반역자라는 용어를 써서 이들의 역할을 강조하는 것이다. 배신? 반역? 배신이라는 체언이 윤리적 함의를

---

* 프랑스어로 잘 통용되지 않는 단어인데, 동사 fixer('고정하다', '정착하다')에서 파생되었다. 전쟁 지역 등 위험 지대를 취재하는 기자들이 고용한 가이드나 번역가, 통역가 등을 두루 지칭하는 말이다.

갖는다면, 반역에는 여기에 정치적이고 법적인 색깔이 추가된다. 반역이 서약 위반 같은 것을 의미할 때, 배신과 불충은 동의어가 될 수 있다. 번역은 경계를 건너가버린다는 맥락에서, 전자, 즉 배신에 가깝다. 주지하다시피, 성실 또는 충성은 번역에 관한 공통적 담론에서 자주 사용되는 메타포다. 모든 번역가는 코리올라누스[**] 같은 어떤 것을 갖게 마련이다. 이 역사적 일화는 모국어가 조정자로서 개입한 것을 비유해 쉽게 번역의 우화

[**] Gaius Marcius Coriolanus: 가이우스 마르키우스 코리올라누스는 기원전 5세기경 고대 로마의 전설적인 장군으로, 로마가 볼스키족의 도시 코리올리를 공략할 때 뛰어난 무훈을 세워 그의 이름에 이 도시명이 붙었다. 플루타르코스가 전하는 바에 따르면, 그는 아무도 자신의 신분을 알아볼 수 없게 변장한 채 아티우스 툴리우스 아우피두스라는 한 부유한 볼스키족의 귀족 저택에 들어가는데, 로마군을 피해 도망친 자처럼 자신을 소개하고 이 귀족에게 도움을 요청한다. 이 귀족은 그를 친절하게 받아들이는데, 그가 나중에 로마에 대적하는 잠재적 동맹자가 될 수 있을 것이라 보았기 때문이다. 그는 실제로, 최근의 전쟁 패배와 역병으로 의기소침해진 볼스키족을 도와 함께 계획을 세우고 무기를 든다. 그의 도움으로 볼스키족은 로마에 들고 일어난다. 코리올라누스는 로마를 증오하며 로마에 관한 일체의 협상이나 거래를 거부하는데, 나중에는 그의 어머니와 누이의 기도에 못 이겨, 이런 태도에서 한발 물러난다. 그의 죽음에 관해서는 다양한 설이 있는데, 널리 알려진 것은, 그가 결국 볼스키족도 배신하여, 볼스키족에 의해 암살되었다는 것이다. 하지만 또 다른 설로는, 유배를 당하여 노인이 될 때까지 살았다거나 아니면 고립된 삶을 이겨내지 못하고 자살했다는 설이다. 셰익스피어의 동명 희곡 작품의 주인공이기도 하다.

가 될 수 있었다. 유배당한 로마의 장군 코리올라누스가 로마의 옛 적들의 편에 서서 로마를 공격하는 것을 막고나선 것은 바로 그의 어머니가 개입해서였다. 번역이란 흔히 모국어를 향해가는 것으로, 모국어에 어떤 빚을 지고 있다. 바로 그래서 번역의 증여don[*]가 요구되는 것이다. 이에 대해서는 다시 뒤에서 다룰 것이다. 하지만 데리다와 함께 알렉시 누스도 강조한 것처럼, 배신이 적어도 프랑스어로는 증여의 한 형태가 될 수 있

---

* Don은 동사 donner('주다')에서 파생되어, '기부', '기여', '증여', '선물', '천부적 재능' 등 맥락에 따라 여러 우리 말로 옮길 수 있지만, 문맥에 흐르는 함의상 마르셀 모스의 '증여론' 개념이 연상되어 '증여'로 옮긴다. 저자가 코리올라누스의 예를 드는 것도 그래서다. 코리올라누스는 로마인으로서 로마를 거부하고, 볼스키족을 돕는가 하면, 다시 볼스키족도 배신하는 등 자신의 무엇인가를 '증여'하지만 계속해서 일방향성을 띠는 행동 및 운명의 순환성을 보인다. 북서부 아메리카 인디언들이 행했던 기이한 방식의 교환 체계인 '포틀래치'는 상업과 마찬가지로 부의 순환 방식의 하나이지만, 거래를 배제하고, 종종 막대한 부를 거침없이 증여함으로써 한 족장이 경쟁자에게 모욕을 주고, 그에게 도전하면서, 그를 굴복시키기 위한 수단으로 사용되기도 했다. 이른바 이런 부자들의 제의적 낭비에 가까운 '포틀래치' 개념에서 모스는 부(유형의 자산)를 없애면서 전혀 다른 차원의 무형의 자산을 얻는 증여와 역증여 방식의 상징체계 속에서 가동되는 또다른 경제학 원리를 고찰한다. 번역은 원문에 성실하면서도 불충실하다. 왜냐하면 원문을 떠나 모국어 방향으로 갈 수밖에 없기 때문이다. 바로 이런 일방향성 차원에서도 증여와 포틀래치처럼 번역과 반역의 등가성은 성립될 수 있다.

다. "누군가를 준다는 것, 그것은 그 누군가를 배신하는 것이다." 증여는 타자를 향한 행동으로, 만일 증여가 원 안에서 알맞게 순환되지 않으면, 또는 만일 그것이 복종 또는 지배를 함축하고 있으면 부정적인 것을 도발할 수 있다. 빚은 이런 차원에서만 윤리적, 사회적 기능을 갖는다. 가장 긍정적 가치를 가진 증여가 배신의 장소가 될 수도 있는데, 모든 교환과 거래에서는 어떤 반목성을 볼 수 있기 때문이다.

  식민지 알제리의 예와 남아메리카의 예가 똑같은 일화를 제시하지는 않지만, 이런 특징을 띤 대결 양상을 드러내기는 한다. 1830년 정복 이후 바로 얼마 안 있어, 프랑스 정부는 조용히, 부드럽게, 몇몇 프랑코-아랍 학교 체험을 독려했다. 19세기 후반에 와서는 프랑스어를 훨씬 우선시하는 배타적 교육이었다. 그리고, 이것은, 충분한 다른 방책 없이도, 식민화의 폭력성을 두 배로 강화하고, 거대한 문화적 폭력에 대한 반항을 두 배로 진압하는 효과를 가져왔다. 토크빌이 주저에서 이미 이데올로기의 폭력성에 대해 말했지만, 동화작용은 외국인의 낯설음을 지워버리는 것을 목표로 한다. 정착한 식민자들은 "가능한 한, 고향을 떠나지 않은 것 같은" 상태로 있어야 한다. 그리고 거기서 "할 수만 있다면, 고국에서 보곤 했던 형상들"[10]을 만나야 한다. 이런 삭제는 장소, 언어, 이름 등을 동시에 건드는 정치적 이성화 작업을 전제한다. 지도 제작, 행정 지명 변형처럼 말이다. 뿐만 아니라 사람들에게서 평소 쓰던 이름을 박탈한다. 이런 박탈은 특히나 번역적 폭력[11]을 우회적으로 증언하는 것이나 다름없다. 이 경우, 번역은 소통을 위한 도구와는 거리가 멀고, 이데올로기적 일원화에 봉사한다.[12] 파드마 아이트 만수르 암루슈는 그의 자서전에서 감내한 열성적 권유, 또는 억지로 강요된 번역에 대해 이야기한다. 비기독교 학교에서 프랑스어 교육을 받은 후 그녀는 오늘날 "간호 조무사"라고 부르는 일을 하기 위해 기독교 병원에 파견되었다. "그 당시 난 힘들었고 난처한 기분을 느꼈다. 모든 사람이 하느님에 대해 말했다. 모두가 하느님의 사랑을 받기 위해 몸소 행동해야 했다. 하지만 어떤 감시를 받는 기분이 들었다. 하늘에 계신 존엄한 분에게 내 말이 들리니 말도 진중하게 해야 했다. (…) 내가 어느 종교나 다 좋은 측면이 있다고 말하면, 신성모독이라 했다. 기도문을, 그러니까 아베 마리아, 주기도문, 사도신경 등을 모두 카빌리아어*로 번역했다. 수녀들은 반항하는 우리들의 머릿속에 이런 기도문 문장을 집어넣기 위해 죽도록 애를 썼다. 수녀님이 수녀님만의 방식으로 카빌리아어를 발

* 북아프리카 북부 알제리 산악지방의 원주민 카빌리아인이 쓰는 언어다.

음하는 것을 들으면 나의 입가에는 이상한 미소가 지어졌다."[13]
프랑스어를 카빌리아어로 번역하는 이런 장면에서 그녀와 그녀
의 남편은 어떤 강요성을 느꼈다. 번역은 그 나라 특유의 언어로
이루어지는 것이다. 식민화된 아프리카에서 번역은 일어날 수
있지만, 다른 문화에 대한 개방성으로 이루어지는 것이 아니었
다. 어떤 언어를 주조하면 일정한 틀과 그 틀 안에 들어가는 것들
이 있는데, 이러한 틀이 없는 언어에 그것들을 억지로 집어넣는
형국으로 번역이 이뤄졌다.

　　번역은 이렇게 원천이 되는 문화를 파괴하는 데 기여한다.
바로 이것이 폭력이 실행되는 첫 번째 방식이다. 폭력이 실행되
는 두 번째 방식은, 일부는 교육을 위해 또 일부는 교리화를 위
해 지역 언어로의 번역이 있었지만, 이것도 완전히 중단될 때
다. 프랑스 학교는 다국어성이 불러일으키는 이로운 효과들을
거부한다. 특히나 기막힌 풍부함을 자랑하는 구어라는 문화유
산을 없애고 문어라는 글쓰기 문화를 강요한다. 이제 단 하나의
언어가 지식 권력이 된다. 이는 책을 통해 더 통용된다. 구어적
발화 또는 배회하듯 유영하는 낭송 언어의 복수성을 하나로 몰
수한다.[*] 이본 튀랭은 알제리 식민기 전반 50년 동안의 학교 정
책을 분석하며 학교 정책과 그 입장이 1848년 이후 어떻게 강
경해졌는지 보여준다. 그리고 어떻게, 점진적으로, 한쪽에서 다

른 쪽으로 이동하는 움직임이 가령 번역 형태 또는 문화의 다른 교환 형태를 통해 거의 중단되었는지 설명하고 있다.[14] 이때부터 식민지배자가 식민피지배자의 지역 언어를 배워 입문하는 일은 발생하지 않는다. 따라서 번역 자체도 사라진다. 지역 언어가, 점진적으로, 다시 되돌아오는 것은, 알제리 민족 스스로에 의해서다. 프랑스어로 교육을 받은 알제리 작가들은 이제 "번역" 글쓰기를 하는 작가가 된다. 살만 루슈디의 그 유명한 문구에 따르면, 작가가 아니라 "번역된 인간"이 되는 것이다. 그는 이것을 후기식민주의 또는 탈식민주의 조건으로 명명한다. 그 전에 에드워드 사이드가 전적인 헤게모니 속에, 표상하는 자와 표상되는 자, 또는 번역하는 자와 번역되는 자 사이에 생긴 불균형과 비대칭을 부각하기도 했지만 말이다.[15] 번역된 자가 이번에는 번역을 지지한다. 이렇게 작가 물루드 마메리**는 카빌리 베르베르족의 설화들을 번역한다. 이것은 아마두 함파테

---

* 저자는 잃어버린 문화유산으로서의 구어의 중요성을 이 책 전반에 걸쳐 상당히 강조하는 편인데, 아이러니하게도 저자의 글은 학술적인 고도의 문어 투이다. 복잡한 구문과 문형을 구사하는 학자 특유의 논문 투 글을 부득이 살려 번역할 수밖에 없었다.

** Mouloud Mammeri(1917~1989): 알제리의 작가이자 인류학자이며 베르베르어와 문화 전문가다.

바^{***}가 사헬^{****}의 구전들을 한데 모으고 번역한 것과 같다.

이런 상황은 독립 후 50년이 지난 현대의 알제리에 지속되고 있다. 이 나라의 지형적 위치와 그 다국어성은 번역의 발전에 도움이 될 수도 있었을 텐데, 남과 북의 불균형만 탓할 수 없을 만큼 번역 발전은 지체된 감이 없지 않다. 특히 모로코와 격차가 나는데, 모순된 언어 정책이 계속되면서 이렇게 된 탓도 있다. 만일 프랑스어가 압제의 언어처럼 인식될 수 있다면, 카테브 야신^{*****}의 그 유명한 문구처럼 프랑스어는 "전리품"이기도 할 것이다. 많은 작가들은 프랑스어를 받아들이지 않고 싶으면서도 프랑스어와 떨어지고 싶지 않은 모순된 양가성 속에 나름 행복하게 프랑스어를 다시 취하고 계속 이용했기 때문이다.

---

^{***} Amadou Hampâté Bâ(1901~1991): 말리 공화국의 작가이자 인류학자이며 특히 구어 전통을 옹호한다. 유네스코 총회에서 한 연설에서 그는 "아프리카에서 전통을 지닌 한 노인이 죽으면 하나의 도서관이 타는 것과 같다"라는 말을 하기도 했다.

^{****} 북아프리카 지중해 연안의 구릉지대를 가리키는 말이다.

^{*****} Yacine Kateb(1929~1989): 알제리의 시인이자, 소설가, 극작가이며 기자이기도 했다. 식민자의 언어로 교육을 받은 그는 프랑스어를 알제리인의 "전리품"이며, "'프랑코포니'란 신식민주의를 가동하는 정치 기계이며 우리의 소외를 영속시킬 뿐"이라고 했다. 1966년에는 "내가 프랑스어로 글을 쓰는 것은 내가 프랑스인이 아님을 프랑스인에게 말하기 위해서일 뿐"이라고 말하기도 했다.

그들은 일종의 면소 또는 기각의 실험적 공간처럼 이 언어를 만들어냈다. 다시 말해 상당히 이중적이고 모호한, 그러면서도 다성적 공간으로 만들면서 문학적 소통의 무대 또한 만든 것이다. 특히, 1996년 법률 이후부터 사회 전반에 걸쳐 아랍어 사용이 보편화되었지만(물론 모든 계층에 동등하게 적용된 건 아니었다), 모든 알제리인이 이를 어떤 해방의 순간으로 인식한 건 아니었다. 4분의 1 가까이 되는 알제리 주민의 모국어는 카빌어로, 알제리 아랍어는 문자적 아랍어에 쉽게 용해되지 않았다. 야신 데라지는 "언어 시장에 존재하는 4개의 언어 간에 유지되는 긴장과 갈등적 관계를 가지고" 사회언어 공간의 윤곽선을 그려냈다. "교육제도, 국가행정, 언론기관, 그리고 국가경제 등 언어 및 문화 정책을 다루는 모든 공적 대화에서 표준 아랍어와 프랑스어가 되는 대로, 돌발적으로, 비일관되게 사용되었다. 한편, 다당제 사회가 도래한 이후 국가를 뒤흔들어놓을 정도의 사회정치적 변동이 있었다. 아랍어 방언과 베르베르어는 그 다양한 변화성 때문에 공적 대화에서는 사용되지 못했지만, 학술 언어 분야를 서서히 독식해가며 조용히 제 길을 터나가고 있었다."[16] 하지만 자극하기보다는 억누르는 듯한 이런 정책들 때문에 프랑스어를 아랍어로, 아랍어를 프랑스어로 번역하는 활동은 둔화되었다. 다른 언어로 번역을 확장하는 데에도 도움이 되지 못했다. 안나-린드 재단(번역을 위한 유로-지중해 프로그램이 주도한 공동 연구 트랜스유로피언Transeuropéennes('지중해권으로 번역하기'))은 알제리의 번역 현황을 조사한 바 있는데, 1983년부터 2011년까지 346편의 작품밖에 번역되지 않았다. 꾸준히 증가하고 있지만 상당히 취약한[17] 수이다.

모로코의 상황은 약간 다르다. 다국어가 모로코 사회 안에 깊은 분할을 만들어놓았지만 말이다. 그건 아마도 "언어 전쟁"[18]이 공개적으로 선언되었기 때문이다(다리자어와 아랍어 간에, 아랍어와 프랑스어 간에, 아마지그어*와 아랍어 간에). 이런 반목성이 드러나면서 헤게모니를 파괴하고, 다국어라는 생생한 현실을 다시 새기기 위해 번역이 나섰다. 2000년부터 2016년까지, 1317개의 작품이 번역되었다. 그 가운데 프랑스어가 659개, 아랍어가 147개다. 이것도 적다. 하지만 이보다 더 긴 기간 알제리에서 번역된 것보다는 훨씬 많다. 아랍어권의 시인이자 프랑스어를 아랍어로 옮기는 번역가인 잘랄 엘 하크마우이가 지적한 것이지만, 프랑스에서, 아랍어를 프랑스어로 번역 소개하는 총서들(특히 쇠이유와 악트쉬드 출판사)은 마슈렉*(특히 레바논과 이

---

* 북아프리카 베르베르인들이 사용하는 언어이다. 모로코, 알제리, 튀니지, 리비아에서 주로 사용된다.

집트)의 저자들을 선호한다. 왜냐하면 이 총서들을 기획하는 자들은 '마그레브 문학은 프랑코포니 문학'이라는 생각에 갇혀 있기 때문이다. 그래서 군이 여기에 마그레브 문학은 넣지 않는다. 그런데 그에게 번역은 헤게모니에서 빠져나와 정신을 탈식민화하는 중대한 작업이다. 경직되었을 수도 있고, 현대적 창조에 적합하지 않을 수 있다는 식의 아랍 언어에 대한 편견을 버려야 한다. 모로코에 있는 프랑스어를 둘러싼 엘리트주의로부터 나와야 한다. "프랑스어로 우리 문학을 번역하는 식으로 번역을 역동적으로 만들기 위해서는 그 해결책이 프랑스가 아니라 출판사의 직업 정신에 있다. 하나는 번역과 관련한 직업 세계에 있고, 다른 하나는 아랍 및 범아프리카 지역의 정치 발전에 있다. 그래야 우리 문화와 우리가 보는 방식을 이해시킬 수 있을 것이다."[19] 비헤게모니적으로, 그러니까 프랑스어로 하는 생각을 아랍어로 번역하는 이른바 아프리카에서의 텍스트 여행이 꼭 프랑스어를 통하라는 법은 없다. 바로 이것이 아실 음벰베가 제안한 프로그램으로, 잘랄 엘 하크마우이는 이를 당장 구체적으로 적용해보려 했다. 하지만 푸아드 라루이의 《모로코

---

* Machreq: 원래는 동방 아랍을 뜻하는 말이나 이라크, 쿠웨이트, 시리아, 레바논, 요르단, 이스라엘과 팔레스타인 등의 나라를 주로 가리킨다.

언어의 비극》이 어떻게 수용되었는가를 보면, 갈등은 여전히 상존함을 알 수 있다. 그는 이 책에서 다리자어를 폭넓게 사용해야 한다고 주장하는데, 이는 프랑코포니 문학 지지자들뿐만 아니라, 특히 종교인들을 분노하게 했다. 왜냐하면, 이들은 이것이 고전 아랍어에 대한 공격이라고 보았기 때문이다.[20]

에티엔 발리바르는 차이différence와 분쟁différend의 관계를 밝히면서 폭력의 개념과 번역의 개념을 오랫동안 분명하게 구분해온 몇 안 되는 철학자들 중 하나이다. "전쟁과 번역"에 관한 주제로 학술회가 열렸을 때 이런 경계에서 무슨 일이 일어나는지를 성찰한다. 어떤 안티테제로 나타난 것이 "전도되면서 보완성이 될 수 있고, 더 나아가 훨씬 깊은 정체성을 표현할 수 있음"[21]을 상기한다. 따라서 대립 또는 반목을 정반합적으로 만들려 애써야 한다. 발리바르에 따르면, 그것이 에드워드 사이드가 주로 몰두한 사안이었다. 사이드는 "식민화 기간 현존하는 문화적 갈등의 내재화(식민화 기간만이 아니라 '후기 식민주의' 기간에도) 및 비대칭적이며 상호적인 구조가 갖는 변형 가능성"[22]을 강조하고 있다. 사이드가 반제국주의적 배경에서 유럽인과 알제리인을 연결할 수 있는 반대립적 공동체의 가능성을 탐지해내는 것은 다름 아닌, 파농*의 저작《대지의 저주받은 사람들Les

Damnés de la terre》**에서다. 그것은 통역 또는 해석의 공동체가 될 것이다. 말하자면, "번역의 체제를 수정하며 반론의 결과들을 생산하고 저항을 살찌움으로써"²³ 의견이 분분한 공동체 말이다. 반목성을 길들이는 게 가능해보이는 모든 방법에 대해서는 다음 장에서 다시 살펴보겠다.

내부적 반목성

외부적 반목성은 그렇다 쳐도, 번역에 관한 성찰을 보다 보면 투쟁 공간은 다른 외부적 공간이 아니라, 번역 공간 그 자체, 불평등한 교환이 이뤄지는 언어들의 전쟁 공간 그 자체다.

이런 반목성 중 첫 번째 대립은 좋은 번역과 나쁜 번역을 구분하는 것으로, 그 결과 번역에 대한 절대적이고 단순한 거부

---

* Frantz Fanon(1925~1961): 자신을 알제리 시민으로 간주하며 글을 쓴 프랑스 국적의 정신분석학자이자 에세이스트다. 알제리 독립을 위한 투쟁에 참여했고, 압박받는 '형제'들 간의 국제 연대 투쟁에 힘썼다.

** 이 책은 1961년 프란츠 파농이 사망하기 며칠 전 출판된 것이다. 식민주의 문제에 대한 탁월한 분석적 에세이로, 식민화된 자의 소외와 해방 전쟁 등을 다루고 있다. 알제리 전쟁이 한참이던 중에 쓰여져, 프랑스에서는 출판이 금지되었다. 나중에 장폴 사르트르가 서문을 써서 유명해졌다.

에 이른다. 좋은 번역이 있다고 가정하면서, 그러니까 유토피아적인 지평선 또는 완벽한 세상에 대한 환상을 유지하면서 대비되는 것들을 줄이고, 그 가운데 몇 가지에 반대함으로써 결국 좋은 번역에 이르는 식이다. 이런 세계에서는 모든 갈등이 해결되고, 모든 번역이 좋아진다. 이 논쟁에서 우승자는 앙리 메쇼닉으로, 그는 좋은 번역을 가지고 더 이상 번역이 아닌 것을 만들기에 이르렀다. 독자들은 그의 예리한 비평 무기에 움찔한다. 그가 "나쁜 번역"이라 부르며 가끔은 너무 세게 거부하는 것에 움찔하게 되는 것이다. 그런데 이것은 하나의 언어 이론을 전개하기 위한 것이다. 절대적으로 그에게 중요한, 리듬에 대한 사유 말이다. 그러나 만일 반목이라는 표현에 신경쓰다보면, 이 표현이 적용되는 자리가 바뀐 것을 알게 된다. 이제 반목은 번역 자체가 아닌 번역가의 무능에 있다. 번역을 글쓰기와 동일시하면서[24] ("만일 번역하기가 글쓰기라면"), 메쇼닉은 그 차이를 감춘다. 좋은 번역으로써 잘 안 풀리는 갈등과 번역의 모순과 오해들로부터 벗어나는 것이다. "번역에 내재한 속성, 즉 번역하면 원문을 상하게 만든다는 속성과는 다르게 ─ 마치 나쁜 번역에서 볼 수 있는 것이 번역의 실체라는 것처럼 ─ , 한번 번역된다면 성공한 번역이어야지 재번역을 요하는 번역이어서는 안된다는 것이다. 좋은 번역은 원본 작품 그대로의 사실성을 갖는 것이다. 좋은 번역은 그 노쇠함에도 불구하고, 아니 그 노쇠함과 함께 하나의 텍스트로 남는다. 그렇게 번역은 작품이고 하나의 글쓰기이며, 작품의 일부분이 된다."²⁵ 이 삽입구("마치 나쁜 번역에서 볼 수 있는 것이 번역의 실체라는 것처럼")는 상당히 놀랍다. 그런데 메쇼닉에게 터무니없어 보이는 것이 내게는 거꾸로 사려 깊은 힘이 된다. 번역은 노쇠하고 노후해지므로 항상 재개되어야 하는 것이다. 절대 **완벽하게** "좋은" 것이어서는 안 되고, **상대적으로** 좋은 것이어야 하며, 원작과 혼동되어서도 안 된다. 메쇼닉이 대결 구도로 놓는 것은 번역이라는 개념과 문학이라는 개념이다. 후자를 보편화하려다 보니 그렇게 된 것일 것이다 (더 이상 번역이 아니라 그 자체로 문학이 되는 것이 좋은 번역). 원문의 텍스트와 그 분신인 번역이 원칙과 기능의 차원에서 두 개의 동일한 몸이 되어 갈등을 사라지게 만드는 것이다.

베케트의 세계에서 갈등이 작품 과정의 일부분이 되는 것처럼, 번역은 이 갈등을 부단히 연출한다. 가령, 베케트는《말론 죽다Malone meurt》에서 "내 머릿속에서, 그것들을 완전히 소유한다"(bien les posseder, dans ma tête)를 역시 같은 의미의 영어 제목《말로네 죽다Malone dies》에서는 영어로 "나는 그것들을 내 가슴으로 완전히 알았다"(I knew them off, by heart)라고 표현한다. 그러면서 "머리"와 "가슴"은 언어학적으로는 등가어가 될 수 있다고 자조한다. 그러면서 머리가 가슴의 자리에 오고, 가슴이 머리의 자리에 오는 괴물 같은 몸에 이르는 이런 갈등의 힘을 각인한다. 현실의 실제적인 몸이면서―은유적으로는 사고와 감정이 있는 몸―동시에 번역에 의해 변형된 몸, 아니 변형 가능한 몸이 된다.[26] 따라서 베케트에게는(혹은 다른 모든 자동 번역가*에게는) 두 개의 원본이 앞에 있다거나, 자동번역이 원문과 번역문의 차이를 없앤다거나 하는 말은 틀린 게 된다. 그도 그럴 것이, 이런 예에서나 다른 많은 예에서 보듯, 텍스트는 마치 몸처럼 계속 변화하면서 원래대로 있지 않는다는 것을 번역이 보여주는 것이다. 몸들은 흐트러진다. 몸들은 서로 더는 닮지 않았다.

번역을 나쁜 번역으로 동일시하면서 번역과 문학을 대립시킨 후, 길항적 번역 문제를 왜곡할 여지가 있는 또 다른 대립성은 바로 번역되지 않는 번역의 문제이다. 문학적 텍스트를 위한 해체는 항상 있게 마련인데, 그 규준들을 살펴보는 차원이

* Autotraducteur: 보통은 '자동 번역기'를 뜻하지만, 문자 그대로 자동 번역가로 옮겼다. 베케트처럼 모국어인 영어로 쓴 작품을 프랑스어로 스스로 번역하거나 외국어인 프랑스어로 쓴 작품을 모국어인 영어로 번역하는 것을 뜻한다.

아니다. 여기서 번역되지 않는 것의 위상은 그야말로 "객관적으로"[27]도 포착할 수 없는 것이다. 시간을 두고 번역하면 번역 가능해지는 것을 말하는 게 아니다. 다시 말해 언어의 문제에서 비롯되는 해석의 사안이 아니다. 의미적으로나 음성적으로, 또는 문자적으로 소통될 수 있는 모든 잠재성이 불가능해지는 순간이 올 수 있다. 어떤 단어나 표현으로 소통될 수 있지만, 번역 불가능한 상태 그대로, 아름답고 이롭게 있는 형국의 순간. 자크 데리다는 《피네간의 경야Finnegans Wake》*의 "He war"에 대해 말하면서 이를 입증한다. 다른 언어-몸에 어떤 언어-몸을 이식하는 작업으로, 영어 속에 독일어를 이식하는 식이다.[28] 바로 그래서 이것은 긴급한 번역 촉구이자 번역하지 말라는 금지령이다. 두 언어로 된 체언-용언이라는 이 기괴한 몸이 "너는 결코 번역하지 못할 것이다"를 발화하는 것이다. War는 영어로 '전쟁'이지만, 독일어로는 '과거'를 뜻한다. 여기서는 하나를 선택하면 문제가 된다. 다국어를 단일어로 가져와야 한다는 구속이 따르기 때문이다. 데리다는 덧붙인다. "헤게모니는 (…) 전

---

* 《피네간의 경야》는 제임스 조이스가 1923년부터 1938년까지 작업하고 1939년에 발표한 작품이다. 거의 읽을 수 없는, 번역 불가능한 어려운 텍스트로 유명하다. 하지만 20세기의 기념비적인 문학으로 평가받는다.

쟁war 중에 표명된다. 헤게모니로 영어는 다른 언어를 지우려 한다. 길들여진, 신식민주의화된 다른 관용어를 지우려 한다. 단 하나의 각도 아래 읽으라는 것이다. 결코 그것이 진실하지 않아도. 오늘은."[29]

문학 텍스트에는 간혹 번역 불가능한, 즉 환원 불가능한 불가촉성의 '자동자기확언auto-affirmation de soi'이 있다. 이것은 문학에서의 일종의 **놀리 메 탄게레**[**]로, 데리다는 이를 《율리시스 그라모폰》에서 주장한다. 이 자동자기확언의 위험은—주로 번역이 되지 않는 문학에 대해 말할 때 논거로 사용된다—번역 불가능한 세계를 신비의 세계로 곧장 이끈다는 것이다. 그래서 이어 텍스트에 고유한 아름다움과 힘을—어떤 이름을 붙이건 간에—가리키게 된다. 해석할 수도 없고, 번역할 수도 없는 것. 그것은 곧 순수한 저항물이 될 것이다. 시에서는 특히나 그

[**] Noli me tangere: '나를 붙들지 말라'라는 뜻으로, 이른 아침 부활한 예수 그리스도와 마리아 막달레나는 무덤 옆에서 조우한다. 그리스도는 "오, 스승님!" 하며 다가오는 마리아를 피한다. 다가가는 마리아와 피하려는 그리스도 간의 긴장된 관계가 성화 속에 다양한 몸짓으로 표현되어 있다. '~하지 말라'라는 부정 명령문은 역설적으로 강한 명령문이기도 하다. 이를 번역에 적용하여 번역 담론에서도 사용한다. '나를 붙들지 말라'는 즉 '나를 번역하지 말라', 그러나 '나를 번역해라'의 이중 명령문이기도 하다.

렇다. 앙투안 베르만이 말한 것처럼, 시에서는 번역 불가능한 것이 하나의 가치로 제시된다. "시가 '번역 불가능'하면, 그것은 두 가지를 의미한다. 하나는, '소리'와 '의미' 사이에 세워진 무한한 관계 때문에 **번역될 수 없다**는 것이고, 또 하나는 **번역되어서는 안 된다**는 것이다. 왜냐하면 그 번역 불가능성불가침성은 시의 진실과 가치를 이루고 있기 때문이다. 번역이 안 되는 시라는 것은, 요컨대 '진실한' 시이다."³⁰ 만일 번역 불가능성이 저항이나 문학 언어의 과잉 때문이라면, 이건 어느 정도 접근 가능성이 있다. 또한 다름 아닌 번역을 통해 문학과 언어의 어떤 것이 말해질 수도 있다. 신비주의로 축소할 수 없게 된, 아니 축소되지 않는 갈등보다 번역을 어려운 행위로 만드는 실질적인 대결과 구체적인 충돌을 우리는 더 좋아할 수도 있다. 번역의 반목성은 언어의 전쟁을 좋아하게 만든다. 번역이 거주하는 다양한 방식이나 실질적인 번역 수행에서 구체적인 파괴 작용을 좋아한다. 그러나, 곧 보겠지만, 이런 갈등 관계는 갈등 상황인 두 문화 간의 논쟁 관계에서만 보이는 게 아니다. 에티엔 발리바르는 리요타르의 "분쟁différend"이라는 단어를 다시 취해, "주체 한가운데서 생기는 문장 분쟁"³¹에 대해 말한다. 그것을 어떤 문제나 상실로만 생각할 게 아니라, 번역의 또다른 정치학을 열어보일 수 있는 계기가 될 수도 있다고 봐야할 것이다.

3장

길항적 번역[*]

* 원어는 agonique로 생물학에서 주로 쓰나 그 외에는
자주 통용되지 않는 단어를 일부러 사용했다. 인간
또는 동물은 집단 생활을 하면서 우세적이고 지배적
인 위치를 점하기 위해 노력한다. 그러나 타자의 존
재를 배척하지 않고 반드시 인정하고 존중하면서다.
바로 이런 점에서 '대립적', '반목적' '상극적'이라는
뜻의 antagonique와 미묘하게 대비된다.

불만족, 불화, 불구속,

부유, 진동, 트레모, 트레몰로,

분화, 해체, 개화,

브레이킹 다운, 조직의 증식[*]

— 사뮈엘 베케트[1]

_* 열거되는 명사들에는 영어, 프랑스어, 독일어가 섞여 있다(가령, 맨 앞의
disfaciton, désuni, Ungebund). 대신, 다른 국적 언어 명사들을 모두 영어의 부
정관사 'a'가 잡아주며 통일성을 유지하고 있다. 한마디로, 베게트의 이 시
행은 언어적 실험이며, 길항적 번역, 번역 불가능성을 예증한다. 우리말로
모두 번역되면 각각의 명사들이 영어, 프랑스어, 독일어 등 다른 언어라는
것이 드러나지 않지만, 부득이 시행 안에 흐르는 의미의 망網을 살려 번역
하는 편을 택했다. 이질적 단어들의 조합과 불일치, 그러나 해체, 분해되
는 언어적 현상 과정을 형상화한 시이기 때문이다. 이를 번역하지 않고 외
래어 그대로 음가만 표기해 노출해도 유럽 문화권 안에서 느끼는 언어 효
과가 우리에게 그대로 재현되지는 않는다. 다만, 우리말 두음을 맞추어 나
름의 운율 효과를 살리고, 우리 문화권에서도 통용되는 영어 표현은 일부
러 번역하지 않고 외래어 그대로 살렸다.

언어 전쟁, 그것은 단순히 차이성이나 이질성에 있지 않다. 번역은 차라리 이것이 고통을 치료할 수 있는 치료제라며 이를 극복하고 싶어한다. "문제가 되는 것은 언어들 사이의 이질성이 아니다"라고 메쇼닉은 썼는데, 진통제만 놓는 바람에 무기력해진 번역 담론들로부터 메쇼닉은 자기만의 논점을 가지고 빠져나온 셈이다. 그는 또 이렇게 말한다. "문제는 투명성과 흔적 지우기를 너무 가르친다는 것이다. 모든 것이 말해지고 표명되었음에도 불구하고, 언어의 다양성, 다시 말해 그 잡다함은 하나의 고통이자 악이므로 지워져야 한다는, 혹은 타자성을 강조하는 소아병에 따르면 그대로 노출되고 전시되어야 한다는 지배적인 생각은 계속되고 있다"[2]라고 메쇼닉은 썼다. 이렇게, 바벨탑[**]을 가지고 번역에 관한 우화가―창세기 장을 재

***

[**] 구약 창세기에 나오는 일화로, 인간들은 높고 거대한 탑을 쌓아 하늘에 닿으려 했다. 이런 인간의 오만에 분노한 신이 본래 하나였던 언어를 여

독하며 시작된 이 주제를 다룬 책들을 다 열거하다 보면 끝도 없을 것이다—거의 만장일치를 본 듯 만들어졌다. 이로써 '복원réparation*'이라는 개념이 설정되었다. 이런 동의 및 합의가 원천적 자산이며, 언어에는 번역이 있고, 사회에는 정치가 있다는 것도 확언되었다. 한편, 언어 전쟁은, 또한 각자 자기만의 전쟁이다. '모국어langue maternelle'와 '국어langue nationale' 사이**에서, 내부 언어와 세계 언어 사이에서, 모국어와 외국어 사이에서. 이런 갈등 공간의 외형은 각기 다르다.

    구체적으로, 번역은 매번 하나의 승부이며, 전투이다. 그리고 분명, 이런 투쟁을, 이런 대결을 숙고해보는 것은 의미가 있

러 개로 나누는 벌을 내렸고, 원래 힘을 모아 탑을 쌓던 인간들은 오해와 불신 속에 결국 다른 언어로 전세계로 뿔뿔이 흩어져 버렸다. 네덜란드 화가인 피테르 브뢰헬의 유명한 그림이 있다.

* 번역을 비유한 말로, 한 단어로만 번역하기에는 그 다층적 의미를 다 담아내지 못해, 가장 포괄적인 단어로 옮겼다. réparation은 원어 조어대로만 보자면, re('다시'), parer('갖추다', '마련하다', '대비하다', '장식하다')의 조합이다. 첫 번째로 많이 쓰이는 뜻은 '손실', '수선'이며, 여기서 파생하여 어떤 상태의 '복원', '복구', '재생'을 의미한다. 더 나아가 사회적·정치적·법률적 맥락에서 쓰일 때는 '배상', '보상', '사죄'라는 의미가 있다. 어떤 의미에서 번역 행위는 이 모든 의미를 내포하고 있다고 할 수 있다.

** 모국어가 곧 국어가 되지만, 여기서는 정교하게 모국어와 국어를 단어를 달리 하여 개념을 구분하고 있다.

을 것이다. 힘겨우나 내적으로는 승리하기 때문이다. 앙투안 베르만이 제3의 언어라는 가설을 세운 것도 그래서다. 번역은 재중계의 도구이자, 대결의 열기를 완화해주는 도구이다. 번역 행위는 결코 두 언어 간의, 즉 양측 간의 **상관성** 속에서만 이뤄지지 않는다. 중재자 같은 전혀 다른 언어가 지평선처럼 앞에 있거나, 아니면 그 지평선 안에 들어 있다(샤토브리앙은 밀턴의 글을 번역하면서 이런 예로 라틴어를 들었다). 이와 같은 전혀 다른 언어가 없었다면 샤토브리앙은 밀턴을 번역할 수 없었을 것이다. 번역으로 불거진 갈등을 해결하고자 하는 근심은 이미 앞에서 베르만이 말한 번역의 윤리성을 말하면서 지적한 바 있다. 이것은 언어의 "모성적 핵"을 생각나게 한다. 이는 달리 말해, 번역자의 선한 마음, 더 나아가 환대 장소로서의 번역의 미덕일 수 있다. "모국어에서 모성적 핵을 찾다보면, 모든 언어가 친족이다. 이 핵에 좀 더 가까이 가서 작업하다 보면 번역(즉, 문자 번역)을 통해 문헌학이나 언어학이 아닌 다른 차원의 친족성을 발견하게 된다."[3] 한편, 번역가는 자기 언어와 갖는 사적이고도 내적인 관계―훨씬 추상적으로 말해, 번역에서 번역의 언어로 오는 과정―또한 생각해볼 수 있다. 그것은 조화 또는 일치의 관계가 아니라 경쟁 또는 대립을 새기는 관계이다. 20세기 초까지 번역가들의 담론이나 번역에 관한 담론에서 너무나 자주 만나곤 했던 여타 언어들에 대해 한 언어가 갖는 소위 우월성을 굳이 거론하지 않더라도, 심지어 2개 국어 번역가라도 번역가 각자에게는 언어들이 같은 층위에 있지 않다. 도착어에 익숙한 방식이 출발어에 익숙한 방식과 같지도 않다. 도착어와 출발어의 내적 강도가 각각 같은 성질이 아니다. 주조하는 언어, 즉 번역을 위해 작업하는 언어는 훨씬 더 큰 친숙함을 전제하거나, 그런 친숙함을 만들어낸다. 언어에 내재하는 위계질서가 그렇게까지 객관적은 아니라 해도, 다시 말해 이런 위계질서가 명백히 변화 가능한 것이라 해도, 적어도 어떤 지배력은 갖는다. 출발할 때는, 즉 번역을 해야 하는 언어가 우세성을 갖는다. 그것을 번역해야 하기 때문이다. 도착할 때는, 즉 번역어로 나오는 언어가 우세성을 갖는다. 왜냐하면 이 번역어가 차츰, 점진적으로, 자리를 잡아가며 원어를 뒤덮기 때문이다.

수많은 언어권의 수많은 작가와 시인은 물론, 번역자들 역시 자기 고유의 언어를 훈련하는 데 있어 외국어로 인해 생긴 불안과 혼란을 말한다. 승부는 두 언어가 아니라 세 언어 사이에서 난다. 말라르메나 프루스트처럼 보들레르에게도 영어를 통한 우회가 일어나는데, 그 목표는 다른 언어와의 접촉을 통해 프랑스어를 변질시키고 익숙지 않게 만들어 자기만의 언어를 제조하는 데 유리한 '반의미contresens'를 가져오려는 것이다. 자기 자신이 되기 위해 타자의 언어를 우회하는 과정이 있는 것이다. 2개 국어, 더 나아가 3개 국어, 때로는 4개 국어를 쓰는 작가들의 경우, 거의 속박되어 있을 정도로 이 과정이 구체적으로 일어난다. 러시아어가 모국어인 나탈리 사로트*는 영어와 독일어라는 우회 과정이 있었기에 프랑스어로 글을 쓰는 작가가 될 수 있었다(그녀가 자기 것이 될 수도 있을 리듬과 문장을 예감한 것은 다름 아닌 독일어로 쓰여진 토마스 만의 《토니오 크뢰거》**를 읽으면서부터다). 그러나 그 결과는 동일하다. 그도 그럴 것이 그녀의 목소리를 언어들 사이에서만 찾을 수 있기 때문이다. 하나의 같은 언어에서 여러 언어들이 사용될 때만 그녀의 목소리가 찾아지기 때문이다. 간혹 작가들은 언어를 "상식sens commun"에서 나오게 한다는 말을 한다. 이런 표현은 논쟁적인데, 왜냐하

---

* Nathalie Sarraute(1900~1999): 모스크바의 유복한 유대인 가정에서 태어났다. 부모의 이혼과 재혼으로 러시아와 프랑스를 오가며 살다 파리로 망명한 아버지를 따라 1909년 파리에 정착했다. 파리, 옥스퍼드, 베를린 대학에서 영문학, 사회학, 법학 등을 공부했으며, 변호사 생활을 하다, 이후 문학에 전념한다. 1939년에 출간한 첫 작품 《트로피슴》은 문단의 큰 주목을 받았고, 이후 《의혹의 시대》를 비롯해 《어린 시절》 등을 출간했다. 인물 구현 방식 및 서술 방식이 기존의 문학 스타일과 전혀 다르며 고유한 자기만의 언어를 구현한 작가로 많은 연구 대상이 되고 있다.

** 토마스 만이 1903년에 발표한 단편소설로, 독일 부르주아 집안에서 태어난 소년 토니오의 이야기다. 작가의 자전적인 작품이다.

면 공동체 구성에 필요한 소통의 의무를 면한 언어들은 일종의 오만한 예외 조건 속에 들어가는 것처럼 비칠 수 있어서다. 한편, 이런 작품들이 정치적 공간을 그려낸다면, 그들 언어를 통해 새로운 공동 사회를 창조할 수 있다. 이런 언어들은 이른바 "상식"에서 나온다. 이 "상식"이 모두 사용되어 닳은 것이라, 세계상에 존재하는 우리 감정을 표현하는 데 적합하지 않다면 말이다. 땅 위에 발딛고 사는 현존을 꿈꾼다면, 이런 언어들이야말로 우리 안에 기거하는 낯설고 이상한 감정을 잘 표현해줄 것이다. 전혀 다른 의미 또는 기울어졌거나 반대 방향을 한 '반의미contresens'로 성토盛土를 쌓아 이제 이 언어 나름으로 여태 풀지 못한 수수께끼를 번역해냄으로써 함께 살아갈 수 있는 것이다. 그러면 또 하나의 이야기에 소속될 수 있고, 거기서 하나의 자리를 발견할 수도 있다. 이전의 인습적 세계가 아니라 새롭게 살아갈 수 있는 공동 세계의 경계를 그려볼 수도 있을 것이다. "왜냐하면 반의미는 다음을 전제하기 때문이다. 의미작용은 분명 있다. 그런데 그 의미작용 안에서 어떤 해체가 일어나 하나의 점點이 생기고, 거기서 미미한 틈이, 균열이, 가벼운 파손이, 아니 상처가 생기는데, 바로 이 상처 덕분에 (조르주 바타유의 언어를 빌리면) 여러 존재들 간에 비로소 본래적인 정통한 소통이 가능해지는 것이다."[4]

두 번째 대립은 훨씬 갈등적 요소가 많은데, 그도 그럴 것이 번역의 과정에서 더욱 파괴적인 성격이 나타나기 때문이다. 이런 번역은 출발어에서 발화된 것을 다른 발화어로 덮는 것에 만족하지 못하고, 작품을 넝마로 누더기로 만들려고 하기 때문이다. 하나의 전체를 조각으로 쪼개놓고, 하나의 연속성을 불연속성으로 만듦으로써 그 통합성에 도달하려는 것이다. 텍스트는 손대지고, 옮겨지고, 변형되고, 심지어 학대당할 수 있다. 번역에 의해 텍스트는 불안정해진다. 그러나 이 같은 다른 형국에 있으면서도 같은 텍스트인 것이다. 번역에는 황폐화하는 힘이 있다. 완성된 텍스트를 초고 상태로 돌릴 수 있다. 항상 더 개선하고, 다시 수정해야 하는 상태로 만들 수 있는 것이다. 완성된 작품을 차후에 다시 초고 상태로 놓는다는 개념은 번역의 부차적이면서도 동시에 더 월등한—하나의 언어에서 다른 하나의 언어로 전달 또는 통행시킨다는 첫번째 목표보다 더 우위에 있는— 원대한 포부일 수 있다. 작품을 초벌로, 밑그림으로 변형시킨다니, 이것은 마치 밭을 쟁기질 하듯 작품을 갈아엎고, 다시 만들고, 후회와 가책을 하며, 한마디로 **무한**infini으로 되돌려놓는 일이다. 하운 소시는 보들레르의 시 〈한 시체Une charogne〉의 다양한 번역(영어 및 중국어 번역)에 대한 뛰어난 분석과 함께 번역에 대한 사유를 전개한 바 있다.[5] 재생산이나 미메시스, 대화 같은 것이 아니라, 소화 및 적응, 점유 과정에 견줄 만한 것으로, 바로 그렇게 같았던 것이 전혀 다른 것이 되는 것이다. 그러나 시 자체가 암시하듯, 이런 과정으로 새로운 형태나 새로운 몸이 출현하는 것은 아니다. 도리어 형태는 운반되지 않는다는 것을 보여주면서 "도래하는 느린 초안"을 보여준다. 와해, 해체, 정화 같은 것이 있어야만 한다. 운동성이 읽혀야 한다. 그래야 형태가 도래한다. 번역을 가능하게 하는 것이 바로 이것이다. 동일하지 않은 두 형태를 병렬하는 것이 아니라, 스스로 적응하기 위해 끊임없는 운동을 하다보니 어떤 형태에 이르게 되고 그것이 핵심이자 정수가 되는 것이다. 적응하다 보니, 적응되고 만다. 먹다 보니, 먹히고 만다. 번역하다 보니, 번역되고 만다. 하운 소시는 햄릿의 제4막 3장을 여기서 인용하기도 한다. "Now, Hamlet, where's Polonius?" "At supper." "At supper! Where?" "Not where he eats, but where he is eaten."(자, 햄릿, 폴로니우스는 어딨지? -저녁 식사에. -저녁 식사? 어디? -그가 먹는 곳이 아니라, 그가 먹히는 곳에.)[6] 번역은 조각들과 파편들을 가지고 하는 일이고, 그것들을 다른 언어로 재조합하는 일이다. 이것은 거의 어떤 한계 체험에 가깝다. 죽음을 앞에 마주하는 일이기 때문이다. 즉 죽음과의 정면 대결에 적응하며 전달 및 전승, 생존을 책임지는 일이기 때문이다. 내가 "길항적 번역"이라 부르는 것이 바로 이것이다.

번역의 사유에 있어 부정성이 갖는 힘을 분석하기 위해, 샹탈 무프는 정치철학적 방법론을 택했는데, 특히 그녀의 저서 《투쟁적Agonistique》*과 《일치라는 환상》에서 이를 더욱 발전시킴으로써 "길항적 번역"을 정의하고 소개하는 데 도움이 되었다. "길항성agonisme"이라는 용어는 훨씬 전에 사용된 "반목성antagonisme"이라는 용어에서 파생했는데, 이는 훨씬 "길들여진apprivoisé" 대립성의 형태를 정의할 수 있게 해주었다(샹탈 무프는 어떤 가치에 대한 동의를 통해 "적들 간의 투쟁"이 "상호 맞수 간의 대결"로 변형되는 것을 환기할 때 이 형용사를 사용한다). 길항은 동의나 일치, 대화와는 다르게 근절되는 게 불가능한 부정성이 강조된다. 그녀가 쓰고 있지만, "온전한 질서가 다른 가능성들을 배제하면서 세워지기 때문이다." "정치적 문제들은 갈등 중인 여러 선택지들 가운데 하나를 선택할 것을 요구하며 항상 결정하게 만든다."[8] 이렇게 길항적 번역은 번역에 내재한 갈등의 힘을 작동시킨다. 언어들 간에, 정신과 문자 간에, 원본과 번역본

---

* 여기서는 agonique가 아니라 agonistique를 쓰고 있다. 두 단어는 철자가 미세하게 다르다. Agonistique는 고대 그리스의 투기鬪技에서 비롯되어 철학적·존재론적·정치적 투쟁까지를 의미한다.

간에, 제안되는 다양한 선택지들 간에 갈등의 힘들이 미치게 내 버려두다가 이 가운데 하나를 선택해야 하는데, 이제 하나의 입장을 정하고, 결정을 내려야 한다. 따라서 번역을 사유하는 데 있어 이제는 미학적 용어가 아니라 정치적 용어가 사용된다. 그렇다면 이제 협상 모델이 아니라 경쟁성 유지 모델이 적용된다. 갈등은 실존한다. 갈등이 맞닥뜨려진다. 그래도 실패한 게 아니다. 번역은 이런 갈등을 통해 결국 하나의 결정을 선택하는 데 이르는 과정이며, 다른 여러 것들과 대항해 하나를 확언하기에 이르는 과정이다. 마찬가지로 번역은 원본과 함께, 그리고 동시에 원본과 대항해 스스로 확고해진다. 또한 이전의 번역과 함께, 그리고 동시에 그 이전의 번역과 대항해 스스로 확고해진다. 이런 결정으로 몇 가지 구조적 지점들이 생겨난다. 가령 언어의 음역적 특색에 따라 시적으로 번역할 것인가, 산문적으로 번역할 것인가. 그러나 미시구조 차원에서 이런 선택을 끊임없이 해야 한다(다의성을 줄이고, 한 단어의 의미 및 해석의 방향 또는 독법의 방향 등을 면밀히 보면서). 이렇게 취해진 각각의 결정은 경쟁적인 여러 이해관계 속에서 하나를 택하며 순응하기 위한 탐색이 아니라 갈등을 해결하기 위한 독재적 규칙으로 인식될 우려도 있다. 세묜 키르사노프[*]의 《빈 집》을 번역하면서 앙투안 비테즈는 고의로 형식 운율을 포기하는 편을 택했음을 인정한다.

러시아 독자들은 항상 이 시에서 그 형식 운율의 중요성을 칭찬했지만 말이다. "나는 운율보다는 공기 중으로 투사된 듯한 단어들에 훨씬 예민해졌다. 이 단어들은 벗은 채로, 그러나 운韻이 전개될 때마다 그 운에 실려 어딘가로 날아가는 것 같았다."[9] 시를 복구 의지 속에 결박시키지 말 것. 이런 생각에서 이 시를 자유롭게 하면서 프랑스 독자와 청자들에게 새롭게 시를 날려 보내고 싶었다. 그 고유의 운율로 생겨난 격렬함에 대해서는 기꺼이 합의하면서. 이런 쟁점에는 역사적 배경이 있다. 지금이야 시만큼은 그 운율을 그대로 복구하면서 충실히 번역해야 한다는 것이 거의 명징한 사실처럼 보이지만, 한동안 외국 시를 운문으로 번역하는 것은 충실한 번역이 아니라 모방 또는 의역으로 간주되곤 했다. 19세기 프랑스어는, 다른 나라에서 온 시들은 비폭력적인 번역으로 비점유적인 번역을 해야 한다는 근심 어린 생각과 함께 산문적 번역을 도입해 체계화했다. 그렇게 시 번역의 진정한 실험실이 자리 잡았으며, 이곳은 운문과 산문이 서로 대화하는 장소가 되었다. 가령, 독일어의 가장 중요한 번

* Semion Isaakovitch Kirsanov(1906~1972): 러시아의 시인이자 번역가이다. 유년 시절 10월 혁명과 여러 시민 내전을 겪었으며, 붉은 군대의 군인들과 혁명들을 주제로 한 시를 썼다.

역가 중 한 사람인 자비에 마르미에는 괴테를 12음절 시구로 번역하기 시작했다. 이어 실러 또는 대중적 서정 가요 선집을 번역할 때는 산문을 위해 운문을 포기했다. 특히 이 대중가요는 단순성과 강도強度 간의 상관성을 성찰할 기회가 되었는데, 고전적 운율을 되살릴 수 없음이 드러났다.[10] 한 시대, 격렬성의 정점으로 나타날 수 있는 것이 다른 언어에 의해 가장 최소한의 격렬성으로 실험된 것이다. 타자성, 이국성을 생각하는 여러 방식, 더 나아가 시 자체에 대한 실험은 이렇게 유래되었다. 시 번역가들은 흔히 본인도 시인인데, 19세기에는 이런 필요성이 자각된 바 있다. 시인들이 따라야만 하는 운율에 익숙해야 이 운율을 유순하게 잘 표현할 수 있었다. 산문으로 된 어떤 번역들은 과연 자유로운 시행의 전조로 보였다. 산문은 행들로 나뉘는데, 이것이 원 텍스트의 연聯 양상을 만들어낸다. 따라서 각운이 없는 자유로운 박자의 시행처럼 되니 번역자에게 부족한 것은 "자유 시행"이라는, 아직은 이름 붙여지지 않은 것이었다. 반면, 비교적 자유로운 시행들이 나오고 한 세기 이상이 흐른 후에는 가령 자크 루보가 한 것처럼 구속적 운율을 실험하면서, 이제 번역에서도 이런 시적 운율을 실험할 필요가 대두되었다.

　이런 예들은 번역 담론에서 완전히 합의된 언어를 적용해야 한다는 이유를 대는 것이 옳지 않음을 보여준다. 이것은 번역하는 행위 자체에 내재한 잠재적 정치를 고려하지 않아서다. 번역에서 두 언어는 결코 충만하게 하나의 언어로 귀착되지 않는다. 이런 이유 때문에라도 우리는 복수성이 절대적으로 존중될 수 없다는 것을 다시 생각하게 된다. 그렇다면 복수성의 감소를 최소화하는 등(가능한 한 파괴하기 위해, 그래도 파괴하는 것을 소홀히 하지 않는 게 중요하다) 대결을 조절하는 방법을 생각해야 한다. 번역을 사유하기 위한 갈등적 모델의 또 다른 특성은 이것과 저것 사이, 즉 분리된 두 정체성 사이의 경계들을 인식하고 인정한다는 것이다. 여기서 관건은, 뚜렷이 구분되는 고유 속성 안에 그 정체성을 가둬버리는, 즉 본질주의식 담론으로 되돌아가지 않는 것이다. 전반적 교환이 일어나면서 경계들은 흐려지는데, 저 극한의 한계까지 밀려나지만 않는다면, 물론 속임수긴 하지만 이 상호성을 단호히 지켜내는 전반적이고 총체적인 교환 가치를 재문제삼지 않아야 한다는 것이다. 나는 타자를 파괴한다. 그러나 그에 의해 나도 파괴되게 내버려둔다. 타자의 언어가 표상하는 구조적 외재성을 번역으로 도저히 건너가기 힘들 수도 있지만, 그렇다고 불일치 상에서 주저앉는 것도 금한다. 결국, 이런 모델의 마지막 특성은 번역을 하면서 수행하는 작품, 언어, 그 선택, 그리고 어떤 일말의 동일화에 이르고 마는 감격적 특성에 있다 하겠다. 이렇게 여러 복잡다단한 경로를 거쳐 이른 동일화로 인해 타자 안에서 자신을 알아보게 된다. 타자를 스스로 자기화하고, 타자를 이동시키기까지 했으니 말이다. 바로 이렇게 타자를 변화시킨 것이다.

번역은 차이 상태와 연속된 차이 상태 속에 똑같은 것을 놓는다. 다시 말해 이 차이를 일정한 차원 속에 유지하면서 이 차이가 언제든 위태로워질 수 있도록 해야 한다. 이른바 **포스트**(포스트모던, 포스트콜로니얼 또는 포스트휴먼)의 시대가 도래하자, 새로운 것, 아직 나오지 않는 전대미문의 것, 본래의 독창적인 것 등이 이 차이의 한 자리를 차지하게 되었는데, 이 차이란 위협적일 수 있는 타자성이라기보다 항구적인 변주, 변화성, 불균질한 이질성, 더 나아가 교배적 잡종성 등으로 생각되었다. 진짜 위험은 이 차이성이 희석되어 흐려지는 것으로, 이것이야말로 곧 위태로운 것이었다. 안드레아스 휘센은《망각의 강박관념》에서 아도르노에서 슈피겔만에 이르는 미메시스의 문제를 분석하며 아주 유용한 성찰을 내놓는다.[11] 그는 미메시스 패러다임에서 작지만 결정적인 차이가 있으면 어떻게 금기를 뛰어넘어 더 큰 위력을 발휘하는 표현을 해내는지 분석한다. 가령, 홀로코스트는 도저히 그 무엇으로도 말할 수 없으므로 표현하지 말라는, 이른바 강력한 재현 금지가 요구되었다. 그런데 아트 슈피겔만*은《쥐》에서 급진적이고도 선동적인 "번역"을 통해, 즉 다른 예술과 다른 용어를 통해, 완전히 분열되어 있는 두 세계로부터 빠져나온다. 여기서 분열된 두 세계란, 하나는 잠들기와 망각에 유리하므로 아도르노도 비판한 바 있는 미메시스라는 환상이며, 다른 하나는 일체의 이미지를 모두 삭제 및 취소하라는 재현 금지이다. 논리와 미학으로 차이의 생산물이 만들어진 것이다. 그런데 이 재현물의 모델 안에서 둘은 서로 불신하기에 적합하다. 만일 번역이 사유에서만이 아니라 (세계화에 대한 일정한 조절 메커니즘으로서) 현대의 글쓰기에서도 나름의 자리를 차지하고 있었다면, 그것은 분명 우리 시대가 이미 이런 재현물의 위험을 인식하고 있었기 때문이다. 2개 국어로 글을 쓰는 작가들, 자기 작품을 스스로 다른 언어로 번역하는 작가들 또는 외국어로 글을 쓰는 것을 선택한 작가들은 '토포스'**를 문자화한다. 이 토포스에 따르면, 모든 문학은 일종의 외국어로 쓰여진 것이어야 한다. 차이를 언어 안에서 그리고

---

* 스웨덴 스톡홀름에서 홀로코스트 생존자 부모 사이에서 태어난 아트 슈피겔만은 유대계 미국인으로, 1960년대 언더그라운드 만화계에서 활동하면서 이름을 서서히 알렸다. 홀로코스트를 사실적으로 묘사한 《쥐》로 1992년 퓰리처상을 수상했다.

** topos: 그리스 원어로는 '몸', '형체'를 뜻하지만, 논리학과 기하학에서는 '유한한', '닫힌 범주', '전체 집합적 개념의 범주'를 뜻한다.

언어를 위해 연구하고 작업하면서, 그야말로 문학의 길이 열린 다는 차원에서 말이다. 번역은 비유사성이 상주하는 유사성 외에 결코 다른 것을 만들어내지 못한다. 이것이 바로 발터 벤야민이 쓴 "번역자의 과제"[*]의 가장 큰 교훈이다. 여기서 유사성이란 완벽한 미메시스로서의 유사성이다. 번역 행위의 기저에서 미메시스 충동이 나온다고 해도, 동질성은 불가능한 것이 되고 만다. 바로 이래서 번역은 미메시스의 사안이라기보다 이루 다 말할 수 없는 내밀함의 사안이 되고 마는 것이다.

그러나 번역을 진짜 길항적으로 만드는 위급한 차이[12]는 무엇일까? 《세미나에서》라는 바르트의 글을 떠올리는 건 도움이 될 수 있다. "차이, 그것은 무슨 뜻인가? 각 관계가, 서서히 (시간이 필요하다), **본래로 돌아가 독창적이게 된다**는 말이다. 하

---

[*] 벤야민의 이 유명한 글은 이 책에서도 자주 언급되겠지만, 원제목은 "Die Aufgabe des Übersetzers"이며, Übersetzers는 프랑스어로 tâche로 번역된다. tâche는 '힘든 업무', '고역', '과업', '과제' 등을 뜻한다. 벤야민은 이 글에서 특히 '차이difference'의 번역을 강조하는데, 여기서 차이란 나누어 갈라지는 분기성의 차이다. 벤야민은 원문이 커다란 숲속 안에 있다면 번역문은 그 숲 바깥에, 그 숲을 마주하고 있다고 비유하며 원문과 번역문을 분명히 구분하는데, 번역가의 과제란 숲 '안'이 아니라 숲 '바깥'에서, 즉 자신이 번역어로 원문의 메아리가 울려퍼지게 해야 한다는 것이다. 이 최종의 메아리는 원문의 메아리이면서 자기 번역문의 메아리이기도 하다.

나씩 취한 몸들의 본래성을 되찾는다는 것이다. 역할의 재생, 대화의 되풀이 같은 것을 깨뜨리고, 위세 및 경쟁으로 연출된 모든 무대를 망가뜨리는 것이다."[13] 《무차별한 이름들》에서 장 클로드 밀너는 "역설적 계층들"[**][14]의 예를 든다. 이 계층들은 공통점을 가진 계층 구성원들이 아니라 계층 이름이 구별되는 계층들이다. 유사성은 있지만 돌출되는 공통 장르는 없다. 만일 그래도 장르가 있다면, 분리에 기초한 장르일 것이다. 그 기초는 공통성 및 교환 가능성에 저항한다. 번역과 함께, 그리고 번역-글쓰기와 함께 일어나는 것이 바로 이것이다. 분리되어 결집을 이루지만, 유사성 또는 공통성으로부터는 멀리 떨어져 있다. 한편, 이런 차이성을 가장 잘 완성한 표현을 자유롭게 내보인 번역이 있다. 바로 파울 첼란의 영어로 된 전기인데, 존 펠스티너는 《죽음의 푸가》의 놀라운 번역본을 이 전기에서 제시한

** 이 영어 번역시는 따로 번역하지 않고 영어 원문을 그대로 노출한다. 이 시의 우리말 번역본도 참조할 수 있을 것이다. 영어와 독일어의 상호성과 독일어와 한국어, 영어와 한국어의 상호성은 또 다른 차이가 있어 우리말 번역문의 결과물 및 그 효과는 다를 수 있다. 본문에서 해설하고 있지만, 파울 첼란은 나치 전범의 언어가 된 독일어로 글을 쓰기 두려워 마치 독일어로 번역된 글 같은 독일어를 구사했기 때문에, 우리말 번역본에서도 실은 난해하면서도 잘 안 읽히는 번역적인 투가 살아 있어야 첼란의 의도에 준한 것이다.

다. 독일어와 영어 간의 친족성이 드러나면서 동시에 그 차이성이 드러나는 번역이다. 이 번역은 그렇게 언어에 대한 저항성과 그 저항할 수 없는 불투명성 속에서 시의 완성을 보인다.

Deathfugue

Black milk of daybreak we drink you at night

we drink you at morning and midday we drink you at evening

we drink and we drink

A man lives in the house he plays with his vipers he writes

he writes when it grows dark to Deutschland your golden hair Marguerite

your ashen hair Shulamith we shovel a grave in the air there you won't lie too cramped

He shouts jab this earth deeper you lot there you others sing up and play

he grabs for the rod in his belt he swings it his eyes are blue

jab your spades deeper you lot there you others

play on for the dancing

Black milk of daybreak we drink you at night

we drink you at midday and morning we drink
you at evening

we drink and we drink

a man lives in the house your goldenes Haar
Marguerite

your aschenes Haar Shulamith he plays with his vi-
pers

He shouts play death more sweetly Death is a mas-
ter from Deutschland

he shouts scrape your strings darker you'll rise then
in smoke to the sky

you'll have a grave then in the clouds there you
won't lie too cramped

Black milk of daybreak we drink you at night

we drink you at midday Death is a master aus
Deutschland

we drink you at evening and morning we drink
and we drink

this Death is ein Meister aus Deutschland his eye it
is blue

he shoots you with shot made of lead shoots you
level and true

a man lives in the house your goldenes Haar
Margarete

he looses his hounds on us grants us a grave in the
air

he plays with his vipers and daydreams

der Tod is ein Meister aus Deutschland

dein goldenes Haar Margarete

dein aschenes Haar Shulamith[*]

독일어에서 영어로의 이런 회귀는 비번역도 아니고, 원본
으로의 회귀도 아니다. 시에 담겨 있는 차이를 실현시킨 것이

* Jean-Claude Milner, *Les Noms indistincts*, Lagrasse, Verdier/poche, 2007.

다. 그것은 독일어이면서 동시에 죽은 언어, 시인의 언어이다. 압박이자 동시에 저항이다. 자기만의 장르로 이렇게 유일무이한 번역으로 만들어낸 것이다. 명징한 감정으로 원문 시 안에서 독일어가 영어 속에서 부딪히고, 영어가 독일어 속에서 부딪힌다. 알다시피 파울 첼란은 여러 언어를—러시아어, 영어, 이탈리아어, 루마니아어, 포르투갈어, 히브리어, 프랑스어—, 때로는 루마니아어로, 그리고 거의 대부분은 독일어로 번역했다. 그가 번역한 작가들의 목록만 보아도 가히 놀랍다. 몇 명만 인용해도 이 정도다. 만델슈탐, 흘레브니코프, 셰익스피어, 던, 디킨슨, 운가레티, 페소아, 랭보, 보들레르, 네르발, 아폴리네르, 발레리, 뒤팽, 브르통…. 이렇듯 두 실천—시와 번역—사이에 이어진 끈은 견고했다. 그런데 번역에서 언어들과 작품 사이에 생기는 관계 놀이가 첼란에게는 하나의 모델이 될 만한 가치를 지녔다. 왜냐하면, 범죄로 얼룩진 언어로 글을 쓰는 것이(그의 부모는 나치 수용소에서 사망했고, 그 역시 1943년 수용소에 수감되었다) 괴로웠던 그는 독일어로 번역된 것처럼 보이는 글을 쓰기 시작했다. 그래서 가끔은 무슨 말인지 모르겠는 말처럼 쓰면서 극도로 특이한 글쓰기를 했다. 그의 글쓰기를 이해할 수 있는 열쇠는, 바로 번역으로, 그의 심오한 난해함이 어디에서 기인했는지 비로소 이해가 된다. "'난해하게 하기'가 도착적이고 기만적인 것에 불과한 명료한 언어를 뒤틀리게 한다. '난해하기 하기'는 그래서 되풀이, 새로운 버전, 번역적 독법으로의 초대이다."[15] 이 말은 첼란을 번역할 때 그야말로 섬세한 작업을 해야 한다는 말이다. 왜냐하면 번역된 것을 번역하는 것은 특별히 더 어려운 일이기 때문이다. 존 펠스티너의 제안에 따르면, 번역은 차이를 보게 하는데, 여기서 차이는 재결합이자 혼종 교배이다. 아니, 혼종 교배 속의 재결합으로, 거의 불가능한 동화작용이다. 하여, 20세기를 대표하는 상징적인 시들 가운데 하나인《죽음의 푸가》는 번역 덕분에 역시나 21세기를 상징하는 주요한 시가 되었다. 번역을 통해 용해 연습을 하는 것이다. 원문과 번역문의 차이는 이렇게 소멸된다. 항상 같은 목소리만 내는 일방적인 만남이 되지 않으려다 보니, 행복하기도 하고 고통스럽기도 하다. 이는 곧 원문과 번역문의 취약성을 증명하는 일이기도 하다. 그런데, 바로 그렇게 취약하기 때문에 이론의 여지 없이 생존을 보장받게 된 것이다.

4장

이중의 폭력성

번역본에 불성실한 원본이라면
누가 그 원본을 알아보겠는가?[1]

— 프랑수아 보클뤼즈

번역 행위 자체에 내재한 폭력(번역할 텍스트, 번역자, 번역된 텍스트의 언어 등 여러 층위로)은 물론, 이미 일어났거나 현재 일어나고 있는 역사적 폭력 상황을 번역이 또 가져올 수 있다는 점에서 폭력은 결코 부인할 수 없는 것이다. 갈등은 거의 항상 번역 문제에 뒤따라 나온다. 더욱이, 보편적 세계화의 맥락 속에서 다수의 국가와 다수의 언어가 결합하는 상이 군대, 프로파간다, 구체적 일화들 속에 상당수 암시되어 있다. 2001년 9월 11일 이후, 국가 보안 및 안전을 담당하는 미국 기관들은 그들에게 도착하는 상당한 양의 아랍어 문서들을 해독할 전문 요원을 선발하는 데 어려움을 겪었다. 그래서 이런 업무 부족분을 처리하기 위해 이미 전에, 그러니까 보스니아 전쟁이 터졌을 때 대량으로 사용한 적 있던 자동번역 프로그램의 도움을 받을 생각을 해냈다. 에밀리 앱터가 상기하기로는, "가장 많이 사용된 프로그램의 이름 가운데 하나는 '외교diplomate'로, 아주 최적화된, 낙관적 이름을 갖고 있었다. 그러나 결과는 그다지 신뢰할 만한 것이 못 되었다. 아니, 거의 참사 수준으로 오류가 많았다. 여기서 오역 문제는 거의 죽느냐 사느냐의 문제다. 왜냐하면 전쟁 중 작전을 수행하는 곳에서 번역 프로그램의 실수로 적을 잘못 알고 사격하여 사망자를 발생시키는 이른바 '아군 오인 사격tirs amis'이 쉽게 일어날 수 있기 때문이다."[2] 기계가 수행한 번역 실수에 더해 이야기나 정보가 조작될 수도 있었다. 한 언어에서 다른 언어로 옮겨가는 과정에서, 의심이 가는 허위사실이나 음모론을 유포하며, 다분히 의식을 하고 정보를 조작하는 일도 생긴다.

통역 실수로 전쟁을 일으킬 수도 있고, 전쟁 자체가 잘못된 번역으로 발발하기도 한다. EMS 공문의 유명한 일화 중에는 한 외교적 사건이 "Adjutant"―독일어로는 '참모본부장'이고, 프랑스어로는 '부사관'이다―을 잘못 번역해 생긴 사건이다. 프랑스 대사관이 일개 부사관에 의해 괴롭힘을 당하는 식으로 생각될 여지가 충분히 있었다. 바로 이것이 발단이 되어 사건이 연쇄적으로 이어져 며칠 후 프랑스가 프러시아*에 전쟁을 선포하기에 이른 것이다. 역사적 재앙의 부분적 원인이 된 번역

---

* 당시 독일은 통일 국가 독일이 아니었고, 프러시아 또는 프로이센이라 불리는 지방 일대를 차지하며 독일 제국의 중심을 이루고 있었다.

오류의 예들은 또 있다. 1945년 7월 미국인들은 일본 총리에게 최후통첩을 보냈다. 그러자 이 총리는 이렇게 답했다. "모쿠사 츠."** 일본어로 이 표현은 일종의 "노 코멘트!"라는 뜻으로 양면적이고 다의적인 의미인데, 이 단어를 미국인 번역자가 "무시로써 대함"이라는 의미를 실어 최후의 거부 의사로 전달하였다. 에밀리 앱터는《번역 지대들》에서 이스마일 카다레의《세 아치의 다리pont aux trois arches》를 일독할 것을 제안하는데, 이 작품에는 갈등 속 번역 문제들이 함축되어 있기 때문이다. 소설은 경쟁 관계에 있는 오트만과 발칸이 그들 영토 사이에 다리 하나를 건설하는 내용을 다룬다—때는 바야흐로 1377년이다. 한 작중인물이 이런 말을 한다. "언어 전쟁은 인간 전쟁만큼이나 비극적이오." 터키인들과 그들의 다국어 대화는(양쪽 사이 협상을 맡은 통역가는 '지옥 같은 언어'라고 말한다) 서서히 알바니아어가 지배하기 시작한다. 물론, 카다레가 그린 이 이야기는 20세기 역사에서 일어난 발칸 전쟁의 전조였다. 이보 안드리치의 그 유명한 소설《드리나강의 다리》의 출발점을 다시 취한 것이다. 여기서도, 적대감을 불러일으킨 것은 바로 번역이다. 일종의 터

** もくさつ, '묵살하다'라는 뜻이다.

키 "데르비슈"*가 실수로 세르비아 진영을 돌아다닌다. 이 적진에서 질의에 응답해야 하는 그를 도와 통역하는 자는 "터키어에 대한 정말 빈약한 지식"밖에 없었고, 결국 곰곰이 생각한 끝에, 그의 번역으로, 세프코의 "추상적인 단어"들을 "다소 의심이 들게, 정치색이 느껴지게" 만든다. 다시 말해 어떤 "위험한 의도를 비치는"것처럼 번역한 것이다. 이런 정황의 연속으로 이어 생기는 것은 갈등과 재앙밖에 없다.

경계를 접하고 있는 공간은 소통의 어려움을 더욱 극적으로 만든다. 특히, 트럼프 대통령의 미국**을 비롯해 유럽의 많은 나라에서 이주민을 적대시하는 현대 정치는 번역 불가능성을 더욱 도착적으로 활용한다. 정치적 피난처를 원하는 자들에게 그들의 사연이나 요구 사항을 전달할 통역자들을 충분히 제공하지 않는가 하면, 이들을 추방할 목적으로 이들의 정보가 충분치 않거나 잘못된 정보라는 구실을 든다. 조사에 따르면, 멕시코 국경에 사는 원주민들, 특히 과테말라인들은 그들끼리 만

---

* 이슬람의 수도승을 가리키는 말이다.
** 이 책은 2020년에 출간되어 "트럼프 대통령의 미국"이라 표현되었다. 트럼프 대통령의 재임기간은 2021년 1월 20일까지였다.

나 대화할 때는 마야어를 써서 번역할 수단이 상대적으로 드물거나 취약해 이들의 상황은 훨씬 좋지 않았다. 심문 시에 번역자가 부족할 때도 있고, 전화를 써서 통역할 때도 있었다. 그러나 이런 전화 통화는 표현이나 이해에 좋지 않았다. 부모 없이 추방된 아이들의 절반은 영어도 스페인어도 할 줄 모른다. 때론 번역 문제로 아이들이 가족과 떨어진 경우도 있었다. 수용소에 고립되어 있다 보니, 점차 그들 태생지의 언어를 잊어버리고, 이렇게 방기된 상태로 있다 보니 장소 공유성은 있어도 이 장소들에서 쓰는 어떤 언어로도 의사 소통을 할 수 없게 되었다.[3]

번역의 위기는, 번역 자체에 오류가 있어서만이 아니라 번역에는 뭔가가 항상 부족해서는 아닐까 하는 생각을 하게 만든다. 이 논리대로라면, 번역의 양과 질을 늘리면 수정된 결과를 낼 수 있을 것이라 생각해보게 된다. 하지만, 한 언어에서 다른 언어로의 이행 과정 자체에 내재한 어려움으로 때론 이런 복구가 힘들어진다. 그러나 이 문제를 좀 더 밀고 나가다 보면, 이런 논쟁 또는 분쟁이 바로 번역에 의해 해결되는 것도 알게 된다. 그도 그럴 것이 번역이 이런 논쟁 또는 분쟁을 가라앉혀주면서 동시에 더 노출해 보여주기 때문이다. 앞선 장에서 이미 살펴본 번역의 다양한 유형들을 전체적으로 생각해볼 수도 있을 것이다. 역사적으로 일어난 폭력에서 번역은 어떤 역할을 한다. 그리고 번역의 공간에서 그 고유한 폭력이 일어난다.

《번역의 스캔들》에서 로렌스 베누티가 말한 것과 달리, 이 것은 번역가와 번역에 행해진 폭력에 대해 분개하는 사안이 아 니다. 그에 따르면, 제도적 차원에서 번역자와 번역은 모두 희 생되고 주변부로 밀려난다(물론, 그가 이런 사실을 검증한 건 20년 전이다. 오늘날 **번역학** 차원에서 다시 연구한다면, 같은 결론에 도달할지 는 의문이다. 하지만, 그럼에도 불구하고, 저자 개념과 저작권 문제에서 번역은 계속 경제적으로 평가절하되고 있다). 사회경제적 관점에서 번역자의 상황은 분명 개선되었다. 적어도 프랑스에서는 말이 다. 전 세계 차원에서 보아도 격차는 여전히 있고, 유럽 차원에 서 보아도 이건 말도 안 된다며 여전히 볼멘 소리가 있다(프랑스 에서 번역자가 책 1페이지당 대략 17유로에서 20유로를 받는다면, 이탈 리아에서는 평균 번역료가 10유로 정도다[*]). 번역이 주변부 또는 변 두리 속성을 갖는다는 것은 오늘날에도 여전해 보이지만, 번역

---

[*] 한국의 사정도 별반 다르지 않다. 번역료는 프랑스어 번역의 경우 200자 원고지 1매당 대략 5000원을 받는데(인세인 경우, 해외 저작권을 사는 경우 원 저자에게 가는 로열티를 상정해, 번역자에게는 5프로 내지 6프로, 심지어 4프로를 주 는 출판사도 있다) 여기 묘사된 대로, 대략 1페이지면 200자 원고지로 4매 정도 된다. 그렇다면 2만원 정도를 받는 셈이다. 프랑스의 경우 17유로 내 지 20유로이므로, 환율 계산을 해보면 2만 2000원에서 2만 5000원 정도 로, 프랑스의 번역료와 한국의 번역료는 거의 비슷하다.

은 또 다른 빛의 한가운데를 비추고 있다. 번역이 지배, 억압, 검열 같은 과정에 참여하고 있다는 사실이 이젠 더 중요해 보인다. 번역과 폭력을 하나로 이을 때는 두 방향이 있다. 바로 내적인 방향과 외적인 방향이다. 앞에서도 나왔지만, 번역 공간 자체에 고유하게 있는 대립성을 말하면서 이를 이미 충분히 말한 바 있다. 번역 자체에 내재한 폭력, 다시 말해 원문을 일그러뜨리고, 배반하고, 변형하는 것. 간혹 심지어, 원문의 위상을 부인하게 만드는, 번역을 추동하는 힘보다 더 선행하는 어떤 폭력성까지. 텍스트에 의해 실행된 폭력이 번역할 것을 엄명하게 하는 것―자크 데리다에 따르면, 번역의 가능성은 어떤 불가능성에서 탄생한다―이 이른바 내적 폭력이다. 외적 폭력도 있다. 번역자는 이런 폭력에 연루될 수 있다(전쟁 또는 극단적 폭력 같은 전체주의적 맥락에서의 번역). 여기서 번역가는 양면적 역할을 할 수 있다. 하나는 독재적인 혹은 지배적인 체계를 안착시키는 데 기여하거나―검열 등을 통해 외국인을 헤게모니 언어 체계 밑으로 들어가게 만드는 것―, 다른 하나는 번역에 고유한 다중성을 활용하여 억압적 체제를 파괴하는 방안을 마련하는 데 도움이 되거나. 앙투안 베르만은 자민족중심주의 번역에 대한 생각을 전개한 바 있는데, 이것도 이런 이중적 폭력성, 즉 내적·외적 폭력성을 생각하게 한다. 상징적이고 문화적인 길들이기가 있을수록, 번역의 왜곡 경향이 더욱 두드러진다. 왜곡이 결국 어떤 망각의 목표 속에 이뤄지거나 타자의 작품을 철회하고 취소하는 목표 속에 이뤄진다면, 정치적 폭력이나 번역 작용의 폭력이나 서로 비등해진다. 그러나 이것이 대부분의 번역에는 해당하지 않는다. 번역은 주변 또는 변두리 지대에서만 이런저런 폭력을 감행하기 때문이다. 번역 자체의 이런 양면성 때문에 번역은 도구가 되기 쉬운 불안한 대상일 수 있다. 반면 거꾸로, 번역이 어떤 폭력성을 감내하고 초월하여 번역에 그 진정한 역할이 부여된다면, 복구 및 재생성이 가능해질 수 있다. 가령, 독일어와 프랑스어 사이에서 이를 감행한 조르주-아르튀르 골드슈미트[*]의 모든 번역작이 이를 증명한다. 또 안티 크록[**]의《단어들의 고통》도 이를 증명하는데, 남아프리카 공화국의 '진실과 화해 위원회'에서 진행된 토론을 번역하면서 느낀 자신의 경험을 쓰고 있다.

[*] Georges-Arthur Goldschmidt(1928~): 독일 출신의 프랑스 작가이자 번역가이다. 유대인 가문이나 프로테스탄트 개신교로 개종한 집안에서 태어났다. 벤야민, 카프카, 니체, 한트케 등 유수한 작품들을 다수 번역했다.

[**] Antjie Krog(1952~): 남아프리카 공화국의 시인이자, 기자이며, 번역가이다. 남아프리카 전통의 여러 다양한 시들을 아프리칸스어로 번역하는 작업을 높이 평가받아 2003년 SATI 번역상을 수상하기도 했다.

번역의 폭력성
번역은 원문을 파괴한다

이 문장은 이보다 더 합의되어 통용되는 문장("번역은 원문을 배신한다")에서 나온 것이다. 이 도식은 번역에 고유한 차이의 차원을 잘 반영한다. 그래서 이는 명약관화한 사실이 되는가 하면, 상투적 클리셰가 되기도 한다. "번역은 원문을 파괴한다"는 공리는 어떤 번역문은 원문에 폭력을 가하고 다른 번역문들은 또 그렇지 않을 수 있다는 것을 전제한다. 텍스트의 문자성을 신성시하는 관점에서, 번역은 항상 폭력, 더 나아가 중상모략 같은 행위로 인식되었다. 여기서 폭력은 번역에 대항해 이뤄지는 것일 수 있다. 번역의 가치 평가 차원에서, 원문을 파괴하는 것은 나쁜 번역, 그러니까 좋지 않은 번역이다. 메쇼닉은 《번역 시론》에서 카프카의 《작은 여인Eine Kleine Frau》의 번역문, 특히 1948년 비알라트[***]의 번역문을 분석하는데, 쟁점은 다음과 같다. "항상 카프카를 프랑스어로 읽지는 않는다"라

[***] Alexandre Vialatte(1901~1971): 프랑스의 시인이자 소설가, 문학 평론가, 번역가이다. 그는 자신의 문학 훈련을 위해 많은 번역을 했다. 카프카의 《성》이 출간된 해인 1925년 바로 번역을 시도하여 당시만 해도 잘 알려지지 않은 카프카를 알렸고, 이밖에도 니체, 괴테, 브레히트, 토마스 만, 호프만슈탈, 고트프리트 벤 등 많은 독일 작가들을 번역했다.

고 그는 썼다. 망각, 파괴 등이 다양한 조작 활동으로 조장된다. 코드가 리듬보다 우세하며, 단어 대 단어 번역은 가능한 한 자주 거부된다. 왜곡은 번역가의 해석 욕구에서 기인한다. "텍스트상의 내적 일치를 인식해야 하는데, 그것이 제한되는 것은 텍스트에 대한 이론적 위상 때문이다. 왜곡은 어휘 차원에서 행해지는데, 해석학으로는 궁여지책으로 합리화된다."[4] 메쇼닉은 원본을 파괴하는 이 과정을 환기하며 "탈글쓰기désécriture"라는 말까지 한다. 평가가 가능한 이런 모델 옆에 다른 모델이 존재하는데, 그것은 다름을 만들어내는 모델로, 이로써 파괴와 변형이 인정되는 것만이 아니라 전혀 다른 형태 아래 텍스트의 생존 조건 그 자체를 만들어낸다. 번역은 공격받기 쉬운 취약성을 실제로 갖는다. 그러나 그것은 어떤 시간과 공간 속에 위치한다는 그 속성에서 생기는 일이다. 번역의 취약성을 말할 때, 작품 자체의 취약성을 말하는 법은 그다지 없다. 보들레르의 〈한 시체〉의 번역 예가 잘 보여주고 있지만, 이 작품 자체는 번역이라는 여행 속에 손상되고 완곡될 수 있는 여지가 항상 있다. 게다가, 번역에 의해 드러난 작품의 취약성을 인정하는 두 번째 논의는 텍스트의 번역 가능성과 번역 불가능성을 상대적으로 말하는 것을 선호한다. 어떤 원작들은 번역에 저항하는데, 원작의 완전함을 믿는 일반 통념처럼, 모든 게 원본 안에서 우월하기 때문만이 아니다. 그러니까, 번역에서는 그 어떤 언어로도 원작이 가진 힘을 유지하지 못하기 때문이다. 이런 번역 불가능성은 번역의 질에 달려 있다. 번역이 완벽할 수 없음은 그렇다 쳐도, 가령 카프카의 작품 같은 작품이 전 세계 언어로 번역되어 나름 그 힘을 보존하고 있는 것을 보면 놀랍다. 카프카는 특히 텍스트 기저에 그야말로 생생하게 살아 있는 구두성을 잘 잡아내며 점 하나하나 살리듯 성실하게 번역해야 해서, 이런 난제는 여전히 남아 있지만 말이다.[5] 한편, 밀란 쿤데라가 잘 보여주듯 카프카의 번역 가능성은 어떤 미끼이자 속임수로 보이는데, 그의 단순성 혹은 어휘 고행주의는 잘 번역되지 않는다. 특히 "존재동사être"와 "소유동사avoir"를 건드리면서 나타나는 반복성은 프랑스어 번역으로는 거의 되살려내지 못한다.[6] 프리모 레비가 한 이탈리아 번역도 마찬가지다. 프리모 레비는 《심판》의 후기에서 이렇게 고백한다. "10행에 걸쳐, 나는 같은 체언을 서너 번 반복했다. 이것을 피하려고 애썼다. 왜냐하면, 이탈리아어 관습에 따르면, 그래선 안 되기 때문이다. 그러나 저자의 입장에서 그것은 의도적이었을 것이다. 이탈리아어에서도 이런 반복은 이런저런 효과를 만들어낸다. 그러나 나는 이탈리아 **독자를 불쌍히 여겨**, 독자에게 너무 두드러진 맛은 나지 않는 번역의 맛을 전달하려고 애썼다."[7] 원문을 있는 그대로 살려 명료하게 해야 한다는 윤리성이 앞섰지만, 그래도 자연스럽게 번역해야 한다는, 단순하고도 자연스러운 걱정이 뒤따라 나왔던 것이다. 프리모 레비의 번역은 명료성을 추구한다. 그는 주저하지 않고 분절음을 이동시키며, 문장 순서를 변경해 훨씬 현실적인 장면으로 만든다. 권력이 이동한 듯하다. 언어에서 누가 힘을, 권력을 갖는가? 자기가 한 것은 다시 번역될 수 없는 '외국인 저자'인가?* 아니면 번역자가 존중해 마지 않는 자기 고유 언어로 글을 쓴 저자인가?

　　잘 알려진 푸시킨의 예도 있다. 푸시킨처럼 어휘나 구문이 단순해도 마치 외국에서 귀화하는 것이 얼마나 어려운지 말해주는 것처럼 자연스럽게 번역하는 것은 대단히 어렵다. 앙드레 마르코비치**는 지난 숱한 해, 도스토옙스키가 얼마나 번역자의 전적인 노력을 요구하는지, 그 결과 결국 어마어마한 우회를

* 저자가 의도적으로 정교하게 표현한 아이러니한 문장이다. 이 외국인 저자는 곧 번역자를 의미한다. 번역자는 외국인 저자를 번역하지만, 그 번역한 자의 번역은 다시 번역되지 않으며, 번역자는 또 다른 편에서 보면 실은 또 하나의 외국인 저자다.

** André Markowicz(1960~): 프라하에서 태어난 프랑스의 번역가이자 편집자, 시인이다. 안톤 체홉, 셰익스피어, 고리키, 도스토옙스키 등을 비롯해 극작품, 시작품, 산문 등 온 장르에 걸쳐 상당히 많은 작품을 번역했다.

거쳐 어떻게 푸시킨처럼 번역되었는지를 설명한다. "나는 푸시킨의 《예브게니 오네긴》을 28년에 걸쳐 번역했다. 그때부터는 모든 것이 빨리 진행되었다. 나는 자주 이런 이야기를 하곤 했다. 어떤 연극을 보러 렌에서 출발해 마르세유로 간다. 당시에는 TGV가 없어 아주 오래 걸렸다. 다들 그러지만 나는《예브게니 오네긴》을 러시아로 거의 암송한다. 나의 어머니도《예브게니 오네긴》을 외운다. 이 세계를, 근원적으로 번역 불가능한 이 세계를. 이런 내적 운율은 번역을 할 수가 없다. 타-타타-타타타-타-타타-타타타-타타타-타타타타타-타타타타-타타타타-타타타타-타타타-타타-타-타타타타타…. 오네긴의 서두는 이런 식이다. 모든 러시아인은 이것을 안다. 만일 당신이 러시아인이 아니라면 당신은 러시아어를 말하지 못한다. 이것만큼 단순한 것도 없다."[8] 그 증거는, 푸시킨을 번역하는 데 이르긴 했어도 카프카 같은 세계적 작가로 못 만들었다는 점이다.

이를 설명하기 위해 내세울 수 있는 첫번째 가설은 텍스트의 국가적 또는 언어적 **정체성**이다. 푸시킨의 취약성은 그러니까 그의 러시아성일 것이다. 이 러시아성은 어느 곳이나 도처에 있어 분명 전파 가능한 민족주의를 가리킨다기보다 모국어 또는 태생어, 아니면 좀 더 일반적으로 그 나라 특유의 속성을 가리키는 일종의 토속성을 가리킨다. 번역은 분명 항상 국지적인 것을 운반하는 수단이다. 번역은 이 지역의 것을 다른 지역의 것으로 옮겨주거나, 세계 이쪽저쪽에 그것을 펼쳐놓음으로써 그 고유의 것을 변경하거나 규모를 바꿔놓는다. 하지만 지역적인 것은 지역적인 것이기에, 모국어나 그 지역 특유의 방언은 결국 정확히 번역되지 않는다. 단순히 단어나 문장 구문이 잘 번역되지 않는다는 게 아니라, 리듬을 주고, 어조를 주고, 침묵을 주는 법 등이 번역되지 않는다는 것이다. 말, 목소리 입자, 그것을 한데 모으는 풍경, 그러니까 그것을 발음하고 전달하는 몸의 풍경까지 번역되는 것은 아니다. 요컨대, 번역되어야 한다고 요구하는 것, 아니 번역의 욕망을 일깨우는 것은 다름 아닌 이런 번역 불가능한 언어이다.

어떤 작품들의 특별한 취약성을 설명해주는 두 번째 가설은 초고의 미완성 상태로 돌아가기를 힘들어한다는 것이다. 다시 말해 번역으로 안개처럼 모호해지는 것에 대한 일말의 저항이 있는 것이다. 일단 해체되면, 다시 전혀 다른 언어로 재조합될 수 없다. 왜냐하면 그 형태는 순서를 바꿀 수 없는 것이거나, 아니면 전환 또는 치환으로 동강난 조각 외에 다른 것은 안 보이기 때문이다. 번역하면 "커다란" 상태로 있을 수 없게 되는 어떤 작품들의 이 같은 취약성은 상대적으로 번역 가능함을 역설적으로 보여주기도 한다. 번역 불가능한 것으로 유명한 작품들은 거꾸로 항상 번역되는 작품이 된다. 번역 불가능하다고 하니 번역을 더 하고 싶어지고, 그래서 번역이 가능해지는 것이다. 이런 작품들은 번역으로 작동된 이런 미완성 운동을 더욱 밀어붙이게 된다. 그래서 번역 불가능하기로 유명한 조르주 페렉의 《실종La Disparition》이 벌써 9개의 다른 언어로 13번이나 번역되었다(영어 번역본이 4개가 있으니 비교해보시라). 번역자들은 매번 일화나 해설을 통해 이른바 '리포그램'* 소설 번역에 도전하면서 왜 그런 선택과 결정을 했는지, 그들의 번역 경험을 말하곤 한다. 필요하다면 이런 번역이 제법 자주 행해지는데, 번역 불가능성이라는 전제가 번역 욕구를 얼마나 자극하는지 여실히 보여주는 셈이다. 난제는 언어적 치환을 하면서 느끼는 구속과 강요에 있다기보다 이 구속과 강요가 열어 보이는 것에 있다. 다시 말해, 실종이라는 단어가 갖는 그 의미론에 있다. 페렉은 이를 통해 자신의 이야기를 들려주고, 동시에 어머니에 대한 기억을 전달한다. 한편, 번역 불가능성은 눈에도 보이는 것(e의

---

* Lipogramme: 제자체除字體의 글. 특정한 글자를 지닌 낱말을 피해 쓴 글이나 시. 조르주 페렉의 《실종》에는 'e'라는 철자가 없다. 프랑스어 단어 중에 e가 들어가는 단어는 상당히 많으며, 성수 일치를 위해서도 명사가 여성형이면 그에 따라 이 명사를 수식하는 형용사에도 e를 붙여야 하므로 e가 없는 글을 쓴다는 것은 거의 불가능하다.

부재)에서 온다기보다 읽히지 않는 것, 즉 공백인 것, 바로 그래서 번역해야만 하는 것에서 온다.[9]

거꾸로, 분명 번역 가능한 작품들은 명료한 형태의 번역문을 요구하는데, 그래서 때로는 번역이 더 어려워질 수 있다. 이 같은 완벽성이 이 관점에서는 오히려 한계이다. 왜냐하면 번역에 의해 열릴 수 있는 복수성화, 더 나아가—불완전 또는 미완의 의미에서—**무한**의 시련을 감당할 수 있는 능력을 제한하기 때문이다. 투명성은 폭력이다. 번역에 의해 투명성이 이데올로기처럼 추구되고, 늘 보편적 소통성을 요구한다면 말이다. 거꾸로, 어떤 텍스트의 명백한 투명성은 번역자에게도 폭력이다. 두 언어가 일종의 액체처럼 매끈한 거울에 비친 상처럼 보이게 만든다면, 서로 비추어 보거나 그 속에 빠져 익사하는 것 말고는 달리 할 일이 없기 때문이다.

언어에 폭력을 가하는 번역

번역은 외국어의 구문, 리듬, 더 나아가 단어들을 중시하면서 도착어를 거칠게 다룬다. 여기서 변형은 하류에서, 즉 후속단계에서 일어난다. 원문의 언어를 도착어에 쌓는 **제방** 작업을 통해 또는 도착어 속에 책꽂이가 낯설어 보이는[*] 작업 속에서 이런 변형은 일어난다. 횔덜린, 샤토브리앙, 클로소프스키 등은 직역을 제안하고, 앙투안 베르만은 《낯선 것에서 오는 시련》, 《번역과 문자》에서 이런 직역을 옹호한 바 있다. 그런데 직역은, 번역이 도착어로 쓰여진 원문이라고 생각하는 사람이나, 번역된 글이 원문을 대체하는 이상 도착어 독자를 더 의식하여 번역해야 한다고 생각하는 사람에게는 부정적인 반응을 불러일으켰다. 번역 등가성 또는 번역 대체성에 반대하여, 직역주의자들은 원문을 투명하게 있는 그대로 보이게 하는 번역 "복제성"을 옹호한다. 샤토브리앙이 밀턴의 《실락원》을 번역하면서 쓴 서문의 이 문장, "나는 밀턴의 시를 유리창에 투사했다"는 직역 번역의 모델로 유명하다. 여기서 번역은 단순한 반영이 아니라, 환각을 만들어내는 기술적 생산물이다. 두 텍스트 사이에 하나의 몸짓이 있다. 그리고 이 몸짓이 중요하다. 같은 것을 생산할 수 있는 이 "사이"를 구성하는 시공간이 중요한 것이다. 이런 과정은 항상 어떤 담대함이 수반된다. 드노엘 출판사에서 출

---

* 의역하지 않고 원어 그대로 직역했다. 단번에 이해가 가지 않는데, 번역을 비유한 함의적 표현으로 보인다. 번역하면서 원문의 단어나 문형, 구문들이 원문 그대로 오지 않고 순서가 바뀌거나 완전 뒤집힐 수 있는데, 책장에 꽂힌 책의 순서들이 때론 정리되지 않고 난잡하거나 낯설어도 여전히 같은 책장일 것이다. 아니, 매번 같은 책장이면서 다른 책장일 수 있다.

간된 루이스*의 《수도사》 번역본 서문에서 앙토냉 아르토는 이렇게 단언한다. "지금 이 출판물은 번역도 아니고 각색도 아니며—이런 유의 단어가 암시하는, 어떤 텍스트에 대한 빌어먹을 지나친 친밀함—차라리 일종의 영어 원본 텍스트다."[10] 장 폴랑에게 보낸 편지에서, 아르토는 적어도 그가 "어떤 기억처럼, 자기 방식으로 이 《수도사》를 전하는 것은" 인정한다. 그가 한 작업을 좀 더 가까이서 들여다보면, 실제로 그가 일명 "복사본"이라 부른 과정은 타자를 완전히 흡수하는 극한 작업임이 드러난다. 번역본이 원본보다 진실한 것은 그래서다.

한편, 이상하게도, 이런 행위를 하면서도, 그는 이제 원본을 통해 지나갈 필요를 느끼지 않았다. 그는 말할 수 없는 것, 번역될 수 없는 것으로부터 텍스트를 해방하기 위해, 알다시피, 레옹 드 와이의 그 유명한 프랑스어 번역본에 기대었다. 작중 인물이 방랑하는 유대인의 이마에 새겨진 것을 처음 보았을 때 드 와이의 번역본은 이렇게 쓰고 있다. "나는 눈을 들었다. 그리고 그의 이마 위에 새겨진 뜨거운 십자가를 보았다. 나는 이 물

---

* Matthew Gregory Lewis(1775~1818): 영국의 소설가이자 극작가이다. 1796년에 발표한 고딕풍의 소설 《수도사》 때문에 수도사라는 별명으로도 불린다.

건이 나에게 불러일으킨 영감에 대한 공포를 차마 헤아릴 수도 없지만, 이와 유사한 것을 한번도 느껴본 적이 없다. 잠시 내 감각이 나를 떠나버렸다." 아르토는 번역자의 몸 자체에서 체험되는 감각을 정확히 묘사함으로써 말할 수 없는 무력감을 대신한다. "저 하늘 심연의 사악함이 나를 치기 위해 빛마저 뚫었다. 내 정신, 내 영혼, 내 능력, 내가 거기 있는 느낌, 아니 어떤 것 안에 적셔 있는 것도 같고, 걸쳐 있는 것도 같은 느낌. 가고, 오고, 저항하는 느낌 등 이 모든 감각이 십자가 형태로 잘려나가 있었다. 그것은 불타는 듯 뜨거운 능지처참이었다. 나를 다 녹여버릴 듯한 광기로 나를 휘감았으니, 내가 이 지경에 이르려면 영원 자체라도 된 듯 충분히 긴 시간을 요하겠지만 그럴 것까지 없었다."[11] 폭력은 내부화되고, 전이될 수 있다. 텍스트 말미에서, 배척당한 수도사의 몸에 폭풍이 격렬하게 부는 순간, 아르토는 대문자로 그 날것의 생생한, 그러나 부재한 어떤 마음을, 그가 영감받은 원본과 번역본의 마음을 덧붙인다. **그리고 지금**. 결코 원죄를 저지르지 않은 자가 그 첫 번째 돌을 그에게 던지는구나."[12]

아르토는 작중인물과 그 저자만을 만들었다는 것을 인식하면서, 창조자에서 창조물로, 창조물에서 창조자로 가는 여정을 완성했다. 나중에, 로데즈에서, 페르디에르 의사*는 캐롤** 의 텍스트들을 더 번역할 것을 제안하는데, 그가 번역한 모든 텍스트가 자칫 그가 쓴 작품을 표절한 것이 될 수도 있음을 인정한 셈이다. 그는 《수도사》와 함께 이미 경험한 것처럼, 그가 편곡하듯 옮기면서 생각하고, 체험하고, 쓰는 것은 다름 아닌 바로 자기 자신이라고 느낀다. 여기서 이런 감정은 적응 및 점유 활동 속에 일어나는 것이 아니라, 도리어 소유한 것을 박탈당한 것 같은 심리 기제 속에 일어난다. 캐럴과 매튜 그레고리 루이스가 그에게서 자신의 작품과 정서, 기관을 박탈해간다고 느낀다. 도둑맞은 심정이 드는 것이다. 이런 과정과 절차는 문학 자체의 폭력을 드러내지만, 또한 번역의 뽑혀나가는 듯한 힘도 드러낸다. 이런 뽑혀나감은 기원으로 회귀하기 위한 조건이다. 그리고 여기서 마법적인 언어의 힘을, 그러니까 단어들보다 앞에 있는 언어의 힘을 되찾게 된다. 아르토가 페르디에르 박사와 주고받은 1943년 편지를 봐도 이것이 증명되는데,

---

* Gaston Ferdière(1907~1990): 앙토탱 아르토가 1943~1946년 동안 로데즈 정신병원에 들어가 있었을 때 그를 치료했던 의사다. 아르토는 페르디에르 박사에 대해 자신이 분명 의식하고 있는 기억을 잃어버리게 하기 위해 전기 충격 요법을 3년에 걸쳐 50번이나 했다고 비판하기도 했다.

** Lewis Carroll(1832~1898): 《이상한 나라의 앨리스》, 《거울 나라의 앨리스》 등으로 유명한 영국 작가다.

이 편지에서는 캐롤의 구어 발명을 언급한다. 아르토는 이렇게 쓴다. "박사님께서 저에게 환기한 대로, 정말 순수 구어의 발명이 있는 걸 보고 깜짝 놀랐습니다. 언어의 기원이 있다면, 순수 구어가 항상 문제가 되는데, 심장 가장 가까이 있는 게 이런 언어죠. (⋯) 외투 보관 가방 같은 단어들을 넘겨주는 게 저에겐 정말 아연실색할 노릇입니다."[13] 캐럴의 작품을 《라르브 와 롬므L'Arve et l'Aume》, 《험프티 덤프티Humpty Dumpty》*** 같은 제목으로 번역하면서 그는 자신이 아직도 은닉할 수 있는 언지적 의미들을 무의미로 바꾸기 위해 구어 발명을 더 확대한다.

아를에서 열린, 폭력에 관해 다룬 제22회 문학번역총회 콘퍼런스의 기조강연에서 작가이자 영미문학(특히 토마스 핀천)의 번역가 크리스토프 클라로는 번역가로서의 아르토의 경험만이 아니라, 자기 고유의 경험 — 그는 현재 윌리엄 개스의 《터널》을 번역 중이다 — 을 통해 그가 순순히 따르는 유리화 과정을 언급

*** 루이스 캐럴의 《이상한 나라의 앨리스》의 한 장과 《거울 나라의 앨리스 Through the Looking-Glass》의 일부를 이런 제목으로 각색하여 번역한 것이다. 루이스 캐럴에 대해 말하는 동시에 반대하듯 말하기 위해 일부러 비문법적인 언어를 시도했다고 아르토는 서문에서 밝히고 있다.

했다. "그렇습니다, 제가 생각하기로는, 아니 확신하기로는, 진짜 폭력성이 살아나는 곳, 바로 거기에 빛을 발하는 명징성이 있습니다. 번역하는 행위는 어떤 이상한 태도를 취하는 일이기도 한데, 원숭이 같은 짓을 하는 게 아니라, (그렇긴 하나) 그보다는 유리창을 만드는 일입니다. 다시 말해, 거울들을 들여다보며 관조하는 건 이젠 그만두고, 외부에 있는 풍경이 유리창 위에 반영이 되도록 하는 겁니다. 독자의 시선이 그 반영 위에 가도록 하는 겁니다. 그렇습니다. 독자는 이 유리창 앞에서 까치발을 하고 코를 유리창에 대고 일그러뜨리며 즐거워합니다. 바로 그렇게 되어야 합니다. 물론 독자는 유리창에 딱 붙어 못 나올 수도 있고요, 유리가 너무 투명해 제 존재를 지워버릴 수도 있고요, 유리 내구성이 너무 강해 그의 인내를 시험할 수도 있습니다."[14] 그런데 이런 투명함은 물 같은 액체성을 띤다. 물 속에 들어가 있는 듯한 작품은 그래서 비틀어진 막대기 형상을 하기도 한다. 유리창 이미지는 저항성과 투명성을, 방해성과 가능성을 동시에 환기하는 이중적 이미지다. 그렇게 이 이미지는 폭력성과 복원성을 모두 아우르는 번역의 양면성을 잘 말해준다. 번역 불가능성에 대한 가설은 때론 번역의 파괴적 성격에 대한 저항성을 표현하는 말이기도 하다. 차이를 새기면서도 동시에 완전히 자기 것으로 삼을 수 없다는 개념 자체가 중요한 것이다. 이런 놀이는 촛불 놀이에 버금간다. 데리다는 언어가 다중성 자체가 될 때까지 "번역해야 한다"고 썼다. "'언어들의 혼돈' 양상으로 **만들어놓은 것**은, 번역을 해도, '단 하나의 언어'로 다시 흘러 들어가지도 않고, **보편 언어**[*15]로도 축소되지 않는다."

　　도착어의 변형 또는 왜곡은 번역의 창의적 힘이다. 모방하는 외국 작가들에 자신을 비벼대며 자기 언어를 찾아서만이 아니라, 번역하면서 자양분을 얻기 때문이다. 언어의 재발명은 과정의 힘이다. 외국어 단어들, 잊힌 단어들, 상실한 단어들에서 예기치 않은 구문이 돋아난다. 앙리 미쇼를 번역하며 첼란은 다른 언어의 타자성을 새기기 위해 프랑스어 표현을 그대로 가지고 온다. 미쇼의 《저속 가동》에 있는 "Ils jouent la pièce en étranger"[**]라는 문장을 첼란은 독일어로 이렇게 번역했다.

---

[*] 원문은 *La langue*로 언어라는 명사 앞에 정관사를 붙이고 이 정관사를 이탤릭체로 강조하고 있다. '언어'라고 번역하면 한 문단 안에서 비교되는 다양한 언어 개념이 부각되지 않아 보편 언어라 의역했다. 체언 앞의 정관사는 체언을 일반화, 보편화, 개념화, 통칭화 한다. '언어들의 혼돈confusion des langues'이 상징하는 언어의 '복수성', '단 하나의 언어une seule langue'가 상징하는 언어의 '단수성', '유일무이성', 정관사를 붙인 언어가 상징하는 복수성을 단수화해버린 '보편성'을 각각 대조적으로 함의하고 있다고 볼 수 있다.

[**] 프랑스어와 독일어를 비교하기 위해 일부러 프랑스어로 된 미쇼의 문장을 우리말로 번역하지 않았다. "그들은 연극을 외국에서 공연했다"라는

"Sie spielen das Stück en étranger."[16] 단테를 번역한 앙드레 페자르는 투명한 번역에 대한 주장에 이의를 달듯 고대풍으로 가득한 느낌을 주기 위해 프랑스어 고어를 써서 번역했다. 그러나 그 번역의 힘은 단순히 고대풍이어서는 아니다. 프랑스어 고어라고 해서 우리에게 별다른 의미를 주진 않기 때문이다. 그 번역의 힘은 고어를 가져오는 것만이 아니라, 고대 프랑스어와 고대 토스카나어를 연결하고, 새로운 단어를 다량으로 만들어내고, 오늘날 사용하지 않고 매장되어 있는 프랑스어 단어의 의미와 소리를 다시 활성화하면서 이 과거 언어를 전적으로 다시 고안해냈기 때문이다. 중세 유럽어 및 공간적 문화를 대화체로 살리거나 저 멀리 떨어져 있는 나라의 분위기나 요정이 나오는 동화적 분위기를 시적으로 살림으로써 단테풍의 모델을 반향시킨 것이다. 모든 위대한 번역작은 신조어들의 양산지다. 자크 아미요에 대한 작업을 하면서 앙투안 베르만도 이를 보여줬는데, 자크 아미요*는《플루타르코스 영웅전》을 번역하면

의미로 "외국에서 en étranger"가 낯선 타국을 의미하므로 첼란은 타자성을 살리기 위해 독일어로 번역하지 않고 프랑스어 그대로 두었다는 말이다.

* Jacques Amyot(1513~1593): 16세기 프랑스의 성직자로, 특히 르네상스기의 유명한 번역자 중 한 사람으로,《플루타르코스 영웅전》등을 번역했다.

서 100여 개의 프랑스어 단어를 만들어냈다(그 가운데, 'atome', 'enthousiasme' 또는 'horizon'** 등이 있는데 지금은 흔히 통용되는 프랑스어가 되었다).[17] 이렇게 새로 만들어진 단어들을 앞에 두고 독자들은 그들의 언어를 다시 배우고, 새롭게 이해한다. 앙드레 페자르는 "머리말"에서 이렇게 설명하고 있다. "만일 이 책을 펼쳐볼 독자들이 그저 물 흐름에 몸을 맡길 뿐 처음부터 모든 걸 다 이해하려고 들지 않는다면, 어린아이가 어떤 규칙이나 이성적 추론 없이 모국어를 배우듯 자기만의 방식으로 핵심을 포착할 수 있을 것이다. 우선 도와줄 자료부터 찾는 20세기 방식을 잊어야 한다. 마치 이제 막 태어난 문자를 처음 본 사람처럼, 아니, 우리 문자를 잃어버려 이를 찾는 시도를 처음 해보는 사람처럼 하면 될 것이다. 약간 거칠고 초보적인 것은 다 용서가 되는 법이니까."[18]

그는 번역에서 명료함을 우선시했다.
** 일부러 원어 그대로 두었다. 단어 순서대로 '원자'(티끌), '열의'(신들림), '지평선'이라는 뜻이다.

폭력과 번역

자크 데리다는 존재적 폭력과 역사적 폭력을 연결시켜 번역을 사유한 철학자다. 《쉬볼렛Schibboleth》*에서, 데리다는 번역을 "통행passage" 정도로 인식하는, 세간에 너무 알려진 개념에 저항하며 좀 더 정확하게는 이 통행 장소에서 생기는 폭력을 환기한다. 구약성서 사사기에는 입다Jephtah와 에브라임 지파의 내전이 나오는데, 전쟁에서 승리한 입다 군대는 에브라임 패잔병들이 도망가지 못하게 그들이 결코 발음할 수 없는 단어를 말하게 한다. 그도 그럴 것이 에브라임족들은 쉬볼렛에서 쉬s-chi를 정확히 발음하지 못해 그들의 차이를 드러낼 것이기 때문이다. 데리다는 여기서 번역과 차이의 흔적을 연관시킨다. "이런 차이는 그 자체로는 어떤 의미도 없다. 하지만 한 발 내딛기 위해, 즉 한 장소의 경계, 어떤 시 세계의 문턱을 넘기 위해 알아야 하는 것, 특히 표시를 남길 줄 알아야 하는 것이 된다. 그래야 한 언어의 피난권 또는 합법적 거주권이 인정된다."¹⁹ 차이가 몸 속에 새겨져야 한다. 바로 이것이 번역의 의미이다.

사실상, 구약성서의 예처럼, 역사 속에 일어난 많은 폭력

---

* 헤브라이어로 '강의 흐름'을 뜻하는데, '능력을 판단하기 위한 결정적 시험', '시련'이라는 뜻으로도 파생되었다.

적 상황들에 번역이 함의되어 있다. 이미 앞에서 식민 시기의 대립을 환기한 것처럼. 어떤 시련들은 그저 우발적으로 일어나기도 했고, 번역은 전쟁 기술이나 이 기술 자체에 새겨진 듯 보이는 폭력 기술에 일정 부분 연관되어 있다. 에티엔 돌레는 플라톤의 《대화》를 번역하며 취한 자유 때문에[20] 종교재판을 받고 화형당했다. 이런 그의 시도가 중상모략적이고 이교도적이라 판단한 것이다. 이 화형에 이어 그의 모든 책도 소각당했다. 루터 역시나 가톨릭 교도들에게는 "악마적 번역가"다. 이처럼 번역에 행해진 심판은 이 시대에도 계속되고 있는데, 살만 루슈디 피습 사건[**] 때 같은 이름으로 행해진 여러 피습이 이를 증명하고 있다.[21] 이 경우는, 번역이 신성한 것을 건드려서, 즉 신성모독을 해서가 아니라, 번역이 번역되어서다. 따라서 두 배로 더 전복적이고 파괴적이다.

이런 가설을 세울 수 있을 것이다. 번역에 주어진 해석의 영역 또는 작품 수용 영역의 조정 ─ 사실 이것으로 구분되는 것이 원본과 번역본이다 ─ 은 **잠재적 이탈 및 해방 공간**이 된다.

[**] 루슈디는 1988년 발표한 소설 《악마의 시》에서 이슬람 예언자 무함마드를 불경하게 묘사했다는 이유로 극단주의자들의 살해 위협에 시달렸고, 출판사, 번역자, 서점 등도 테러를 당했다.

이런 공간 점유는 폭력적이게 되거나 폭력적인 것으로 인지되는데, 흔히 헤게모니를 다투는 또 다른 수용 영역과 부딪히기 때문이다. 이를 잘 보여주는 한 예가 줄리아 스미스에 의해 수행된 성서 번역이다. 1847년과 1855년 사이, 이 미국인은 히브리어와 그리스어, 라틴어로 된 텍스트를 영어로 혼자 번역한다. 특별한 집안 분위기—여자들의 성서 해석을 금지시킨 공인 교회들과 달리, 그녀의 어머니는 교양 있는 부인으로 딸들도 반드시 교육하고 싶어했다—가 있어 그녀는 신학은 물론 고대 언어도 섭렵할 수 있었다. 이 밖에도, 1843년 예수의 두 번째 도래를 예언한 천년지복설을 신봉하는 가정이어서 이런 번역이 가능했을 수도 있다. 그러나 재림은 일어나지 않았고, 존 밀러는 이를 성서 해석자들의 계산 착오 탓으로 돌렸다. 이는 줄리아가 더욱 의도적인 직역으로 성서를 재번역하는 동기가 됐고, 그녀는 이런 계산 착오를 잘못된 번역 탓으로 돌렸다. 1876년판 서문에 그녀는 자신의 작업 방식에 대해 이렇게 쓰고 있다. "나는 단어 대 단어로 번역했다. 나에게서 나온 것은 어떤 것도 덧붙여지지 않았고, 히브리어 단어나 그리스어 단어를 똑같이 영어로 쓰려고 정말 애를 썼다. 반면, 킹 제임스의 번역자들은 이런 원칙과는 거리가 멀었다." 종교적 법칙, 더 나아가 교부들의 법칙과 갈등을 빚을 것이라는 것을 명시적으로 보여준 셈이다. 교부들의 법칙은 신성한 법칙이자 동시에 의미 위주의 해석 법칙이었다. 줄리아 스미스는 이른바 신의 법칙인 저 근원으로 돌아가기 위해(텍스트의 문자 그 자체), 남성적 전유물을 다 내보낸 셈이었다. 신성한 법칙이라면 남성들이 제시해야 한다는 생각이 당시 지배적이었던 것이다.

이렇게 해서, 분리주의자들의 영역이 된 것 같은 번역 공간은 세 가지 방식으로 해방되었다. 우선 이단(공식 종교에 대항하는 천년지복설)을 통한 해방. 이어 당시 영국 교회의 주요 기관을 지배하던 킹 제임스의 성경 번역본과 그의 몇몇 전제들에 대한 이의제기를 통한 해방. 마지막으로, 여성의 말에 대한 인정을 통한 해방이다. 그도 그럴 것이 여성에 의해 번역된 최초의 성서이기 때문이다. 이게 꼭 엄밀한 의미의 여성 해방 번역은 아닐지라도 — 이런 표현이 가능하다면 — 줄리아 스미스의 이 큰 기획에서는 여성에게 가해진 부정성을 일소하려는 명백한 의지가 분명 읽힌다. 장 드릴은《여성 번역자들의 초상》의 한 장에서 그녀에 대해 다루면서 이런 점들을 길게 언급한다.[22] 줄리아 스미스 번역에서 제시한 규칙들 가운데 주요하게는 동사 시제에 대한 존중이 눈에 띈다(특히, 창세기 글쓰기의 특징이라 할, 번갈아 나오는 미래 시제와 과거 시제는 도착어의 동사 체계에 맞게 하다 보니 번역본들에서 전반적으로 지켜지지 않았다). 가령, 줄리아

스미스는 창세기 3장 20절을 이렇게 번역했다. "And Adam will call his wife's name Life, for she was the mother of all living." 반면 새 미국 표준성경NASB에서는 이를 이렇게 번역했다. "Now the mans called his wife's name Eve, because she was the mother of all the living."* 여기서 그녀의 직역주의가 이브라는 이름을 "Life"로 번역하게 만들었음을 짐작할 수 있다. 그 이름을 고유명사로 다룬 게 아니라, 그 본연의 의미로 다룬 것이다. 즉 샘물의 일부를 만지듯, 텍스트의 문자를 만진 것이다.

　　이 예에서도 보듯 번역은 어떤 지배력이 갖는 역사적 폭력

---

* 시제의 차이를 분명히 보여주기 위해 영어 원문을 일부러 그대로 노출했다. 줄리아 스미스의 번역본은 아담이 그의 아내를 이브Life라 '부른' 것은 미래 시제이고, 그의 아내가 모든 산 것의 '어머니였던' 것은 과거 시제이다. 개역판을 비롯한 우리나라 한글 성경 대부분도 이 과거 시제와 미래 시제를 뒤바꾸거나 무시하여 번역했다. "아담이 그 아내를 하와라 이름하였으니 그는 모든 산 자의 어미가 됨이더라." 프랑스어 번역본도 시제가 다르게 번역되어 있다.

1. L'homme appela sa femme Ève(c'est-à-dire: la vivante), parce qu'elle fut la mère de tous les vivants.

2. Adame donna à sa femme le nom d'Eve, car elle a été de la mère de tous les vivants.

1번 번역본은 모두 단순과거 시제를 쓰고 있고, 2번 번역본은 먼저 단순과거를 쓰고 이어 복합과거를 썼다.

성으로부터 벗어난 분리와 해방의 공간을 만들어내고 있다. 분리와 해방은 낯설게 하기, 텍스트의 문자를 그대로 옮기기(메쇼닉은 슈라키[**]의 직역주의 번역에 대해 말하면서 이것으로 전혀 다른 또 하나의 법칙이 부여될 수 있음을 보여주는데, 그 법칙이란 근원으로 돌아가는 법칙이다) 같은 단호한 결심 덕분에 일어난다. 번역에서 일어나는 이런 폭력성은 당하는 폭력 같은 성질의 것은 아닌데, 그럼에도 불구하고, 언어의 법칙과 해석의 법칙을 확연히 뒤흔들어놓는다. 랍비어로 쓰여진 문학에서, 델핀 오르빌뢰르는 번역은 항상 은총이자 저주라는 생각을 한다. "번역은 텍스트에 드리워진 빛이나 세계에 드리워진 어둠이다."[23] 여성의 성경이라는 중요한 후속 작업의 계기를 만들었고, 이 성서를 미성년자에게도 열었음에도 불구하고 줄리아 스미스의 번역으로 양산된 것이 바로 이것이다. 훨씬 가까운 우리 주변에서는, 루이즈 폰 플로토와 쉬진 드 롯비니에르하워드[24]가 성서의 특정 중요한 장 같은 경우 여성해방론적인 체계를 갖고 재번역할 것을

[**] Nathan André Chouraqui(1917~2007): 알제리에서 태어나 예루살렘에서 사망한 변호사이자, 작가이며, 사상가이자 이스라엘의 정치인. 히브리어 성서의 근원에 가깝게 그 언어의 본래적 리듬과 아름다움을 살려내 프랑스어로 번역했다.

권장하면서 이른바 "여성해방론적 번역"의 방향을 만들어갔다. 이런 경험에서 직접적으로 영향받았다고 대놓고 말할 수는 없지만, 번역이 제공한 길을 더욱 첨예하게 밀어붙여 이단화 또는 소수화한 점도 있다. 소수자의 공간에 더 소수화된 공간을 만든 셈이다. 이런 유의 기획으로 완성되는 실력 행사란 이런 것이다. 번역에 내재한 폭력으로 역사적 폭력에 저항하는 차원의 긍정적 힘을 만들어낸 것이다.

    총체적 맥락 속에서 번역의 역할과 사용법을 면밀히 조사함으로써 비교 가능한 반전 현상을 제시할 수도 있다. 만일 번역이 국가적 프로파간다를 위한 도구가 될 수 있다면, 즉 글을 통제하는 시스템에서 결정적 역할을 할 수 있다면, 저항 형태들이 서로 화답하는 평행 회로를 개발할 수도 있을 것이다. 이런 번역의 이중 놀이는 이오나 포파가 쓴《구속하에 번역하기》, 특히 파스테르나크에 대해 다룬 "번역의 회로 발명"[25] 장에 잘 연구되어 있다. 여기에서는《닥터 지바고》번역이 어떤 경로를 따라 이루어지는지 되짚고 있다. 그녀는 번역자의 역할을 흔히 건네고 넘겨주는 뱃사공에 비유하는데, 이는 원본에 종속된 2차성이 강조된 것이다. 저명한 번역에도 이런 저항의 이야기는 항상 있어왔다. 그런데《닥터 지바고》가 접근 가능하게 된 것은 다름 아닌 번역을 통해서였다. 1988년,《닥터 지바고》러시아어 원문이 여러 언어로 번역되었다. 이에 대해 파스테르나크는 죽을 때까지, 상당한 무심함을 보였다. 원본에 가해진 폭력에 부응이라도 하듯 번역문은 즐겁게 산산이 부서지고, 확산되고, 파급되는데, 1957년 11월 2일 저자가 잔자코모 펠트리넬리에게 보낸 편지가 이를 증명한다. "하지만 우리는 곧 이탈리아인 지바고, 프랑스인 지바고, 영국인, 독일인 지바고를 갖게 될 것이다. 그리고 어느 날 아마도 지리적으로 더 먼 지바고들, 물론 러시아 지바고도 갖게 될 것이다. 정말 많이, 그렇게나 많이, 할 수 있는 한 다 와서, 갤리선을 노저어 나아갈 것이다…!"[26] 이런 일화들은 이 당시 세계 전역에서 많이 나온다. 돔브로프스키의 《무용함의 능력》은 우선 러시아로 파급되기 전 프랑스어 번역본을 통해 알려졌다. 바를람 샬라모프*의 《콜리마 이야기》는 1978년 러시아로 된 첫 선집 출판 전, 서구에서 부분적으로 일정 간격을 두고 소개되었다. 텍스트의 자리와 우선권의 교란 및

---

* Varlam Tikhonovitch Chalamov(1907~1982): 소련 시절의 작가로, 굴라크에서 보낸 17년의 경험을 기록한 글들을 모아 《콜리마 이야기》로 발표했다. 각 장마다 어떤 서론이나 설명 없이 바로 수용소 장면으로 들어가 독자도 수용소에 있는 듯한 기분이 들게 하는데, 화자의 서술이 진행되면서 수용소 경험으로부터 멀어지고, 이때부터는 점차 이 경험을 이야기하는 것 자체가 불가능한 면을 띤다.

혼란은 원본의 취약성 문제를 제기한다. 원본은 늘 그 유일성 또는 상정된 완전무결성을 갖는데, 번역을 통해 이의 제기된다. 우리는 더 이상 시차성이나 인과성이 아닌, 네트워크 결합 같은 예기치 않은 여정과 함께 촘촘한 논리에 주목하게 된다. 저자, 원본, 번역 같은 개념들은 이미 정해졌다는 불변론 같은 것을 우린 불신한다. 역사적으로도 증명되지만, 텍스트를 불러내는 건 흔히 번역이다. 그러나 때론 아주 여린 방식으로 말이다. 루바 위르겐손은 폭력의 기억들이 잘 구성되지 않는 여러 상황들을 묘사한다. 증언이 공동체에서 거부당하는 경우(파푸차Papusza 라는 이름으로 활동한 보르니슬라와 와야스 같은 집시의 경우), 난폭한 민족 학살의 경우, 외국어로 향하는 진짜 통로를 허용하지 않는 생존자들의 디아스포라의 경우처럼.[27] 어떤 역사적 증언들은 어렵사리 겨우 유통되는데, 루바는 지하세계처럼 훨씬 어둡지만 그렇게까지 부정적으로만 작동하는 것은 아닌 이유를 제시한다. 이디시어를 쓰는, 홀로코스트를 경험한 많은 증언자들이 그들의 경험을 전하는 데 있어 시를 선택하는 것이 바로 이런 경우다. "번역자에게 미적 질서 탐색을 강요하는 글쓰기는, 우리 문화 내에서는 그 진실성에서라면 어떤 것으로도 양립 불가능하다. 따라서 은연중에 동일시되는 시적 형상들을 걸어야 한다. 이런 시적 요소들이 픽션이라는 우회로를 통해 어떤 증언

내용물로 고찰되려면 21세기가 오기를 기다려야 한다."[28] 번역이 기다림이라는 지평선을 만드는 데 기여하는 만큼, 번역은 그지평선에 또 자신을 맞추게 되어 있다.

다른 언어라는 우회를 통해 어떤 텍스트가 탄생하면, 이 우회는 하나의 기회이자 동시에 문제가 된다. 가령 1947년, 빅토르 크라프첸코*가 스탈린 체제의 소련을 비판하며 쓴 책에 대한 논쟁이 있었는데, 그의 증언이 비정통한 것으로 판명된 번역으로부터 비롯되어서였다. 항상 번역문으로, 작은 파편 글들을 모아 출판한 바를람 샬라모프의 《콜리마의 이야기들》은 항상 이론이 생길 수 있는 불안정한 용어들 속에서 번역적 선택을 해야 했으므로, 완결된 혹은 결정적 출판을 하기 매우 어려운 측면이 있었다. 이 출판이 실제로 그런 번역적 선택을 제안했다고 해도, 루바 위르겐손은 서문에서 이것은 빠진 파편들로 가득한, 결코 닫을 수 없는, 끝없는 작업임을 강조하면서, 저자가 자신의 책 중심에 놓는 근본적인 경험이 바로 이것이므로, 번역자인 그녀에게는 이 빠진 파편들과 경험을 연결하는 것이 관건이었다. "공허의 그것, 인간과 언어의 어떤 상태, 도저히 치유할

* Viktor Kravchenko(1905~1966): 뉴욕에서 출판된 《나는 자유를 선택했다》의 저자로, 이 책은 소비에트 체제를 고발하는 내용이다.

수 없는 상실."[29] 결정적 텍스트 또는 근원적 원문에 대한 개념은 항상 지평선에 걸쳐 있다, 마치 불확실한 미래처럼 말이다.

번역은 따라서 문헌적 믿음을 문제삼게 되는데, 이에 따르면 원본 또는 완전한 텍스트는 항상 근원에 닿게 마련이고 이 근원이 학문 영역이 되어 폭력이 행해진다. 그러나 칼 라흐만[*]의 문헌학이 기대는 이런 믿음[30]은 이미 문헌학자들에 의해 흔들린 바 있다. 루치아노 칸포라는 고대 전문가들이 탐색하던 신화 텍스트도 그 첫 전승 단계에서 이미 근본적 변형을 겪었다고 말한다. 이 추론에 따르면, 텍스트는 변화 요소들과 더불어 정교해지고 번역가 같은 복제가는 전술한 텍스트의 권위를 공유한다. 앞서 살펴본 것처럼, 이런 현상은 인쇄술이 발전하기 이전 전근대 사회에만 국한되지 않는다. 원본들은 흔히 불안정하고 잠정적이다. 칸포라는 지배적 폭력의 맥락에서 한 원본이 파괴되는, 극단적 예시를 든다. 2000년 런던에서 한 편지가 팔렸

---

[*] Karl Lachmann(1793~1851): 필사본들을 체계적으로 분류해서 나온 것으로 고대 문헌을 연구한 문헌학자. 문헌학에서 오랫동안 사용된 그의 방법론은 "진짜" 문헌은 후대에 연속적으로 나온 여러 사본들의 가필 또는 변형 그 뒤에 있는 것이라고 주장했다. 공인 성서 원문을 버리고 가장 오래된 그리스 사본을 가지고 그리스어 신약성서를 내기도 했다. 그는 4세기 후반 동방교회에서 사용하던 성서를 기준으로 이후의 여러 성서를 평가하고 해석했다

다. 파니 스티븐슨이 한 친구에게 쓴 편지였는데, 그의 남편이 3일 동안 썼던 《지킬 박사와 하이드 씨의 이상한 사건》의 원본을 자신이 불태웠고, 이 일로 그녀의 남편이 상당히 우울해지고 병약해졌다는 내용이었다. "거의 착란에 가까운 집착에 빠져, 스티븐슨은 그것을, 그러니까 또다른 원본을 3일 동안 다시 썼다."[31]

번역과 폭력 간의 관계를 엿볼 수 있는 또 다른 사례는, 포스트 아파르트헤이트(인종차별정책 이후) 맥락에서, 남아프리카 공화국에서의 번역 역할에 관한 사례이다. 알다시피, 알랭 리카르는 《바벨의 모래》에서 번역이 아파르트헤이트 사회 설립에서 하는 역할을 보여준 바 있다. 그 역할이란 아프리카의 여러 현실과 종교들을 아프리칸스어**로, 그리고 기독교 언어로 체계적으로 번역한 것이다. 번역이 분리 정책의 도구가 되었다가, 이후 진실화해위원회가 설립되는 순간에는 다시 복원의 결

** 남아프리카 네덜란드어. 17세기 남아프리카 공화국이 네덜란드의 식민지가 될 때 들어온 네덜란드어가 독자적 발전을 이루어 본국의 네덜란드어와는 다른 특징을 갖게 되었다. 발음이나 음성은 별 차이가 없으나 문법의 차이가 있다.

정적 도구가 된다. 이제 방송 등에서 행해지는 모든 토론을 새로 탄생한 국가의 11개 공식 언어*로 번역할 것을 부탁하면서, 우선, 만델라는 아프리카너**들의 언어인 아프리칸스어를 코사어나 세소토어 같은 다른 여러 아프리카 언어들 가운데 하나로 강등시킨다. 둘째, 만델라는 모든 주민에게 다른 언어도 청취할 것을 의무화한다. 2년 간 라디오에서 진행된 토론에 참여한 바 있는 여류 시인 안티 크록은 번역의 역할에 대한 기가 막힌 증언을 한다.[32] 만델라의 자서전을 아프리칸스어로 번역하는 일을 맡은 것도 그녀였다. 만델라는 그의 자서전이 그의 나라 모든 언어로 번역되길 원했다. 그녀가 이른바 하위 종속어가 무엇인지 깨달은 것은, 자신의 모국어가 다른 언어들과 같은 역할을 하도록 초대받은 바로 그 순간이었다. "만델라가 아프리칸스어를 남아프리카 공화국 공식 언어 가운데 하나로 지정하면서, 그의 책을 아프리칸스어로 번역한 데에는 깊은 아이러니가 있다. 힘의 역학 관계를 꿰뚫는 놀라운 직감으로, 만델라는 아프리카

* 남아프리카 공화국의 공식 언어는 모두 11개로, 아프리칸스어, 줄루어, 남은네델레어, 코사어, 스와티어, 북소토어, 남소토어, 츠와나어, 총가어, 벤다어이다.
** 남아프리카 공화국의 네덜란드계 백인이 스스로를 부르는 이름이다.

너들도 다른 사람들 입장에 처하게 하고 싶었던 것이다. 그들 자신만을 위해 쓰던 단어들이지만, 그 어원으로 되돌아가보기도 하고, 이를 서로 공유하면서 아파르트헤이트의 언어를 결집의 언어로 바꾸길 원한 것이다. 권력과 보수가 늘 따르던 아파르트헤이트의 언어였지만 이제 이것을 내려놓고자 했던 것이다."[33] 이것이 함의하는 바는, 언어가 과거 지배력을 지녔던 때로부터 벗어나기 위해 스스로 변했다는 것이다(가령, 아프리칸스어를 쓰지만 만델라는 아프리카너가 될 수 없다. 아프리카너라는 말은 문자 그대로는 아프리카인이라는 말이지만, 아프리칸스어라는 말은 자기 집단으로부터 타자들을 배제하기 위해 만들어낸 형용사에서 파생되었기 때문이다. 역사적으로도, 만델라는 한 사람의 아프리카너는 될 수 없다!). 이런 이야기는 최근의 역사적 폭력 사례에 적합한 답으로 보이는데, 그래서 다른 상황들을 분석할 수 있는 차등적 모델로도 쓰인다(탄자니아 아루샤에 위치한 르완다를 위한 국제사법재판소에서 드러난 것은, 타자의 언어에 대한 심각한 무지였다).[34] 권리에 대한 사유 및 정의의 논리, 그리고 번역 철학 등이 서로 교차하는 지점에서 매우 중요한 이론적, 비판적 물음들이 제기될 수 있을 것이다. 가령 이런 것들이다. 번역 간에 평등이 있는가? 이 평등은 가능한가? 번역의 책임성, 또는 번역이 때론 인지하지 못한 가운데 저지른 부정에 대한 문제. 이런 문제에 이례적 공헌을 한

자크 데리다의 《베르죄눙, 우분투*, 용서, 어떤 장르?》에서도 중요한 개념이 제시되는데, 그에 따르면, 용서는 모든 언어에서 같은 방식으로 말해질 수 없고 동의될 수 없다.[35] 데즈먼드 투투 주교의 화해라는 우분투 신학에서 영감 받은 넬슨 만델라의 국가적 화해 정치는—각자의 인간성은 다른 자들의 인간성과 연결되어 있다는 개념은 **우분투**가 줄루어와 스와힐리어에도 이미 있는 개념이라는 것을 암시한다—기독교 언어에 이미 깊이 자리잡고 있다. 언어들 간의 위계질서를 없앤다는 미명하에, 이런 과정에서 영어에 상당한 우선권이 부여되었다. 데리다는 또 설명하는데, 이런 식으로 우분투가 "보상적 정의"로 번역되면서 정의가 속죄나 구세주의 정의 쪽으로 이해되었다. "용서에 대한 문화적 차이(그런데 의미론 차원에서 특별히 어떤 문화에 더 권위를 주지 않는다면, '용서의 문화'라고 명명할 수 있을까?)나 윤리적 차이, 즉 **에토스**의 다른 형태들도 그 분쟁을 조정하거나 토론

---

* 이 저작 제목의 앞 명사 2개는 독일어와 아프리카의 반투어로 쓰여 있고, 뒤의 두 명사는 프랑스어로 쓰여 있어, 앞의 두 외래어는 우리말로 번역하지 않고 원어대로 표기했다. 베르죄눙Versöhnung은 '화해', '조정', '종교적 속죄'라는 뜻으로 통용되고, 우분투Ubuntu는 흔히 '사상', '철학' 등의 관용어로 통용되지만, 데리다는 이런 용어들이 너무 쉽게 자기 문화식으로 해석될 수 없음을 지적하고 있다. 우분투는 아프리카 반투어가 그 어원으로, 아프리카에서는 타자에게 열려 있는 태도와 삶의 자세를 의미한다.

할 목적이 사전에 있어 결국 서로의 화해를 도모하고, 더 나아가 그들 고유의 관용어를 시도하고, 서로를 용서하려고 했을 것이다. 서로 용서한다지만, 실은 자기 관용어를 선호한다는 것이다. 관용어 부여는 피할 도리 없는 비극이다. 메타-관용어는 없다. 이런 부재는 기회이자 고통이다. 누군가가 입을 열자마자, 용서받게 될 일이 있다. 내가 감히 나의 관용어로 말한다면, 자기 언어로 말할 뿐이다."[36] 이렇게 번역이 복원 또는 보상 및 사죄[**] 논리, 또는 정의에 대한 성찰 속에 이뤄진다 해도, 번역은 언어들의 전쟁 공간 그 자체이므로, 내적 폭력성을 벗어나기가 정말 힘들다.

따라서 역사적 폭력과 번역의 관계에서 우리는 번역 자체의 폭력과 연결된 마지막 관계를 보게 될 것이다. 번역자라는 이 제삼자에게 부여된 신뢰도 중요하지만 말이다. 텍스트의 몽타주와 선택, 즉 번역하는 방식이 어느 정도로나 해석에 영향을 미칠까? 학살자들의 증언을 실은 책에서 아넬린 슈피센스는 어떠한 발언을 예로 들면서, 발언이 항상 나오는 것이 아니므로

[**] 앞에서 '복원'이라 번역한 réparation이 다시 나오는데, 이 단어에는 '배상'과 '보상', '사죄'의 의미도 동시에 있어 단어를 부연하여 번역했다.

번역자 또는 중개자는 이를 긴급히 번역할 수 있는 장치를 갖춰야 한다고 말한다.[37] 국제재판소나 인민재판소 같은 데서 증언을 해야 하는 범죄자들의 발언은 극히 제한된 상황에서 구속적으로 행해진다. 국제재판소 법정이나 이주민 심문장에서 작성된 보고서는 흔히 완전 투명하다고 평가되는 번역문을 내놓는다. 다시 말해, 번역자와 발화자 사이에 있을 법한 갈등적 관계나 당황 또는 부인否認의 표시들(가끔은 입말이거나 아니면 말 아닌 어떤 표정 등)이 이 보고서에는 사라지고 없는 것이다. 그뿐만 아니라 번역자의 주관성도 사라지고 없다. 번역하다 보면 번역하는 자와 번역되는 그 또는 그녀 사이에 사적인 관계가 생길 수도 있는데(장 하츠펠트[38]의《마체테*의 계절Une saison de machettes》에서 보듯), 이런 번역자의 주관성도 이 보고서에는 드러나지 않는다. 이런 상황에서 말이 빚어내는 관계의 복잡성이 부각되어야 한다. 또한 이런 상황에서 번역이란 무엇인가에 대한 메타-사유도 있어야 한다. 증언이 전달될 수 있다면 이것이야말로 번역을 통한 복원이기 때문이다.

---

* 마체테Machettes는 남미에서 벌채용으로 쓰는 큰 칼을 가리킨다. 이 작품 《마체테의 계절》은 르완다에서 일어난 투치족 학살자들의 이야기를 다루고 있다.

5장

수용소에서의
번역

그런데 왜 또 다른 어둠으로

"어두운 시절"의 어둠에 답해야 하는 걸까?[1]

— 클로드 무샤르

강제 수용소 공간은 번역이 잠정적으로 어떤 복원이자 보
상처럼 보일 수 있을 정도로 언어들의 전쟁이 이루어지는 공간
이기도 하다. 번역과 폭력 간의 관계사는 최초의 증언을 연결하
고 문학적 기억과 번역을 구분, 또는 때론 결합하는 역할을 하
게 된다. 《이것이 인간인가》[*]의 그 유명한 장 "오디세우스의 노
래"는 특히 많이 연구되었는데, 그 주요한 동기는 다음과 같다.[2]
프리모 레비는 동료 장('피콜로'. 수용소 막사의 수프 담당)에게 단
테의 《신곡》에 나오는 "오디세우스의 노래"를 들려주기 위해
기억하려고 애쓰면서, 프랑스어 번역을 시도하는데, 몇 행이 막

---

[*] 이탈리아 원어 제목은 "Se questo è un uomo"이다. 아우슈비츠를 통해 인
간성의 한계를 성찰한 현대 증언 문학의 고전이다. 이탈리아를 대표하는
작가이자 화학자인 프리모 레비는 유대계 이탈리아인으로 제2차 세계대
전 말기 반파시즘 운동을 하다 체포당해 아우슈비츠로 이송당했다. 화학
공장이 붙어 있는 제3수용소에서 1943년 12월부터 1945년 1월까지 수용
소 생활을 한다. 기적적으로 살아돌아온 후, 아우슈비츠 제3수용소에서
보낸 10개월간의 체험과 관찰을 기록한 것이 이 책이다.

혀 다 떠오르지도 않고 번역하지도 못한다. 번역의 어려움과 기억의 어려움이 밀접하게 연관되는 것이다. "거기서 나는 잠시 멈추고 번역을 해보려 했다. 그러나 재앙이었다. 불쌍한 단테, 불쌍한 프랑스어! (…) '콴도*' 그다음이 뭐지? 전혀 기억이 안 난다. 기억의 구멍. '프리마 케 시 에네아 라 노미나스.'** 다시 백지. 파편적으로 뭐 하나가 떠올랐지만 사용할 수 없는 거였다."[3] 생존이 두 활동, 즉 '기억하다'와 '번역하다'에 달려 있는 듯했다. 알레고리 형식으로 말해보면, 책을 소환했는데, 언어가 없어, 책이 되지 않는다. 어쩌면 이것이 증언 그 자체의 정의일 수 있다. 더 이상 책이 없을 때,[4] 즉 모든 책이 부족할 때, 어쩔 수 없이 누락된 것을 기억으로 재구성해 대체해보려 한다. 이건 이미 번역의 문제이다. 문어를 억지로 구어화하기. 환언이라도 하여 결여된 기억을 대체하기. 이런 복구 노력 끝에 전라全裸의 수용소가 순간적으로 떠오른다. 프리모 레비는 설명하기를, 한 순간, 나는 내가 누군지, 내가 어디 있는지 잊었다. 번역과 재기억은 경험의 친절한 동반자들이다. 그러면서 단어들이 위로 끌

* Quando: 이탈리아어로 '언제'라는 뜻.
** Prima che si Enea la nominasse: 이탈리아어로 '아이네아스가 그걸 언급하기 전에'라는 뜻.

어내지기 때문이다. 그러니까 그 경험이 번역하는 방식으로 이뤄지는 것이다. 알다시피 — 필립 메스나르의 전기에서도 이게 자주 환기된다[5] — 프리모 레비는 프랑스어와 독일어처럼 그가 잘 아는 언어만이 아니라 그가 좀 덜 아는 언어(영어)나, 전혀 모르는 언어(다른 언어들)로 그의 책이 번역되는 것에 상당한 의미를 부여한다.

프리모 레비가 직접 검토하며 보증한《이것이 인간인가Se questo è un uomo》의 번역본은 1966~1967년에 연극으로 각색되며 나오는데, 수용소를 다룬 부분에서는 더 많은 외국어가 할애되어 나온다. 그리고 앞에서 이미 말했지만, 그는 생애 말년, 카프카의《심판》을 번역하고, 이 번역본은 1983년 에우나우디 출판사에서 출간된다. 또한 레비스트로스의 작품도 열정적으로 번역하는데,《먼 시선》과《가면들의 목소리》가 그것이다. 그가 주로 살핀 것은 구문의 정확도가 아니었다(첫 프랑스어 번역본[***]은 거의 참사 수준인데,《이것이 인간인가Si c'est un homme》가, "J'étais un homme"[****]로 번역되었다. 당시만 해도 그는 이것이 정확

<hr>

[***] 미셸 코스라는 번역자가 번역한 것으로, 뷔셰/샤스텔 출판사에서 정말 이 제목 "J'étais un homme"('나는 한 인간이었다')로 출간되었다.

[****] 프랑스어에서 조건법 시제("만일 ~한다면, ~할 것이다" 식의 구문)는, 보통

히 번역되었는지 어쩐지 알 수 없었다). 그보다는 그의 책이 가진 진실(더 나아가, 그의 모든 책들과 그 자체의 진실, 문학의 진실이라고도 할 수 있는 것)이 여러 언어들 틈 사이에서, 즉 언어의 복수성 속에서도 생겨나는지 그것을 의식하며 번역하는 것이었다. 그래서 직접 번역한 그의 책에서는, 수용소에서 다시 만들어진 바벨탑의 재생 형태, 즉 분리의 비극에 대항하는 복원 형태로서의 번역을 볼 수 있다. 같은 경험을 하는, 살아 있는 존재들이 서로 이해하고 소통하는 것을 막는 것이 바벨탑과도 같은 것이라면 이것이 제도화된 것이 강제 수용소일 것이다. 프리모 레비에게 카프카의 《심판》 번역은 분명 두 폭력이 만나는 가장 강력한 번역적 체험이었을 것이다. 아무런 이유 없이 혹은 전혀 알지 못하는 어떤 이유로 체포된 서른 살의 청년 이야기 속에서 어찌

은 Si('만일')에 이어지는 동사를 반과거 시제(가령, si c'était)로 쓴다. 번역자는 아마 이를 혼동했을 수 있다. 앞의 "Si c'est un homme"는 Si에 이어지는 동사를 현재시제(est)로 썼으므로, 가정성은 약하다. 이런 경우 뒤의 주절은 단순미래를 쓴다. 이 제목 문장에서 뒤의 주절은 생략되어 있다(수용소의 상황을 생각하면, 뒤의 말은 굳이 하지 않아도 짐작되므로 생략 가능하다). 그런데 만일 "Si c'était un homme"라고 썼다면, 가정성이 훨씬 강화되고, 뒤의 주절은 조건법 현재시제를 써야 한다. 한편, 이 프랑스어 번역본에서는 "Si"를 빼고 "J'étais un homme"라고 번역했기 때문에, 조건법이 아닌 직설법 반과거 시제가 되어 "나는 한 인간이었다"가 된다. 거의 참사 수준이라고 한 것은 이런 문법적 오류 때문이다.

이런 폭력을 알아보지 못할 수 있겠는가? 그는 "역자 노트"에서 그 작품의 마지막 문장, 즉 주인공이 죽으면서 "개 같군!" 하는 문장을 해설하는데, 주인공은 이어 이렇게 말한다. "부끄러움이 그보다 더 오래 남는 것 같아." 그에겐, 이 문장이, 많은 사람에 게는 잘 이해가 가지 않는 이 문장이, 너무나 분명했고, 두 가지를 의미했다. 우선 어떤 출구도 없다는 것을 아는 이 주인공의 부끄러움은 자신을 스스로 제거하지 못하고, 두 어리석은 경관에게 죽음을 내맡긴 데서 온다. 이어, 이 모든 정의의 패러디가 자신이 속한 인간 세계의 패러디라는 것을 봐버린 데서 온다.

그의 책에서, 생존은 번역에 달려 있고, 번역은 생존에 달려 있다. 번역할 수 있다는 가능성으로부터 생존이 가능해지는 것이다. 물리적 생존이 어떤 세계 질서를 이해하고, 일어나는 일을 포착하는 능력에 달려 있다. 정신적 생존이 다른 사람들과 말할 수 있는 기회에서 온다. 생존자가 됨으로써 번역의 필요를 이끌어내고, 용어의 전방위적 의미 그대로, 언어 경험을, 아니 다른 언어들을 통해서만 언어 경험을, 진짜 언어 경험을 한다는 것을 의미한다. 《이것이 인간인가》의 독일어 번역에 대해서는 그는 거의 "재번역"이라고 말한다—그도 그럴 것이, 바벨탑에서는, 모든 언어가 서로 등가적으로 다 맞지 않기 때문이다. 반면, 그가 아주 가까이서 지켜본 하인츠 리트가 번역한 《가라앉은 자와 구조된 자》* 같은 경우는 직역성에 대한 크나큰 걱정으로, 번역이라기보다는 "복원"에 가깝게 되었다. "재번역, 즉 언어로의 회귀는, 있던 대로 모든 것을 재생하는 것으로, 그것은 책이라기보다 녹음기가 되어야 한다."[6] 사건은 하나의 언어를 말하고, 살아남기 위해 그 언어를 감당해낸다. 이는 번역이 멈춰지지 않음을 전제한다. 거꾸로, 한편 《휴전》**의 초반에 등장하는 어린 아이 후르비네크***는 구조되지 못한 채 죽는다. 아이는 단 한 마디밖에 할 줄 몰랐는데, 그 단어는 어떤 언어에도 속하지 않았다. 살아남지 못한 두 가지 이유가 있었다. 어린 아이는 번역할 수도 없었고, 번역될 수도 없었다.[7] 이렇게 우리는 프리모 레비가 번역이라는 우회를 통해서만, 또는 번역에 대한

* 프리모 레비의 또 다른 아우슈비츠 기록으로, "아우슈비츠 이후 40년"이라는 부제를 달고 출판되어 있다. 가해자와 피해자의 관계를 작동시키는 메커니즘을 통해 한 개인의 인성을 소멸시키는 체제가 어떻게 작동하는지 분석한다.

** 프리모 레비가 1963년 다마니오 말라바일라라는 필명으로 쓴 소설이다. 나치 수용소에서 살아남은 이탈리아인 무리들의 이야기를 다루고 있다. 이 무리들에는 영웅도 있고, 반역자도 있고, 농민도 있고, 도둑도 있고, 지식인도 있고, 유랑자도 있지만 이들은 모두 고향 땅을 밟으려 한다.

*** 아우슈비츠 수용소에 있던 소년의 이름. 국적 없는 언어로, 비명 같기도 하고 신음 같기도 한 목소리로, 빈 언어로 이야기하는 인물이다.

사유를 통해서만 문학적으로 표현 가능한 극한적 상황에 놓여 있음을 이해하면서 프리모 레비를 읽어야 함을 깨닫는다. 이런 증언은 미메시스와의 어떤 상관성을 함의한다. 둘 다 번역이 완전 필수불가결하다. 부정적이고 공포스러운 바벨이라는 하나의 극지점과 통행을 버티는 경계(가령, 수용소의 현실 그 자체이기도 한 끔찍한 다국어성)가 그의 텍스트에 말 그대로 강력하게 새겨져 있는 것이다. 이런 장르는 한 세계와 다른 세계를 구분하고 분리하는 세계, 다시 말해 하나의 용어를 다른 용어로 번역하지 않으면 안 되는 세계 위에 세워진다 ─ 알다시피 그런 세계는 곧 불가능의 세계이다.

"율리시스의 노래" 외에,《이것이 인간인가》의 다른 장은 가히 번역의 알레고리라 할 만큼 전적으로 번역의 테마로 이루어져 있는데, 특히 3장 "입문"이 그러하다. 아우슈비츠 수용소에 체류하던 초기이다. 화자는 대답보다는 더 많은 질문을 던진다. 불안과 이해 불가는 상응한다. 한편 몇 쪽으로 된 이 장에서는 "번역", "폭력" 그리고 "재기억"이라는 용어를 서로 맺어 만든 세 개의 우화 장면이 나온다. 픽션과의 어떤 결합 없이 경험에만 의존하여 증언을 내놓고, 이를 우의적으로 말한다는 것이 남용 또는 역설로 비칠 수도 있다. 그러나 나는 이 용어를 일부러 사용하겠다. 왜냐하면, 프리모 레비는 자기 말이 가능한 조건을 끊임없이 생각하면서, 자기 증언이 가능한지 아닌지 늘 생각하면서 글을 정성스럽게 작업하기 때문이다. 분명한 것은, 이 장은 서술과 사건의 순서 안에 기억과 번역의 유기적 결합을 증언 장면처럼 일부러 집어넣었고, 이 방법이 아주 주효하다는 것이다.

　　이 우화들 가운데 첫 번째 우화는 최초의 이해불가와 관련된다. "난 물어볼 게 너무 많다. 난 배가 고프다. 내일 수프를 배급할 때, 숟가락이 없으면 어떻게 먹어야 하지? 숟가락을 어떻게 얻지? 날 노역 보낸 사람들은 어디에 있는 거지? 디에나는 나보다 더 모를 거다. 내 질문에 다른 질문들로 대답하니까. 그런데 저 위, 저 아래, 저 옆, 저 멀리, 막사 온갖 군데에서 졸려하면서도 성난 목소리들이 나에게 소리지른다. '루어[*]! 루어!' 나보고 조용히 있으라는 거 같은데. 내게 이 단어는 새로운 것이어 나는 그 의미나 함의를 잘 알지 못하므로, 나의 불안은 커져갈 뿐이다. 언어들의 혼합은 이곳 삶의 양식의 기본 요소이다. 일종의 영원한 바벨탑 속에서 살아가는 거다. 모든 사람이 완전히 서로 모르는 언어로 울부짖으며 명령하고 위협한다. 재빨리

---

[*] Ruhe: 독일어로, '휴지', '정지', '부동', '침착', '고요', '태연' 등의 뜻이다.

파악 못했다간 낭패다."[8] 번역의 불가능성이 폭력의 조건 자체를 만드는 것을 보여주는 단락이다. "루어! 루어!" 이런 명령을 이해한다 해도, 화자의 이해 불가를 어떻게 이해해야 할까? 프리모 레비는 독일어를 안다. 이 단순한 통용어를 그가 아는 것은 명백하다. 하지만 이 단어는 "새롭다." 전체주의적이고 자연성에 반하는 이 악독한 독일어의 느낌을 청자가 전혀 알 수 없게 표현되어야 하거나, 아니면 강제 수용소 구조 자체가 불행한 바벨 탑을 연상시켜 이 단어가 제대로 전해지지 않아야 한다. 이런 곳들에서는 분리라는 폭력성으로 언어적 상호 이해나 번역이 가능하지 않기 때문이다. 결국 모든 게 번역 불가능해진다. 피해자와 가해자의 원천적 분리는 전에 알던 언어와의 격리를 전제로 한다. 여기서 바벨탑이 처음 환기하는 것은 본질적으로는 폭력적인 바벨탑이다. 신이 내린 벌에 상응하는 것으로, 억압과 명령을 수반한다. 그러다 바벨탑의 혼란은 동시에 상호 이해 및 합의로 끝나는데, 공동체에서 "하나"를 잃음으로써 하나에서 다수로 옮겨간다. 그러나 혼란은 언어와 세계 사이의 합의 또한 이끌어낸다. 단어들은 이곳에서 일어난 현실과 더는 부합하지 않는다. 번역은 항상 금지되고 언어는 자연성을 잃는다. 오히려, 꿈이 열린 세계 또는 여행의 유일한 조건처럼 보인다. 율리시스의 노래에 바쳐진 장의 전조로, 그는 도로, 다리, 문을 지나는 통과 장면을 상상적으로 집어넣는다.

두 번째 우화는 두 페이지 더 지나 시작된다. 아마도 그가 목도한 다국어성과 번역의 상관성을 함의하는 가장 극적인 장면이다. 두 번째는 좀 덜 폭력적이고 좀 덜 형벌적인 바벨 신화로, 아우슈비츠에서 서로 다른 언어를 쓰는 주민들이 평등하게 서로 만나기 때문이다. "왜냐하면, 5분 있다가, 빵-브로트-브로이트-흘랩-파네-레헴-케네르*가 배급되었기 때문이다. 이웃의 손에 들어 있는 것이 어마어마하게 커 보이는 이 신성한 작은 회색 정육면체, 그러나 당신의 손에 든 것은 울음이 터질 정도로 작다. 이것은 매일같이 일어나는 환각으로, 결국 여기에 익숙해진다. 하지만 처음에는 이 환각이 정말 너무나 참을 수 없어 우리들 다수가 둘씩 긴 토론을 벌였고, 이후, 한 사람에게는 뚜렷하고도 항구적인 불운이, 또 다른 자에게는 무례한 행운이 온다는 것을 알았다. 반대로 했을 때 정말 그런 환각이 다시 생겨나는지 보기 위해 서로 가진 비율을 교환했고, 우리 모두는 어쩔 줄 몰라하며 상당한 불만을 품게 되었다. 빵은 우리에게는

---

* Pain-Brot-Broit-chléb-pane-lechem-kenyér. 모두 '빵'을 뜻하는데, 각각 순서대로 프랑스어, 독일어, 이디시어, 체코어, 이탈리아어, 히브리어, 헝가리어이다.

교환 가치가 있는 유일한 화폐였다."[9] 빵을 말하는 다른 방법들의 목록("빵-브로트-브로이트-홀랩-레헴-케네르가 배급되었기 때문이다")은 일종의 연속적 등가어를 보여주는데, 이로써 하나의 원칙, 즉 우정까지는 아니어도, 적어도 공동체라는 원칙이 복원된다— 빵은 환대의 상징이므로. 그러나 이 연속적 등가어에도 비등가성이 자리잡는다(여기서 언어의 전쟁이 다시 나온다). 극심한 폭력성이 미치는 상황에서 모든 명령 장애를 일으킨다. 언어 장애, 경제 장애, 교환 장애("빵"이라는 단어에 대항해 빵과 전혀 닮지 않은 것이 오기 때문이다.) 그러나 "작은 회색 정육면체" 블로체토 그리지오**를 떠올리고, 교환이 일어날 때, 불가피하게 비대칭이 나타난다. 비율이 고장나면 또 다른 유형의 폭력을 야기한다. 안정적 가치가 부재하면 타협이 불가능해지는 것이다. 한편, 흥미로운 것은, 프리모 레비가 여기서 번역에서의 비등가적인 등가성의 문제를 다루기 위해 번역 이론의 경전적 예를 다시 들고 있다는 것이다. 바로 발터 벤야민의《번역자의 과제》를 다

** Blocchetto grigio. blocchetto는 '작은 정육면체'를 뜻하고, grigio는 '회색'을 뜻하는데, 프랑스어로 표현된 것을 (여기서는 한국어로 번역되어 있지만) 이탈리아어로 바꾸면 이렇다. 이탈리아어는 일부러 번역하지 않고 외래어 발음대로 표기했다. 같은 것을 겨냥하지만, 겨냥하는 방식이 다른 단어의 차이를 느껴볼 필요가 있다.

시 읽는 기분이 든다. "언어 철학에서 가장 기본적인 법칙 가운데 하나인 이 법칙을 정확히 포착하기 위해서는, 의도의 안쪽에서, 겨냥하는 것과 그것을 겨냥하는 방식을 구분해야 한다. '브로트'와 '빵'은 분명 같은 것이다. 하지만 겨냥하는 방식은 같지 않다. 왜냐하면 이 겨냥하는 방식 때문에, 두 단어는 독일인에게 그리고 프랑스인에게 서로 다른 것이기 때문이다. 둘이 서로 교환 가능하지 않기도 하고, 그래서 결국에는 서로가 서로를 배제하게 된다. 반면, 겨냥된 것에 관해서라면, 완전히 그대로 받아들여져 단 하나의 같은 것을 의미한다.[10] 메시아적 계시(벤야민에 따르면 이것이 바로 번역의 과업이자, 번역가의 과업이다) 같은 것만이 유일한 언어에 이르게 할 수 있다. 여러 언어가 공동으로 겨냥하는 것, 즉 갈등을 떨쳐내고 잡을 수 있는 순수 언어. 번역은 언어의 전쟁을 전면적으로 보여주면서도, 궁극에 가서는 우리에게 그 전쟁을 없애버리는 것을 겨냥한다. 프리모 레비의 글이 벤야민의 글을 직접적으로 기억해서 쓴 것인지 어쩐지는 여기서 단정할 수 없다—그가 그 글을 읽었을 가능성은 있지만, 확실하지 않다. 반면, 아이러니하게도, 이 빵의 공동체 안에서 언어들 간의 친족성 개념은 분명 다시 제기된다. 원어는 "성스러운 회색 정육면체sacro blocchetto grigio"(프랑스어 번역본에서는 'sacro'가 'sacro-saint'으로 더 분화되어 '신성한'이 되었다)로 메시아의 기운을 거꾸로 다시 돌려보낸다.

세 번째 장면은 우리가 읽고 있는 증언과 같은 조건들을 액자식으로 보여준다. 오스트리아 장교가 프리모 레비에게, 일상적 동작이 더 이상 통용되지 않는 이 세계에서 씻는 것은 중요하다고 설명한다. 그것이 살아남은 자의 의무라는 것이다. "오늘은 더 기억나지 않는다. 오스트리아-헝가리 부대의 전前 하사이며 1914~1918년 전쟁 당시 철십자 훈장을 단 스타인라우프의 분명하고 직접적인 단어들이 있었는데, 생각나지 않아 아쉽다. 정말 아쉽다. 왜냐하면 그의 초보적인 이탈리아어와 용감한 군인으로서의 너무나 분명한 직설적 대화를 나처럼 의심 많은 자의 언어로 번역할 필요를 느끼기 때문이다."[11] 사실 오스트리아 장교가 이탈리아어로 말하는 것이 가능하긴 하다. 다만 이 문장, "그의 초보적인 이탈리아어와 용감한 군인으로서의 너무나 분명한 직설적 대화를 나처럼 의심 많은 자의 언어로 번역할 필요를 느끼기 때문이다"는 별도로, 사후에만, 즉 번역 수행을 통해서만, 경험적 진실을 이해하는 것이 가능함을 보여준다. "의심 많은 자"는 아우슈비츠에 도착한 신참자가 아니라, 증언하는 독자이다. "초보적인 이탈리아어"는 용감한 군인의 언어가 아니라, 프리모 레비 자신의 언어이다. 독일에서 그에게 일어난 일을 번역하려면 그의 증언이 단순하고 명료한 언어로 이뤄지길 희망하는 것이다. 그렇게 증언이 이제 번역과 증언, 폭력과 번역의 상관성을 비유하는 알레고리로서 그의 이야기 한중심에 온다. 번역은 이제 다시 한번 복구와 재생이 가능한 공간이 된다. 실제로 체험했으나 한번도 발표되지 않은 이 경험이 날 것 그대로 있기 위해, 이 경험은 불가피하게 번역되어야 한다. 있는 그대로, 글자 그대로.

이렇게까지 말한 프리모 레비가 그의 책의 독일어 번역본에 대해 말하는 것을 보면 흥미롭다. 마치 실제 언어로 귀환한 것처럼 여겨지기 때문이다. 신기하게도, 나는 독일어 번역본을 읽으면서 그가 말한 것이 훨씬 강화되어 있고, 그러니까 일종의 원문을 읽은 것처럼 느껴졌다. 아마도, 이런 인상은 내가 프리모 레비에 대해 가지고 있는 감정 때문일 수도 있지만, 여기서는 언어가 독일어로는 다르게 작동하기 때문일 것이다. 가령 "루어! 루어!" 같은 명령어는, 수용소를 가리킬 때 일관되게 사용되는 "라거Lager"* 처럼 수용소에 강제 수용된 자들이 주관적으로 느끼는, 이해할 수 없는 어떤 감정이 독일어로 읽는 독자들(남성 독자든 여성 독자든)과는 다르기 때문이다. 화자가 말

---

* 독일어로 '침상', '야영지', '숙소', '수용소' 등을 뜻한다.

한 "디제스 도이치 보르트 이스트 미어 노이Dieses deutsche Wort ist mir neu"('이 단어는 나에게 새롭다')는 화자에게는 그렇지만 독자에게는 그렇지 않다. "코만도", "테크니크", "카포" 같은 다른 단어도 마찬가지다. 수용소 현실과 덜 연관된 단어들이지만, 이 맥락에서는 특별한 의미를 띠는데도 말이다—가령, "티에르"('짐승')라는 단어도 이런 특별한 의미를 갖는다. 스타인라우프의 "초보적인" 이탈리아어를(원문에는 "그의 불확실한 이탈리아어"(il suo italiano incerto)라고 되어 있다) 그의 의심 많은 언어로 번역하고 싶다고 레비가 말하는 단락에서, 문장들은 아이러니하게도 더욱 격렬해져 주인공 의식에 상처를 준다. 그렇게 그들의 언어로, 그러니까 더욱 가차없고 준엄한 리듬의 언어로 표현된다. "알스 푸어 아우스뷔크스 테우니셴 가이스테스Als pure Auswüchse teunischen Geistes"('전형적인 게르만인 정신의 단순한 특징에 대해')[12]에 대해 소개된 이런 표현들처럼 말이다. "조 비스트 두 라인So bist du rein"('그래서 당신은 깨끗하다'), "조 게스트 두 아인So gehst du ein"('이렇게 네가 되돌아가면'), "아이네 라우스, 다인 토트Eine Laus, dein Tod"('이건 너의 죽음'). 그러나 독일어 번역본에서 언어유희하기에 가장 골치아픈 부분은 "율리시스의 노래" 장이다. 원본에서는 단테의 글이 화자의 서술과 유일한 거리감을 자아내는데, 다시 말해 단테의 이탈리아어와 프리모 레비의 이탈리아어 사이의 시간적 거리를 상정하기 위해 나오는데, 이 거리를 매우는 건 환기된 내용들이다. 그 책의 독일어 번역본에서는, 화자가 일어난 일을 이야기하는 서술 언어와 단테의 서술 언어 사이에 큰 심연이 있을 정도로 심한 격차가 있는데, 이는 비판할 지점이다. 프랑스어(번역본)와 이탈리아어(원어)는 무장해제된 듯 거의 속수무책이다. 그 한 예는 이렇다. "Das Licht, das unterm Mond geschienen Hatte — 'Lo lume era di sotto della luna' —oder so ähnlich. Aber vorher? 'Keine Ahnung' wie man hier sagt."[*13] '여기 그리고 지금'의 언어는 저 거기의 언어로, 잃어버린 기억의 언어로 결코 합해지지 않는다. 두 언어 간의 대조는 장면에 훨씬 더 많은 의미를 부여한다. 이제 우리는 왜 프리모 레비가 1961년의 이 번역본을 가지고 그의 새로운 원본 작품을 만들었는지 이해한다.

프리모 레비가 증언을 고안해낸 것은, 문학을 번역으로서 보는 사유와 부합하는데, 이것은 삼중의 시련이다. 근본적으로 다른 낯선 것을 대하는 시련, 그것을 이동시키는 시련, 그리

* 독일어에 이어 이탈리아어가, 다시 독일어가 뒤이어 나오며 두 언어가 혼재되어 있다.

고 그것을 전달하는 시련이다. 번역은 윤리 프로그램이자, 쓰기라는 직업의 주요 기술이다. 그들 언어로 세상 여타의 '것'들을 말하는 데 골몰하는 일이지만, 명징성이라는 명령을 받아 가능한 한 간결하고 명확하게 말하는 일이다(알다시피 번역은 정기적으로 말끔히 정리하는 것을 그 속성으로 한다. 그저 된 대로, 수동 상태로만 늘 있지 않는다). 1977년 레비는 모호한 글쓰기라는 주제를 두고 조르조 만가넬리와, 또 나중에는 파올로 볼포니와, 논쟁하면서 이런 말을 한다. "저는 깨끗해져야 할 의무가 있습니다. 다시 말해, 벗은 몸이 되어야 하죠." 적절하고 정확한 표현을 위해 그의 글을 상시적으로 고치고 또 고치는 의무가 강요된다는 말이다. 사물과 단어를 연결하는 방법을, 경험에서 언어를 끌어내는 방법을 찾아야 한다. 자신의 직업 언어인 화학 언어를 가지고 뭔가 자각하는 느낌을 가질 필요도 있다. 그래서 그는 《주기율표Système périodique》 집필에 이르게 된다. 《주기율표》는 화학책이 아니라 한 화학자의 책이다. 그런데 그는 어느 인터뷰에서 "나는 내가 화학자이기 때문에 글을 씁니다"라고 말하는데, 이는 "작가와 화학자"를 마치 서로 "접근이 금지된 낯선 두 사람"[14]으로 보며 반대항에 놓는 것에 놀라 이런 생각을 기피하듯한 말이다. 다른 언어들처럼 이런 화학 언어도 이해하고, 알아듣게 해야 한다는 것이다. 그 낯설음 속에 그대로 묻어두는 것

을 거부하며 화학 언어가 제안하고 명령하는 세계를 설명하려
한다. "Wstawac,"* "Aufstehen."** 명령은 유독 낯설다. "낯선
명령어. Wstawac."《휴전》에 다시 적은 1946년 1월 11일의 시
에서는 그렇게 적어놓았다. 이제, 선 채로 남아 혼란의 집단 수
용소 같은 바벨탑에 대항해 들고 일어서야 한다. 호환 가능하지
않은 언어들을 활용하고 결합함으로써 살아 있는 존재들을 하
나로 연결하고, 이 존재들과 그들의 세계를 하나로 연결하며 훨
씬 생생하고 이해 가능한 언어를 만드는 것이다.

　　증언이 곧 번역(성실성은 두 용어의 직접적인 메타포이다)으로
이해되려면, 몇 단계가 필요하다. 증언은 '증거'라는 유일 체제
로부터 빠져나와 공동적이고 집단적인 '인증' 체제 안으로 진입
한다. 번역과 증언은 둘 다 처음에는 각자 우선적으로 자리 잡
기를 하다가, 이내 같은 어휘가 되어 '견해' 체제 안으로 들어
가고, 이제 전혀 다른 성격 규정 또는 묘사가 있기 전, '윤리' 체
제 안으로 들어간다. 여기서 주요 원칙은 충실성이다.*** 여기

* 폴란드어로 '깨어나서 일어나다'라는 뜻이다.
** 독일어로 '~위에 서 있다'. '똑바로 일어서 있다'라는 뜻이다.
*** 저자는 번역과 증언의 관계를 상당히 난해하게 서술하는데, 번역과 증
　　언이라는 두 독립적 개념(세계)이 어떻게 하나가 되는지를 설명하는 단
　　락이다. 번역과 증언 대신 두 도형을 연상하며 이 문장을 읽어가면 어느

서 충실성은 취약한, 그러니까 아주 드물게 보장되는, 그 특유의 권한을 갖는 듯 보인다. 하지만 부르주아 부부의 도덕관념을 버리고 나면, 이내 충실성 또는 정절이라는 명령이 도대체 무엇에 기반하고 있는지 묘연해진다. 무엇에 대한 충실성인가? 누구에 대한 충실성인가? 번역이라면 번역하는 텍스트와 저자에 대한 충실성? 하지만 어떻게 하면 그들에게 충실한가? 문자나 그 의미에 가깝게 거의 직역을 하면 되는가? 원본 창작을 관장하던 태도를 다시 취하면서? 그 결과, 텍스트는 도착어로 쓰여진다고 믿는다. 그것이 번역이라는 사실을 드러내거나 없애기 때문이다. 증언에 대해 말하자면, 그것은 실제, 경험, 객관적 상황, 실제 일어난 사실 혹은 일어난 사실들에서 느껴지는 방식 등에 충실해야 한다. 실제 및 경험에 대해 쓴 텍스트는 유추가

정도 맥락이 파악된다. 쉽게 이해되도록 작은 따옴표를 일부러 붙이고 체제régime라는 단어는 맨 앞에 두 번만 나오지만, 균일하게 이해되도록 전치사 dans(~안에) 앞에 나오는 단어에는 일제히 '체제'라는 단어를 붙였다. 마치 A와 B가 별개로 있다가 근접하면서 교집합이 만들어지고 이어 합집합으로 함몰되는 듯한 형상을 떠올려 보면 된다. 번역과 증언이 서로 교집합으로 묶였다 하나로 함몰되는 합집합의 세계는 순서대로 하면 처음에는 증거preuve, 이어 인증attestation, 견해opinion, 윤리éthique 순이다. 그리고 마지막으로 전혀 다른 성격으로 규정 또는 묘사될 그 '어떤' 것이 나올 것이다. 여기서는 아직 명시하지 않는데, 바로 이어지는 다음 장에서 다뤄질 '정의'로 보인다.

가능할 때만 텍스트이다. 번역본과 상관해 원본이라 부를 때에만, 이런 텍스트는 용어 대 용어로 비교 가능하다. 하지만 거꾸로 번역이 원본을 물리적이고 실제적인 파편으로, 세계의 대상물로, 즉 보호받고, 존중받고, 더 나아가 신성시될 만한 것으로 변형시킨다는 것을 강조해야 한다.

알다시피 충실성의 문제는 번역에서 잘못된 문제다. 그러나 기지의 여러 사실들이 제시되면서, 번역과 증언을 함께 생각하게 되었다. 달리 말하면, 증언을 통해 번역을, 번역을 통해 증언을 생각하게 되었다. 번역은 우선 시공간적 격차가 존재한다. 증언과 번역은 차후에, 또는 전혀 다른 장소에서 쓰여진다. 번역에서 이건 명백하다(공간도 떨어져 있고 언어도 떨어져 있으니). 하지만 극한의 경험을 재구성하는 시도를 할 때 증언 조건은 대부분 시간성이 문제가 된다. 즉각적 증언, 즉 동시에, 현장에서 일어난 것을 증언해도, 겪은 시련과 똑같은 사실적 행위로 만들어내는 것은 불가능하다 ― 잘멘 그라도프스키* 같은 매우

* Zalmen Gradowski(1910~1944): 아우슈비츠 수용소에서 강제 노역을 했고, 1943년 가을부터 글을 쓰기 시작했다. 이것은 단순한 증언록이 아니다. 유대인 학살의 현실을 알아내기 위해 한 상상의 친구를 불러내 이야기를 구성한다. 성서에서 영감받은 듯, 그 특유의 구술적 문체가 특징이다.

드문 경우를 제외하고는 말이다.[15] 두 번째 공통적 주지의 사실은 반복이다. 변형 또는 망각, 누락, 결핍 등이 의심되어 여러 번 다시 쓰거나, 문학적으로나 역사적으로 예외성 또는 개별성을 갖추기에 적합해 보이지 않는 언어들을 평평하고 납작하게 만들거나 매끄럽고 윤기나게 만든다(실제 사실을 그렇게 하거나 "원본" 텍스트를 그렇게 하거나). 세 번째 주지의 사실은, 기억의 시도라는 것이다. 두 경우 전부 텍스트 또는 사건의 연장을 제안하거나 생존survie을 확언한다(벤야민은《번역자의 과제》에서 생존을 "überleben"** 이라 한다). 번역과 증언이라는 전달 전승의 노력 속에 생존은 더욱 요구된다. 증언과 번역은 항상 "생존자들"에 의해 만들어진다고 말할 수 있다. 비록 극한의 경험에서 이런 증언 사례는 이 질문을 훨씬 비감하게 만들지만 말이다. 이 경우 충실성은 자기 자신에게나 경험에게나 훨씬 고양된 차원에서 이뤄진다. 다시 만날 수도 있기 때문이다.

모방의 법칙을 다시 발견하고, 작가의 권위를 포기하면서

** 여기서 생존이라 번역한 프랑스어 survie나 벤야민이 쓴 독일어 überleben 이나 의미의 조합은 유사하다. sur(~위에)+vie(삶), über(~위에)+leben(삶). 증언과 번역은, 결국 사는 일이 아니라, 한 번 더 사는 일, 살아남는 일이라는 의미다.

증언은 더욱 권위를 갖는다. 예술의 위대함은 현실에 가능한 한 가까운 곳에, 모델에 가능한 한 가까운 곳에 있다. 여기서 모델은 실제 행위나 텍스트가 된다. 문학이 재앙을 예견하거나 재앙과 공모를 꾀하지 못한 무능의 결과, 문학은 다시 세계를 산문화하기로 동의하고 증언에도 도움을 청하게 되었다. 이로써 문학은 떠다니고 흘러다니는 것들과 함께 하면서도 레퍼런스(지시관계나 지시대상)를 필요로 하게 되었다. 하여, "나"보다는 "우리"에 더 종속되는 위상을 갖게 됐다. 또한 작품, 구조, 또는 글쓰기라는 개념을 위해 작가를 적어도 사라지게 만든 것이며, 미셸 푸코가 이미 《저자란 무엇인가?》[16]라고 물었지만, 이런저런 저자에 부여되는 담론의 위상에 대해 묻고 있다.

　적어도 한 작품의 저자라면 비일상적인 말, 무심하지 않은 말, 즉 개별성, 더 나아가 독창성이 새겨진 말을 하는 것이 원칙인데, 이제 익명적이고 집단적인 목소리들이 과잉 노출된 세계에 살면서 언어의 다양성 속에서 부분적으로 희석되어버린 것이다. 저자는 차라리 대변인이 되었다. 그리고, 그렇게 됨으로써, 모방 실행에 직접 참여하는 **미메시스** 이론과 다시 이어지게 되었다. 현실은 가능한 한 가장 충실하게 복제한 하나의 모델이 되는 것이다. 물론 책임감을 의식하기는 한다. 분명 작가로서의 책임감은 있다. 그러나 특히 이 책임감은 세계와 관련된 언어에 대한 책임감이다.

모방과 번역 두 가지 다 이제 증언을 구성하는 요체가 된다. 모방의 경우, 겨냥한 것은 동일성이 아닌 유사성이다. 가능한 한 경험에 충실해야 한다. 가능한 한 실재에 가깝고, 체험한 것에 가깝고, 사라진 것에 가까워야 한다. 그렇게 충실히 모방해야 하는 것이다. 그때야 비로소 자기 고유의 근원이 된다. 칸트에 따르면 창조적 권위라는 지상명령은 모든 의미를 잃어버렸다. 진리란 분명 닮음성을 증명하는 데 있다. 그런데 이 닮음성은 문자적 증언의 변형도 함축하고 있다. 이게 프리모 레비가 제안하는 바다. 번역의 경우, 겨냥하는 것은 닮음성 없는 동일성이다. 같은 텍스트, 아니, 다르면서 같은 텍스트인 것이다. 우리는 장르가 두 가지 의식을 동시에 한다는 것을 너무나 잘 알고 있다. 이런 어떤 극단적 경험성에서 생겨난다는 것을 너무나 잘 알고 있다. 〈도식Schèma〉이라는 시에 나오는 표현을 빌리자면, "당신이 당신 앞에 두고 있는 자가 인간임을 의식하라Considerate se questo è un uomo." **무젤만**에서는 동일성 없는 닮음성과 유사성을 말한다. 타자를 또 다른 자아로 인식하라는 도덕정명령과 함께. 글쓰기에서는, 두 명제가 끝없이 순환하며 만나고 다른 명제 없이 어떤 명제를 생각할 수 있는지 의구심이 일어난다. 인간이 극단적으로 할 수 있는 경험은 결정적으로 한 곳에서 일어나는데, 그곳은 정확히 말하면 기억에 관한 성찰이 일어나면서 진실과 가공으로 나뉘는, 그러면서 두 가지를 다 담보로 하는 경계이다. 여기에는 번역 불가능한 것, 말할 수 없는 것, 즉 절대적 불가분의 두 개념이 있다. 시간과 생존만이 이 번역 불가능한 것을 번역 가능한 것으로 만든다. 그것이 정말 바람직한 것인지는 모르겠지만. 앞서 보았듯이, 번역 불가능한 것이란 끊임없이 다시 번역되어야 하는 것이다. 다름 속에서도 같음을 유지할 때 번역 윤리가 생겨나기 때문이다.

6장

번역으로
정의롭게 하라

결정은 "결정할 수 없는 것의 시련"을

통해서만 정의로울 수 있다. 그러면 영원히 남는 것은,

살아 있는 흔적, 내부의 모든 확신성을 파괴하는 환영이다.[1]

— 자크 데리다

어떻게 번역이 폭력을 손질하고 복원할 수 있을까? 어떻게 폭력이 스스로 책임져야 할 폭력을 변상하고 사죄할 수 있을까? 지금까지 나는, 그 실질적 합법성에도 불구하고, 아마도 윤리만으로는 충분치 않다는 것을 보여주고 싶었는지 모른다. 분명 더 멀리 나아가, 번역에 관한 성찰에 정치도 개입된다는 생각을 할 필요가 있다. 분리되는 것이 곧 수선되고 복원되는 것이려면, 번역을 정치적 과정 한가운데 놓는 담론을 거쳐야 할 것이다. 이를 정의에 대한 질문을 전면에 내세우는 자들과 함께 시작해보는 것도 중요하다.

프랑스어의 개별적 특성이기도 하지만, "정확함justesse"과 "정의justice"는 어원적으로도, 음성적으로도 인접성이 있다. 이는 다른 언어에선 거의 드문 일이다. 하우사족의 언어로는 두 단어가 "ādalci"와 "adalci"로 거의 가깝고, 세르보크로아트어로는 "pravičnosti"와 "pravde"이고, 이탈리아어로는 "giustizia"와 "giustezza"이다. 하지만 대부분은 "공정함fairness"과

"정확함rightness"을 의미하는 두 단어를 "정확히" 구분하고 있거나 정확히 같은 단어를 사용하고 있다(스페인어로는 둘 다 "justicia"이다).*

　　이런 친족성 또는 인접성은 어의론 연구나 철학 연구에서 정의의 문제가 대두되면 분명 정확성이 고려된다는 것을 의미한다. 폴 리쾨르가 "합법적인 것과 선한 것 사이의 올바름"에서 강조한 게 바로 이것인데, 그는 특히 여기서 정의의 기초가 되는 것은 "공정함fairness"이라고 말하는, 존 롤스의 《정의론》을 언급하며 이를 논점화한다.[2] 그러나 여기서 정의는 합목적성 차원의 정확성을 의미하는데, 조정, 부합, 정확, 엄수와의 상관성을 갖는다. 만일 이 정확성이 없으면, 어떤 결핍이 생기게 된다. 문제는, 이번에는 이 정확성에서의 어떤 명징하고 투명한 형태를 요구하기에 이른다는 것이다. 이 경우, 여기서는 정확한 행위가 무엇인지, 정확한 결정이 무엇인지 결정하는 데 있어 어

---

* 우리말은 어떠한가. 한자 문화권이므로 이런 단어 모두 바를 정正이 들어가 유사한 의미를 창출하고 있다. 다른 한자어를 조합해 조금씩 의미가 다른 여러 단어를 파생시키고 있지만, 상통한 의미의 유사성이 많다. 이 장에서 Justice는 '정의'(문맥 및 말맛에 따라 때론 '공정함', '공정성')으로 옮기고, Justesse는 '정확함'(문맥 및 말맛에 따라 때론 '정확성' '정확도' '정밀성' '적절함')으로 옮겼다. Juste는 순우리말 '올바름'으로 옮겼다.

떤 어려움도 없다는 것이다. 그런데 반면, 어떤 결정이 있다는 사실 자체는 어떤 문제가 있다는 것을 암시하며, 그렇다면 이 결정 행위는 자명하지 않게 된다.

정확함, 정의와 같은 용어들을 가지고 번역을 사유한다면, 그 함의가 어떤 추세趨勢를 반영하는 것일까? 특별히 정확한 직역? 일반적인 문학 또는 예술에 있어, 재현의 주제에 관한 한 정확한 두 가지 방법이 있다. 우선, 재현이 곧 주제임을 전제하면서, 정확하게 표현하는 것이다. 그다음, 정확성의 차원에서 그 재현이 올바른지 보는 것이다. 정확성이란 정의를, 다시 말해 평등과 연대, 책임을 내포한 정확성이다. 마찬가지로, 번역을 할 때도 정확할 수 있는 두 가지 방법이 있다. 우선, 질적으로는 물론 양적으로 정량하면서, 이른바 법적 형평성을 걸듯, 정확히 **조정**ajustement 하는 것이다. 이런 원칙이란 곧 정의의 원칙으로, 이를 지킴으로써 텍스트를, "작품"을 정의롭게(번역자들의 입이나 펜에서 자주 나오는 표현이다) 하고자 하는 것이다. 다시 말해, 역시나 여기서도 평등, 연대, 책임이 따른다. 그런데 정의롭게 한다는 것은, 근본적인 불일치나 갈등을 완전히 해결한다기보다는 칼로 자르듯이 어떻게든 결론을 내고 본다는 것이다. 재판정 결정에서도, 토의를 하고 갈등 상황을 맞대면 하면서 협의하지만, 뚜렷이 구분되는 두 개의 정체성이 대면하고 있는 경계를 인정하기도 한다. 따라서 정확성과 정의 사이에 놓인 번역의 사유를 투쟁적 차원에서 성찰해보는 것도 중요하다. 만일 정확해야 한다면, 우선 그럴 가능성이 있어야 한다. 혹은 부정에 대한 의심이 있어야 한다. 정의롭게 한다는 것은 우선 갈등이 있었다는 것을, 그래서 부정함이 자행되었다는 것을 전제한다. 번역은 갈등의 장소에서 행해지는 것이므로, 이 경우 번역이 갈등의 수선자가 될 수 있다. 또 흔히 말하듯, 그것만이 아니라, 부정에 대항하는 성벽이 될 수도 있다. 왜냐하면 번역은 갈등을 사주하고 교시하기 때문이다.

그렇다면 어떤 조건에서 정확성의 번역이 옳다고 할 수 있을까? 이 정확성과 정의는 어떤 관련을 맺고 있을까? "정의롭게 하다"라는 표현은 어떤 틀에서 무엇을 의미할까? 번역을 통해 정의롭게 한다면 무엇을 그렇게 한다는 것일까? 무엇을 수선한다는 것일까? 무엇에 대해서? 가능한 한 정확하게, 번역을 통해, 부정한 상황에 대해 어떻게 대답할 수 있을까?

번역의 정확성

"정확한 단어를 찾아라", "정확한 계산", "단어 대 단어", "의미 대 의미" 같은 표현들은 서로 다른 번역에 대한 생각들을 말하고 있지만, 공정성이라는 패러다임을 분명히 보여준다. 가령 동음어나 동음이의어 또는 다의어를 만난 경우, 이런 모델과 동떨어지게 되면, 번역의 실패가 예상된다. 번역 불가능성은 바로 여기서, 즉 공정성이 불가능한 곳에서 시작된다. 하지만 가장 통상적인 상황은 문학 번역에서 만나게 되는데, 끊임없이 **잘 맞지 않으려고**pas juste 한다는 것이다. 다시 말해, 마치 시간의 흐름처럼 **빠져나오면서 어긋난다**Translation is out of joint.

그래서 번역학개론들은 이런 불균등한 과정들을 피하거나 수선, 복구하는 것을 목표로 하는 법칙들을 정의하고 있다.

우선 수량적으로 맞아야 한다. 영어에서 프랑스어로 올 때는, 원문에 비해 번역문으로 올 때, 이를 재밌게 "증식 지수"라고도 부르는데, 대략 10퍼센트 또는 15퍼센트 늘어난다. 독일어에서는 가끔 이 지수가 15퍼센트를 웃돈다. 이탈리아어로는 좀 낮다. 여기서 나아가면 이런 추론도 있다. 프랑스어는 영어보다 덜 경제적이라는 것 혹은 영어는 프랑스어보다 훨씬 짧은 단어들을 쓴다는 것이다. 번역에서 이런 크기와 양을 따지는 데에는 두 가지 믿음에 근거한 실제적 쟁점과 이념적 쟁점이 있다. 첫 번째 믿음은, 공정성 같은 어떤 등가성에 대한 믿음이다. 두 번째 믿음은, 언어들에 있는 불균등성에 대한 믿음이다(이를 감추고 있지만, 이것이야말로 언어의 정수다). 의미의 폭정에 대항해 리듬과 시론을 우선시하는 메쇼닉은 이런 공정성 법률을 "일치concordance"라 불렀다. 번역은 정확성에만 만족할 수 없고, 일치 형태를 탐색해야 한다는 것이다. 언어의 차이를 본질로 보는 자들은 이를 믿지 않겠지만 말이다. "언어가 제한되지 않는 곳이라면 어디나, 문학적, 철학적 편견이 있으면 모를까, 일치를 유지하는 데 있어 언어적으로 문제될 건 없다."[3] 이런 일치는 단어 대 단어, 즉 어휘 차원에서는 그다지 제한되지 않는다. 다만 리듬, 즉 리듬의 한 요소인 운율법이 문제가 된다.

품질과 관련된 번역 법칙이 있다. 번역을 평가하는 공식적 규준을 위해 UN 같은 국제 기구에서 나온 것을 참조해 만든 이른바 "품질 관리" 차원에서 적용되는 규준이 있는 셈이다. 여기서는 특히 정확도accuracy를 따지며, 오류를 조사하고 보고한다(중대한 오류에서 사소한 오류까지). 여기서 사용되는 어휘는 주로 정신적이거나 법률적이다('과오', '벌칙', '규정', '규칙', '판례'). 품질 보증서를 따려면 번역에서도 "오류 제로"여야 한다. "다음 사항들을 준수하여야 그 품질이 인정된다. 어떤 오류도 없으며, 제시품이 원본과 동일하며, 제 시간에 배달될 것."[4] 정확성, 일치성, 엄수성. 정확한 번역을 정의하는 세 기둥이 바로 이것이다.

어떤 경우에는, 동일성에 대한 정확한 기준을 만들기 위해 평등 담론이 나오기도 한다. "번역 평가는 출발어TD, texte de départ와 도착어TA, texte d'arrivée의 대조에 근거한다. 도착어는 출발어의 모든 점(포인트)을 재생해야 한다. 이와 같은 텍스트 대 텍스트의 방법론은 전통적으로는 비교 문학 또는 외국어 교육 및 2개어로 된 텍스트학에서 나타난다. 이 방법론에 따르면, 출발어와 도착어 사이에 한 뼘 정도 되는 거리를 유지해야 제대로 된 평가를 받는다(텍스트 방향성은 고려하지 않고). 그리고 도착어는 거울을 보며 따라가라고 불려나온 것이다. 이런 방법을 끝까지 밀어붙이면, 번역자는 출발어를 거의 **팩스처럼** 재현하거나, 무성생식하듯 재생한다."[5] 여기서는 생물학적 개념이 주로 메타포로 쓰였으며, 사고 프레임이 판별적이지 않다.

그러나 흔히, 정확함은 분기성의 차이, 즉 배분적 정의를 고려하며 이뤄진다. 롤스가 언급한 정의의 두 가지 원칙은, 첫째는 평등의 원칙이며, 둘째는 불평등한 분배 문제(사회 문제와 관련해 보면, 소득과 부의 차이만이 아니라 권위와 책임의 차이도 있다)를 책임짓는 것이다. 번역과 관련해서 보면, 이런 원칙은 불평등을 해결하라는 함의이다. 저자와 번역자 간의, 원문과 번역문 간의 불평등한 권위. 수가 적은 것에 부여되는 질, 다시 말해 언어들 간의 불평등(서열상도 그렇지만 풍요로움의 정도에 있어서도)이 그것이다. 이른바 차이와 차이들의 문제는 불평등을 상기하는 용어로 말해질 수 있다. 언어들을 가지고 비교하는 문체론(비네-다르벨네 유형[6])은 등가성을 체계화함으로써 이 차이들을 극복하려 한다. 이 문체론은 상당히 비판받고 있는 측면도 있지만,[7] 그래도 출판 연도가 제법 오래 되었음에도 불구하고, 여전히 직업적 번역 수행에 있어 가이드라인이 되고 있다. 그런데 여기서는 '차이' 대신 '엄정한 평등'이라는 말을 쓰고 있다. 서문에서 저자들은 이렇게 썼다. "만일 우리가 한 언어에서 다른 언어로의 이행을 지배하는 법을 잘 알고 있다면, 대부분의 경우, 항상 **유일무이한 해결책**에 도달할 수 있을 것이다."[8] 이 유일무이한 해결책에서 가장 이상적인 것은 정확성이다. 비록 그것이 텍스트를 항상 옳게 만들어주는 것은 아닐지라도 말이다.

정확한 계측, 또는 조절 및 조정하는 다양한 방법 같은 문제를 뛰어넘어, 번역의 정확성에 대해 더 잘 정의하려면 어떻게 해야 할까? 정확성을 위한 세 가지 방법을 다시 한번 강조해보자. 엄밀한 정확성, 해석적 정확성, 그리고 등가적 정확성.

엄밀한 정확성

번역이 양산한 공동체[*]로 번역의 정확성이 평가될 수도 있다. 다시 말해, 원문과 번역문 사이에는 엄연한 시간 차가 있다. 특히 고전이라면 비동시대성이 있을 수밖에 없고 이 경우에도 번역은 꼼꼼한 번역이 요구된다. 자클린 리세가 1985년 번역한 단테의 《지옥》이 이를 잘 드러내는데, 앞서 앙드레 페자르의 번역과는 다르게, 여기서는 언어와 시대의 순서가 어긋난다.[**] 리세는 단테의 원문을 그대로 엄수하며 번역했고 이런 효과는 독자들에게도 그대로 전해졌는데, 역자 서문에도 이렇게 강조되

---

[*] 원문 그대로 직역했지만, 의미가 모호하다. 원문이 고전이라면 번역문은 후대에 나와도 매번 시대를 달리한다. 여기서 공동체는 원문이 아닌 번역문을 읽은 여러 시대들의 독자를 의미할 수 있다. 그런데 시대가 어떻냐에 따라, 번역의 정확성이 다르게 평가될 여지가 있다.

[**] 원문에는 '언어와 시간의 순서가 서로 잘 안 맞는다'는 식으로 다소 모호하게 표현되어 있다(contrevenant à l'ordre de la langues et des temps). 뒤에서 좀 더 해설되지만, 단테의 원문은 14세기 것이고, 자클린 리세의 번역본은 20세기 것이어서 6세기의 시간 차가 있다. 만일, 원문을 그대로 꼼꼼히 번역한다면 14세기 느낌이 나서 20세기에는 잘 전달이 되지 않아야 마땅한데, 원문을 그대로 꼼꼼히 번역했더니 도리어 20세기에도 잘 전달이 된다는 것이다. 단테의 언어가 14세기의 것이지만, 이미 세기를 앞질러 온 뛰어난 것이었으므로 20세기에 도리어 더 잘 전달된다는 말이다. 언어와 시간의 순서가 맞지 않는다는 표현은 그래서 나온 것 같다. "꼼꼼한 번역"으로 처음 예시된 이 단테 번역의 예는 고차원적인 이해 능력을 요구한다.

어 있다. "셀린을 말하고, 프로이트를 말하는 지금, 과연 이 이상한 단테를 번역할 수 있을까? 그 '어떤 것도 무시하는 법이 없고', 그렇게 '자기 언어를 발명하여', '미래에 이미 완전히 와 있는' 이 이상한 단테를 번역할 수 있는가 말이다."[9] 그리고 좀 뒤에 가서는, "현대적 실험실 차원에서 보아도, 단테의 글이 정말 매혹적으로 보이는 것은 바로 이 점이다. 아마 단테는 단순히 우리와 아주 가까운 것만 아니라—그는 차라리 14세기에서 멀었다—아마도, 우리보다 앞선 자들에게는 한 번도 표현 안 된 것이었거나, 아직까지 표현할 수 있었던 것이었을 것이다."[10] 번역으로 양산된 공동체는 단테 언어에 밀착한 결과 단테 언어를 복구하며 근대 문학에 기여한다. 재번역과 재독을 통해 기억과 동시에 현재의 미래를 지닐 수 있게 되는 것이다. 이렇게 엄격히 지키는 정확성 번역의 예를 또 들 수 있을 것이다. 알린 슐만의 세르반테스, 피에르 쥐데 드 라 콩브의 《일리아드》, 마르코비치의 도스토옙스키 번역이 그것이다. 물론 이 번역들에 모두 찬성할 순 없지만, 원문의 시대에 정확히 맞춰져 있다. 번역에는 여러 시간성이 들어오게 마련이다. 그렇게 현재는 열리고, 가는 틈 하나가 생긴다. 이전 번역보다 반드시 더 나은 최상의 번역은 아니어도, 어떤 시사성이 생겨나는 것이다.

해석적 정확성

몇몇 번역 사유가들에게는, 번역의 정확성이 곧 해석의 정확성으로 통한다. 해석이 완전히 굳어 있지만 않다면, 해석은 어떤 것이든 가능하다. 가령 장자크 르세르클은, 옳은 해석과 틀린 해석을 구분할 것을 강조한다. 그러니까, "해석이 (…) 제멋대로라면 그건 틀린 해석이다. 사전에서 정의한 제약들을 따르지 않는다면 말이다. 또는 언어와 텍스트가 해석의 구성에 부여하는 제약 요소들을 따르지 않으면 부정확한 해석이 될 수 있다."[11] 반대로, "정확한 해석은 실질적 구조의 제약 요소들을 그대로 따른다. 그렇게 텍스트 해석의 방향을 잡아가고, 재해석될 여지가 무한한 가능성을 굳이 닫으려 하지 않는다."[12] 해석의 트랙을 동일하게 따라가고 있는지 살핌으로써, 번역자는 유사성을 유지하는 정확도를 갖는다. 이를 다양한 층위, 즉 미시적 층위부터 거시적 층위까지 살펴볼 필요가 있다. 조지 스타이너는, 《바벨 이후》에서 "해석학 여정"의 단계를 제시한다. 이 단계를 따라가면 의미의 계시 또는 정확한 해석의 계시에 이른다. 이 단계는 4단계로 이루어져 있다. 바로 신뢰, 비약, 합일, 복원된 등가성을 위한 맞교환이다. 여기에 사용된 어휘들은 거의 종교적이다('신앙의 공언', '믿음의 비약', '의미를 솟구치게 하기'). 그러나 여기에는 계약에 따른 작업이 전제되어 있다. "이건 순전히 작업 수행이 중요한 계약이다. 어쩌면 이건 세계는 결국 다 긴밀히 연결되어 있다는 현상학적 가설에서 출발한 것인데, 언어의 체계를 형성하는 의미 차원에서는 매우 다르고, 형식적 차원에서는 아마도 대립할 수 있지만, 유추와 비교 및 대조의 정당성을 인정하는 현상학적 가설에 따라 이렇게 충분히 수행될 수 있는 것이다."[13] 이 계약은 쌍방 간에 의무를 부여한다. 그도 그럴 것이 어떤 의미를 은닉하고 있는 텍스트가 또 다른 텍스트의 참여를 통해 그 의미에 대한 답을 이끌어내야 한다는 점에서 번역자에 대한 신뢰를 요구하고 있기 때문이다. 따라서 스타이너는 너무 구체적인 시나 횡설수설, 또는 넌센스 같은 것에서 드러나는 것은 번역 불가한 것으로서 거부한다. 하지만 아무리 의미에 내기를 걸어도 후자, 즉 넌센스 같은 것이 없어지지는 않는다. 번역자에게는 이것이 정말 어려운 문제다. 더욱이 옳은 해석과 틀린 해석을 가르는 기준을 항상 알아보는 것은 아니다. 여기서 쟁점은 정확성의 문제를 어떤 규범으로 가져오는 것이지, 윤리로 가져오는 것은 아니다. 그래서 정확성과 정의를 바로 연결하는 것이 결코 쉽지 않은 것이다. 반면, 등가적 정확성은 이를 허용한다.

등가적 정확성

이 정확성은 좋은 번역에서 더 나아가 원문과의 진정한 상호성을 갖는 번역이다. 이런 성찰은 미셸 드기의 번역에 관한 사유에서도 찾아볼 수 있는데, 번역의 정확성에 대한 척도는, 원문과 번역문 중 무엇이 다른 것"처럼" 느껴지는지 더 이상 알지 못하는 데서 비롯된다.

《누워 있는 자들》이라는 시는 이런 "처럼"의 방식을 택하고 있는데, 곧 시학의 방식이기도 하다.

> 나는 콧구멍이 가물거리는 이 문어들에 적합한 단어를 찾고 있다
> 나는 찾았다. 파이프오르간에서.
> 이 맞교환 속에 어떤 것이 "처럼"인지는 잘 모르겠지만[14]

차이는 유지된다. 그러나 상호성은 인위성, 즉 통행 또는 운반의 **테크닉**을 사라지게 하면서 도리어 정확성을 보장한다.*

---

* 기술적으로 정확하게 일일이 따져가며 운반, 즉 번역하지 않아도, 다시 말해 차이가 있어도, 번역문이 원문을 거의 등가적으로 구현한다는 말이다. 앞에서 세 가지 정확성을 전제했는데, 첫 단계가 단어나 어휘, 문장을 꼼꼼히 있는 그대로 대상까지 충실히 번역하는 정확성이라면, 두 번째 단계는 해석적 정확성으로, 미시적인 어의론 차원에서는 좀 차이가 있어도 거

이런 박탈 또는 내핍으로 "동일성에 대한 망각"이 허용되며, 그 순간 원문과 동등한 하나의 전체가 나타나며, 이른바 **미분이 일어나는**différencié 것이다. 이것은 드기가 《뒤벨레의 무덤》에서도 말한 것이다. 뒤벨레의 글은 "그리스-라틴 리듬을 가지고 길을 터 생긴 프랑스어로, 번역 **작업**에서(언어는 "작업한다") 차이의 연습을 통해 언어가, 프랑스어가 강화된다. 따라서 하나의 '**같은 것**'이 된다. 즉 시적인 언어가 된다. 그리고 등가성을 드러내게 된다."[15] 이렇게 번역은 세계를 이중으로 만든다. '여기' 안에 '저기'를 갖다 배치하여, 언어들에 상관성을 부여한다.

그러나 이 등가화 과정은 갈등 없이는 진행되지 않는다. 미셸 드기는 번역의 폴레모스*를 환기하는데, 왜냐하면, 그가 쓴 것처럼 "번역은 폴레모스 없이는 이뤄지지 않기 때문이다. 헤라클레이토스의 저 옛말을 인용하면 파테르 판톤** 또는 (더

시적으로 상통하는 더욱 큰 차원을 번역해냄으로써 번역문이 원문을 정확하게 구현한다는 것이다. 마지막으로 이 등가적 정확성은 앞선 두 정확성을 더 비약적으로 생략하거나 삭제하면서도 번역문이 원문을 정확하게 구현해내는 훨씬 높은 차원을 설명하고 있다.

* Polemos: 고대 그리스어로 '전쟁'이라는 뜻.

** Pater pantôn: '모든 것의 아버지'라는 뜻. 폴레모스를 넣으면 전쟁은 모든 것의 아버지다.

최근의 말로 하면) 고대인과 근대인의 분쟁 없이는 이뤄지지 않는다. 또는 '인식론적 단절' 또는 '새로운 패러다임'[16] 없이는 이뤄지지 않는다." 왜냐하면 모든 것은 진화하고, 번역은 "트랜스덕션transduction"[***]이라 불리는 어떤 큰 전체에 관여하기 때문이다. 이 트랜스덕션에서는 변화무쌍한 지평선과 상충적 평가, 해석의 갈등 등의 흔적이 남는다. 정확한 번역, 상호적 번역은 모국어의 헤게모니를 무너뜨리겠다는 외국어의 요구를 정당하게 간주한다. 경쟁은 비록 고통 없이 이뤄지지는 않지만 결국 초월을, 타자에 대한 동의를 전제한다. "도착어 글은, 번역이라는 엄청난 힘을 통해 나온 것이다 보니, 물색 없거나 잡스럽다. 이런 강압적 힘 아래 주인 언어는 전율하고 바스라진다. '모성성'의 지구력으로 버텨보지만 한계가 있다."[17] 적대와 환대 사이의 긴장은 외국인과의 수많은 관계 속에서 생겨나는데, 이 긴장은 여러 변형 형태를 갖는다고 에티엔 발리바르도 밝힌 바 있다. 이는 앞선 2장 말미에서 언급한 차이와 분쟁 사이의 관계

*** 생물학, 물리학, 심리학, 통계학, 철학 등에서 다양하게 쓰고 있는 용어로, 가령 생물학에서는 세균 변이 과정에서 어떤 형질이 다른 세균체로 도입되는 현상을 의미한다. 물리학에서는 어떤 물리적 시그널이 다른 시그널로 바뀌는 것이며, 심리학에서는 2세부터 7세 사이에 전형적으로 나타나는 인지 발달 과정이다.

같은 것이다. 어쨌든 이로써 정확함과 정의를 연결하는 것이 가능해졌다. 이것은 곧 번역의 정치학을 함의하기도 한다.

번역으로 정의롭게 하다

번역에서 '정의롭게 한다'는 것은 무슨 말일까? 번역가 또는 번역의 많은 헌장(예를 들어, 국제펜클럽* 헌장 또는 문학번역가협회 유럽의회** 헌장)은 번역을 "부정과 불관용, 검열에 대항하는 성벽"[18]으로 소개한다. 퀘벡 번역가 선언 2항은 그 역할을 "언어와 문화의 옹호"라고 언급한다. 3항은 번역자를 특히 주변으로 밀려난 자들 사이의 "언어적, 문화적 다양성의 수호자"로 본다. 마지막으로, 이어지는 항에서는 번역자의 권리에 대해 주장한다. 번역이 법정에 소환되는 것은 그가 가진 여러 직책 때문이다. 우선, 정의를 구현하기 위해서이고, 부정한 상황을 복구하기 위해서다(특히, 다수와 소수 간의 불균형. 그 균형 달성은 요원하

* PEN: 흔히 국제펜클럽International PEN으로 알려진 이 클럽은 영국 런던에서 1921년에 창립되었다. PEN은 시인Poets, 수필가Essayists, 소설가Novelists의 머릿글자를 딴 것이다.
** Conseil européen des associations de traducteurs littéraires의 머릿글자를 따서 'CEATL'로 통칭한다.

지만, 그래도 지젤 사피로가 한 것처럼 세계 번역 시장을 연구하면서 이를 인식하게 되었다). 번역은 이런 경우 법관 역할을 한다. 그늘에 가려진 목소리나 아무 소리도 내지 못하거나 잊힌 목소리에 대한 옹호를 위해, 변호사 역할이 주어지기도 한다. 이 모든 경우 번역에 주어진 역할은 복구와 올바른 중재라는 긍정적 역할이며, 적대의 편이 아닌 환대의 편에 서 있어야 한다. 번역은 암묵적으로는 외국인을 대하는 공정한 방식에 해당한다. 차이와 소수, 즉 외국인이 갖는 이 두 측면을 책임짓는 방식과도 부합한다. 이주자들의 언어 수용에 대한 성찰을 하다 보면 이 두 측면에서 많은 노력을 할 수밖에 없다. 하지만 이런 아름다운 원칙은 지금으로서는 충분히 시행되고 있지 못하다. 언어의 다중성 및 다언어주의는 현대 이민 사회 현상의 고유한 속성을 그대로 드러낸다. 언어간의 불일치 또는 이에 대한 합의는 문화적 쟁점 뒤로 사라지는 경향이 있지만 중요한 쟁점적 사안이다.[19]

따라서 정확한 번역이란 외국인과 소수자에게 정의를 구현하는 일이 될 것이다. 정확히 이것이 실제에선 어떤 의미를 가질까? 데리다는 《"돋구는"*** 번역이란 무엇일까?》에서 정

*** 원제목은 《Qu'est-ce qu'une traduction "relevante"》로 번역을 수식하는 형용사 "relevante"에 따옴표가 달려 있다. relevant(e)은 동사 relever를 능

확함과 정의 간의 관계를 설명하는데, 우리 질문에 대한 답에 도움이 될 수 있을 것이다. 나는 여기서 짧게라도 "돋구는rele-vante"이라는 형용사가 정확함이라는 맥락에서는 "정확한"이라는 뜻이지만, 동시에 "정확하지 않은"도 뜻할 수 있다는 것을 상기하고 싶다.[*] 왜냐하면, 환대의 법칙을 위반하면서 모호함, 이중 국어, 번역 불가능성을 끌고 오는 번역이기 때문이다. 여러 언어로 작동하는 단어, 끝없는 방식으로 번역을 활성화하는 단어는 사실상 영영 번역 불가능이다. 시작부터, 또는 언뜻 보기에, 정확하고 정의로운 것은 부정확하고 부당한 것과 짝을 이루게 된다. "Relevant"(영어로, **그리고** 프랑스어로)은 수천 가지

동적 현재 분사 형태로 만든 것으로, relever는 넘어진 것을 '다시re 일으켜 세우다ever'라는 뜻을 갖고 있다. '돋우다', '돋구다', '복돋우다', '부흥시키다', '재건하다', '드러내다', '부각하다', '올바르게 고치다', '바로잡다', '구제하다', '향상하다' 등 여러 뜻이 있다. 뒤에 상술되지만, 셰익스피어의 《베니스의 상인》에 나오는 영어 동사 season(s)에 대한 프랑스어 번역어이므로 이 영어의 원 의미가 연상될 필요가 있어 '돋구다' 정도로 번역했다. Season은 명사로 '계절'이라는 뜻이지만, 동사로는 '양념을 넣다', '간을 하다'라는 1차적 뜻을 갖고, 여기서 파생하여 '시련을 겪다', '노련해지다' 등의 의미도 갖는다.

[*] 여기서 정확하면서도 정확하지 않다는 말은 season은 정확히 정량할 수 없지만(가령, 더 짜게도 더 싱겁게도 할 수 있다) 어쨌든 맛을 적절하게 최상으로 내는 것을 의미하므로, 정확하다, 부정확하다의 차원을 넘어서서 결국에는 정확함에 이르게 된다는 의미이다.

방식으로 주석이 달릴 수 있다. "정확히 만진 것, 적절해 보이는 것, 때마침 잘 온 것, 알맞은 것, 시의적절한 것, 정당성이 입증되는 것, 잘 맞는 것, 또는 적응된 것, 기다리는 바로 그곳에 적절하게 온 것."[20] 그런데 이것이 다 반대를 만들고, 반대를 말하는 것이 된다면? 왜냐하면, 그도 그럴 것이, 이 제목만 해도, 그러니까 이 프랑스어 문장만 해도, 사람들이 기대하는 것과 정확히 들어맞지 않기 때문이다.[**] 그러니까 어긋나 보이는 것이다. 적대가 환대 속에 변증법적으로 재삽입되어 있는 것이다(적대가 환대를 **부각한다**relève고도 말할 수 있다). 철학자-번역자가 "범인을 변호하게"[21] 이끄는 것이다. 데리다는 정확함이 아닌 정의를 다루면서 관점을 뒤집는다. 이 사유의 과정 끝에 가서야 불공평하지 않은 공평한 번역을 제안하기에 이를 것이다.

어떤 과정을 통해, '불공평한 공평한juste injuste' 번역에서 '두 배로 공평한doublement juste'[***] 번역으로 옮겨갈 수 있을

***

[**] Traduction relevante라는 표현이 통상적이거나 관용적인 문구도 아니고, relevante의 통용적 의미를 갖다붙여도 무엇을 의미하는지 대번에 파악되지 않는다는 말이다. 어느 정도 유추하여 의미를 짐작해도 그 기대를 저버린다는 것이다. 데리다가 이런 표현을 쓴 것은 역시나 데리다 철학에서 주요하게 등장하는, 의미를 확정하지 않고 기표에서 기표로 미끄러지듯 하면서 최대한 의미를 지연시키는 것과 관련된다.

까? 이렇게 관점을 역전환하는 것은 번역과 정의를 공조시켜 이에 대한 성찰을 동시에 해보자는 것이지, 번역에 대한 성찰에서 정의를 소환해 굳이 강조하려는 것은 아니다. 《베니스의 상인》의 예는 번역과 법이 서로의 필요조건임과 동시에 그 불가능성을 동시에 보여주면서 이 둘을 동일시하려는 시도이다. 이런 동일화는 우선 정의롭게 하는 자, 포르티아(포셔)[*]로 구현된

[***] 여기서는 juste, injuste 등을 '정확한', '정확하지 않은'이라는 번역어 대신 '공평한', '불공정한' 등의 표현을 써서 번역했다. 《베니스의 상인》에 나오는 여자 주인공이 법관 복장으로 변장하고 나와 하는 대사이므로, 법과 정의의 차원으로까지 확대되어 번역에 관한 사유를 전개하기 때문이다.

[*] 셰익스피어의 《베니스의 상인》에 나오는 여자 주인공으로, 아버지가 세상을 떠나면서 막대한 유산을 물려받는다. 이탈리아어 발음 포르티아 대신 영어 발음 포셔로 국내 번역본에 많이 나와 있어 괄호 안에 포셔를 참조로 기입했다.
아버지의 유언에 따라 구혼자들 중 세 개의 상자(금, 은, 납) 중 하나에 들어 있는 자기 초상화를 발견하는 사람과 결혼해야 한다. 여러 구혼자들 중 바사니오는 제일 볼품없는 납 상자를 선택하지만, 그 안에 포셔의 초상화가 들어 있다. 그녀에게 청혼하기 위해 바사니오는 청혼에 필요한 자금을 마련하러 안토니오에게 돈을 빌리러 간다. 한편, 안토니오는 돈이 얼마 후 들어온다며, 우선 유대인 고리대금업자인 샤일록에게 가서 그 돈을 빌린다. 평소 안토니오를 눈엣가시로 여기던 샤일록은 돈을 빌려주는 대신, 기한 내에 못 갚으면 그의 가슴 부근의 살 1파운드를 떼어내는 조건으로 계약을 하고 돈을 빌려준다. 결혼 후 얼마 지나지 않아 안토니오가 이 돈을 갚지 못하자 샤일록은 안토니오를 고발하고 안토니오는 살 1파운드를 잃

다. 포르티아는 **번역된** 여자, 다시 말해 법관 남자로 번역된 여자다. 이는 다음의 등가성에서 나온다. "살 1파운드"와 금액. "번역은 고유의 몸, 즉 고유의 문자성과 화폐 또는 신탁, 즉 보편적 기호의 자의성 사이에서 요구되면서 일견 실행 불가능해진다."[22] 번역은 마침내 법에 대한 유대인의 해석과 기독교인의 해석 속에서 문자의 번역이냐, 정신의 번역이냐로 나타난다.

이 희곡의 줄거리를 잠시 떠올려보자. 안토니오는 유대인 고리대금업자인 샤일록에게 돈을 빌린다. 그 돈을 한 친구(바사니오)에게 빌려주기 위해서인데, 이 친구는 사랑하는 여자(포르티아)와 결혼하기 위해 돈이 필요하다. 샤일록이 요구한 보증금은 이 빚을 갚지 못할 경우 그의 "살 1파운드"을 요구한다는 것이었다. 빌린 돈을 갚지 못하게 된 안토니오는 법정에서 판결을 받는데, 법정은 이 계약이 베네치아 공화국의 법을 위반한 것인지 아닌지를 결정해야 했다. 만일 위반한 게 아니라면, 베네치아 총독은 내전의 위험에 처할 수도 있었다. 베네치아 시

을(즉, 죽을 수도 있는) 위기에 처한다, 그러자 포셔는 바사니오 몰래 남장을 하고 판사로 위장하여 샤일록에게 계약서상 살 1파운드라고만 명시되어 있지 피는 포함되어 있지 않으니 피를 제외하고 정확히 살 1파운드만 취할 것을 명한다. 이는 불가능한 일이므로, 샤일록은 이를 포기한다.

민은 한 기독교인이 유대인에게 죽음 당하는 것을 받아들일 준비가 되어 있지 않았다. 만일 그 계약이 법을 위반한 것이라고 선언되면, 총독은 공화국 경제의 중추인 유대인들이 떠나는 것을 걱정해야 했다. 총독은 그러자 한 변호사를 부르는데, 이 변호사는 다름 아닌 포르티아였다. 이 변호사는, 왜냐하면, 모든 사람이 그 계약의 유효성을 인정하므로―안토니오의 수행 발화 "I Do"('그렇게 하겠습니다')가 이를 효과적으로 인정한다―샤일록의 관용을 요청한다. 그런데 무엇의 이름으로 내가 그것을 받아들일 수 있냐고, 샤일록은 묻는다. 바로 여기서 "관용의 미덕the quality of mercy"에 관한 장광설이 나온다. 이 연설은 결국 "when mercy seasons justice"에 이르러 끝나는데, 이를 프랑수아–빅토르 위고는 "용서가 정의를 완화할 때Quand le pardon tempère"라고 번역하고, 데리다는 이를 좀 더 정확하게 "용서가 정의를 돋굴 때Quand le pardon relève la justice*"라고 번역한다.

---

* 영어 mercy('자비')가 프랑스어 번역본에서는 pardon('용서')로 번역되어 있다. 프랑스어로 '자비'는 compassion, clémence, indulgence, grâce 등을 주로 쓴다. 국내 출간된 우리말 번역본은 "자비가 정의를 조절할 때", "자비가 정의를 완화할 때" 등으로 번역되어 있다.

두 개의 번역 전통이, 텍스트에서, 마치 두 개의 종교법처럼 대립하는 것이다. 샤일록에 의해 구현된 문자 번역 전통에서, 샤일록은 문자 그대로 계약을 적용하고 싶어한다. 한편 정신의 전통, 기독교적 전통은, 법률의 문자보다 은총 및 용서, 화해를 더 상위에 놓는다. 이것은 바로 그 유명한 요한복음의 일화로, 예수는 마리 마들렌**을 비난하는 자들에게 말하기 위해 모세의 율법을 포기한다. "너희 중에 누구든 죄 없는 사람이 먼저 저 여자를 돌로 쳐라."[23] 데리다가 데즈먼드 투투 주교의 화해라는 **우분투** ─ 앞에서도 언급한, 줄루어와 스와힐리어에 이미 존재하는 개념으로, 인간 각자는 다른 사람들과 다 연결되어 있다는 개념 ─ 신학의 담론 안에서 찾아낸 것 또한 하나의 법이 다른 법에 의해 중계된다는 것이다. 이런 신학은 기독교 교회 언어에 깊이 자리 잡고 있다. 이미 말했지만, 언어들 간의 위계질서를 해체하다 보면, 영어라는 언어에 상당한 특권이 주어졌음이 드러난다.[24] 《"돈구는" 번역이란 무엇인가?》의 영어 번역자 로렌스 베누티가 《베니스의 상인》에는 기독교 헤게모니 담

** 요한복음에 등장하는 이 인물은 "간음한 여자femme adultère"로, 예수의 제자인 마리 마들렌(마리아 막달레나)과는 다른 인물이라는 게 정설이다. 저자의 착오로 보인다.

론이 승리하고 있음을 말하게 되는 것도 그래서다. 하지만, 포르티아는 샤일록이 주장하는 살 1파운드에는 동의하면서도 법을 문자 그대로 읽는 독법에는 반대하는데, 그래서 그 1파운드는 받아들이지만 피를 흘리지 않는다는 조건을 건다. 따라서 이번에는 살해가 사법에 의해 선고되지 않게 될 것이다.

For thou urgest justice, be assured
Thou shalt have justice, more than thou
Desir'st.[25]

포르티아는 훨씬 더 직역적인 또 다른 직역으로 직역에 응하고 있다(정의에 정의가 응하듯이). 이는 헤게모니 담론의 표시이다. 대체할 또 다른 담론을 찾아서가 아니라(유대인의 담론 대 기독교인의 담론), 타자의 담론에도 동시에 따르기 때문이다(문자 **그리고** 정신). 좋은 번역, 정확한 번역이 나오려면, 바로 이런 조건에서만 가능하다. 데리다가 정확한 번역, 즉 엄격한 의미에서의 번역, 정확히 양적인 번역(단어 대 단어)과 동시에 정확히 질적인, 정확한 번역(차이를 드러내는)을 말하는 것은 바로 이 순간이다. "용서가 정의를 다시 일으켜 세울(돋굴) 때"

왜냐하면 번역은 어떤 갈라짐을(전통으로부터, 첫 번째 의미로부터), 어떤 과잉을(영어 동사 seasons가 정확히 번역되기 위해서는 프랑스어 동사 relever의 모든 의미를 다 펼쳐봐야 한다), 어떤 남용을("'좋은 번역'은 항상 남용하게 마련"이라고 데리다는 《바벨탑》에서 말한다[26]) 제시하기 때문이다. 결국 이런 게 정확한 번역이다. 더욱이 이제 "relevant"*의 차이를 다시 영어로 번역하게 되는데, 베누티의 번역 "what is a 'Relevant' Translation?"[27] 에서 우리는 이를 "what is a 'relèvante' Translation"으로 번역했다고 상상할 수도 있고, "What is a Seasonning Translation"으로 번역했다고 상상할 수도 있다. 다시 말해, 적절한 의미로부터 멀어질 수는 있지만, 엄수성의 문제를 다시 한번 생각하게 만드는 것이다.

따라서 적의적이고 부당한 정확함을 거쳐, 공정하고 환대하는 정확함에 이르게 된 것이다. 이로써 결코 간단치 않은 실질적 문제가 대두된다. 만일 정확하게 번역하기 위해서는 데리다가 명명한 '디페랑스différance'**처럼 각 용어마다 그 모든 것

---

* 영어로 relevant는 프랑스어와는 좀 다르게 '관련 있는', '적절한', '의의가 있는', '유의미한' 등의 뜻을 갖는다.

** 데리다의 철학 용어인 'différance'는 원래 없는 단어로, 데리다가 만든 일종의 트릭 신조어이다. 구어와 문어로 양분되는 이항론을 뒤흔들기 위한 단어이자 뒤에 자세히 설명되지만, 어의론적 정의를 거부하거나 그것을

을 펼치고, 전개하는 작업을 해야만 한다. 더욱이, 의미 확정을

회피하기 위해 만들어진 단어이므로, 사실상 번역을 해서는 안 되는 단어이다. 국내 철학계에서는 불가피하게 '차연' 등으로 번역하지만, 도리어 의미를 보완하고 부가하기 때문에 이의제기 될 수 있는 번역어이다. 자크 데리다는 차이를 뜻하는 différence와는 다른 철자(e가 아닌 a)를 쓰고 있다. 철자는 달라도, 발음은 똑같다는 의미에서 차이성과 동일성이 혼재되어 있는데, 둘로 뚜렷하게 구분되어 개념과 의미를 미리 확정해버리는 기존의 통념을 극복하기 위한 철학적 사유를 표현하기 위해 이런 신조어를 만들어낸 것이다. 차이différence란 di(갈라짐, 분기성)라는 접두사를 가지고 있어 원래 하나였다가 둘로 갈라짐이 전제되어 있다. 그러나 데리다는 여기서 더 나아가 différer 동사에 '동시에' 들어 있는, '다르다'(상이하다, 가지각색이다)와 '미루다'(지연시키다)를 공시적으로 연동시켜 이 단어를 사유한다. 발음, 즉 목소리(또는 구어)로는 구분되지 않는 단어가 철자(문자, 문어)로는 구분됨을 보여주면서, 바로 이런 이유에서 의미 및 개념을 너무 빨리 확정짓는 것을 경계하는 것이다. 데리다는 "기표에서 기표로 미끄러지며" 산종되거나 자국을 남기는 정도에 그치는 것을 더 선호한다. '다르다'와 '미루다'를 연동시킨다는 의미로 국내 철학계에서는 데리다의 이 용어를 '차연差延'이라 불가피하게 옮겼지만, 데리다가 의도한 바는 발음은 같지만, 의미는 확정되지 않아야 하므로 '차이'와 '차연'은 이미 발음부터 다르다는 의미에서 이의가 제기될 수 있다. 하여, 혹자는 '차연'이 아닌 '챠이'로도 옮기는데, 이것도 미세하게 발음이 다르므로 불완전하기는 마찬가지이다. 데리다가 의도한 바대로 이 단어를 그대로 번역어로 살리려면, 두 가지 전제조건이 따른다. 첫째는 '미루다'와 '다르다'의 의미를 동시에 가지면서, 단어의 철자 중 모음 하나는 다른데, 발음은 똑같은 한국어가 있어야 한다는 것이다. 우리말에는 그런 단어가 없어, 번역 불가능하다. 하여, 번역을 다루는 이 책에서는 번역 불가능성을 사유하는 것이 더 관건이므로 번역하지 않고 원어 발음 그대로 표기하고, 이렇게 상세한 각주를 달 수밖에 없었다.

지연하기 위해 서로 근접하는가 하면, 미분되듯 서로 차이가 생겨 구분되는 이 모든 용어를 번역하기 위해 단어 하나하나 대면하다가는, 고역스러운 이 번역자의 과제마저 아예 불가능해질 것이다. 따라서 번역에 옳지 않은, 정확하지 않은 어떤 나머지가 잔존하는 것은 불가피한 일이다.

정확하지 않은 나머지

정확한 번역은, 정의롭게 하고, 하여 흔히 텍스트를 그 언어에 다시 돌려준다. 프리모 레비가 《이것이 인간인가》를 번역한 독일 번역자 하인츠 리트에 대해 말하는 것을 읽은 적 있다. 이것은 길리안 틴달이 최근 베르나르트 회프너에 대해 말한 것을 떠오르게 한다. "《셀레스틴을 위해, 베리의 한 부인 회상록》. 로셰 출판사가 정한 이 프랑스어 제목은 그도 나도 선택하지 못했을 제목이다. 그런데 곧이어 깨달은 것은 바로 이 책이 내가 프랑스에서 그토록 찾았던 책이라는 것이다. 그러니까 프랑스어로 된 책, 프랑스어로 생각되는 의미 속에서 찾아진 책이라는 것이다. 이어 나에 의해 단순히 영어로 옮겨졌고, 왜냐하면 내가 쓴 것은 바로 영국에서, 그리고 바로 영어로 쓴 것이기 때문이다. 그가 나에게 말하기를, '프랑스어로 이것을 번역하

면서' 나는 이 책이 그 고유의 언어로 되돌려진 것 같다는 인상
을 받았다."²⁸ 이렇게 왕복과 도치라는 상호성 운동을 명심할
필요가 있다. 이쪽에서 저쪽으로, 저쪽에서 이쪽으로, 그러니
까 이동 경로를 두 방향에서 다 해봐야 완성되는 것이다. 태생
지 또는 자기 고유의 곳에 외국인을 받아들이는 문제가 더 이상
아니라는 것이다. 문자를 강조하는 직역의 경우에도 외국어를
통해 도착어를 강조하는 문제가 더 이상 아니라는 것이다. 이젠
번역을 통해 진정 등가적인 평등한 정의를 도입해야 한다. 더
이상 환대의 문제가 관건이 아니다. 왜냐하면 이 환대에는 항상
적대가 여분처럼 남아 있음을 함의하기 때문이다. 앞에서 보았
지만, 이제 이것을 "교차 이주"라 부를 수 있을 것이다. 이는 순
서 뒤바꿈을 통해 가능하다. 더 잘 이해하기 위해, 다른 방향에
서 읽는다는 개념 또는, 평소와는 달리, 이렇게 두드러진 방식
을 통해 번역이 완성된다는 생각도 해볼 수 있다. 이에 대한 아
주 놀라운 실례가 있는데, 스테판 말라르메의《주사위 놀이》*를
모로코의 시인 모하메드 베니스가 프랑스어·아랍어 대역판으
로 낸 것이다.²⁹ 한편, 아랍어로 된 이 번역시는 예기치 않은 형

---

* 스테판 말라르메가 1897년에 발표한 시로, 원제목은 〈주사위는 결코 우연
  을 파괴하지 않을 것이다Un coup de dés jamais n'abolira le hasard〉로 정렬방식

상을 띠게 되었는데, 마치 거울에 반사된 "시로, 그리고 언어로 구체화된, 조용한, 현현" 같았다. 활판 인쇄상 시 한가운데 있는 "우연hasard"이라는 단어는 아랍어 "알자흐르al'zahr"에서 파생한 단어로, 좀 더 정확히 말하면 '주사위(패)'를 뜻하거나 '꽃'을 뜻하는데, 안달루시아-마그레브 문화권에서는 환유적으로 '주사위'를 뜻하기도 한다. 이렇게 이 단어가 가진 모든 힘을 드러낸 것이다. 번역은 단순히 단어가 가진 의미만 드러낸 것이 아니라, 말라르메의 시적 사유에 아랍-이슬람 문화의 영향이 있었고, 그걸 표현했다는 것을 드러낸 셈이다. 말라르메의 언어사유는 따라서 번역을 통해 이중으로 드러난다. 우선은 영어로, 그리고 포의 번역으로. 이어《천일야화》덕분에 발견된 아랍어의 강력한 힘이 그렇게 계시된 것이다. 텍스트에서 추출된 음악의 물리적 힘도 옮기기-베껴쓰기(번역-전사) 프로그램에 해당한다. 텍스트는 그렇게 구현된다. 즉 아랍어와 같으면서도 다르게. 그리고, 시의 가시성과도 같은 음악은, 이런 뒤바꿈을 통해 ― 오른쪽에서 왼쪽으로의 읽기를 통해, 왼쪽에서 오른쪽으

이 양쪽 맞춤도 아니며 시행 및 행갈이 등이 상당히 자유롭게 배치되어 있다. 프랑스 문학사에서 최초의 타이포그래픽(식자공에 의한 활판 인쇄)으로 출판된 작품이다.

로의 읽기를 완성함으로써 하나의 경로가 완성된다―계시된다. 이것은 마치 접어 감춰진 감각을 감각 가능한 것 속에서 구현하는 것과 같다.

하지만, 이런 제한된 경험 말고, 번역을 하면서, 어떻게든 적응시켜 보려는 지배력(헤게모니) 또는 적대성이 엷게 배어 있는 환대성으로부터 벗어날 수 있을까? 분명 그러려면, 번역은 사실 결코 정확한 것이 아니라는 것을 인정해야 한다. 혹은 항상 그 안에는 정확하지 않은 나머지가 있다는 것을 인정해야 할 것이다. 번역은 상호성에 진정 도달하지는 못하지만 거기에 다가갈 수는 있다. 혹은 다만 광의적인 트랜스덕션의 운동성 속에 있다. 번역된 것이 번역을 할 것이다. 번역의 불완전한 정확성이 그 존재 조건으로 보이는 것이다. 왜냐하면 항상 다시 해야 하는 것이 번역이며, 번역은 부단히 트랜스덕션 운동을 활성화 한다. 번역이 이런 거시적인 운동인 것만이 아니라, 번역 및 유용 가능한 텍스트의 수를 늘리고, 그럼으로써 언어와 텍스트 사이의 관계 수도 늘리게 되는데, 이것은 항상 부정확한 것이 덜한 것이 어떤 것인가 하는 문제를 제기한다는 것을 함의한다. 우리 시대에는 덜 부정확한 것은 적어도 약간 직역적인 것이 되려고 노력하는 것이라고 결론을 내렸다. 다시 말해, 외국 또는 외국어가 자기 고유의 언어에서 전제되는 균형 감 또는 정확성만큼은 갖지 않아도, 바로 거기서 포문을 열 수 있었다.[30] 바로 그래서 여기에 어떤 이데올로기가 개입된다. 여러 다양한 이데올로기 담론이 있지만, 윤리적 정확함을 내세우면 이중으로 더 정확하지 않게 된다. 출발어의 텍스트로, 잘못 온 도착어로, 번역은 둘 다 배신한다. 그도 그럴 것이 원천 언어 속에는 이런 낯선 다른 효과들이 생성되지 않기 때문이다. 항상 정확하지 않은 것이 남아 있다는 것에 동의한다는 것은 곧 하나의 윤리를 세운다는 것을 의미한다. 그것은 정확하지 않은 것을 알아볼 줄 알아야 한다는 것, 그것을 인식해야 한다는 것이다. 이것은 꼭 거기 도달하지 않아도 정확하려고 절대적으로 노력하는 윤리 그 이상의 것이다. 번역으로써 외국과의 관계에 대한 성찰을 이론-정치화할 수 있게 될 수도 있다. 외국인은 항상 앞에서 조정해야 하는 자, 그리고 상황에 따라 재조정해야 하는 대상이 된다. 시시콜콜 다 지키는 엄격한 정확성은, 좀 다른 관점에서 보면 항상 부당하게 비칠 수 있다. 따라서 그것은 상대적 정의이다.

데리다가 번역한 "돋구는relève"이라는 단어로 되돌아가 보자. 이것은 헤겔적인 '들어올리기Aufhebung' 운동이다. 정반합의 변증법이기도 하다. 변증법이란 서로 모순되는 두 용어가 서로 상관하며 작동하는, 복합적인 분할로, 결국 그것들이 갈등 및 모순을 해결한다. 이런 맥락에서 "돋구는" 번역은 그 어떤 정확하지 않은 나머지도 보존하지 않는 번역이 될 것이다. 그도 그럴 것이 분리된 다음, 전체가 완전히 복원된 것이기 때문이다. 서로 관계에 대한 일체의 논쟁을 제거할 것이다. 한편 번역은 두 개이니까 두 개를 그대로 유지하는 사안이 된다. 다른 하나에 재흡입되지 않고 말이다. 그 어떤 초월적 원칙으로밖에 말할 수 없는 이것은, 번역을 예측 불가능 지대에 놓으면서, 이 상관성을 굳이 해결하려 들지 않는다.

7장

예측
불가능 지대

'관계'[*]에서, 차이는 절대적 기준이 없을 때 생긴다.

동시에 영구하고, 변화무쌍하며, 역동적인 차이.

그래야 우리 상상 속에 살아 있는 에너지와 만난다.[1]

— 파트릭 샤모아조

* Relation: 원문은 대문자로 되어 있어, 작은따옴표를 붙였다. Re('다시'), lier('잇다')의 조어인 '관계'는, 너무나 통상적이고 통용적인 일반어지만, 여기서는 주요한 테제로 사용된다. 특히 이 장에서 본격 논의되는 에두아르 글리상의 특화 개념으로서의 관계는 때론 대문자로 표기되는데, 이 경우 모두 작은 따옴표를 붙였다.

번역은 예측 불가능한 부분을 연다. 이것은 위험이기도 하고 행운이기도 하다. 번역이 윤리보다 (오류 부분을 인정할 수 있는) 정의와 더 관련 되는 것도 그래서다. 진위를 결정할 수 없는 것과 마주한 번역자는 불확실한 몫을 지닌 선택을 하기도 한다. 결정할 수 없는 것은, 계산에 저항하는 것으로, 모든 것이 전적으로 기계적일 수는 없는 것이다.[2] 이 예측 불가능 지대를 생각하기 위해서는, 관계에 대한 성찰이 먼저인데, 잠시 여기서 에두아르 글리상[**]과 함께, 공통 담론을 재정비하는 과정 속에

***

[**] Mathieu Édouard Glissant(1928~2011): 마르티니크 출신의 프랑스 소설가이자, 시인, 철학자로, 1958년 《레자르드》로 르노도상을 수상했고, 1992년에는 노벨문학상 최종 후보에도 올랐다. Antillanité('앙티성'[性]), Tout-monde('전체-세계'), Relation('관계') 같은 개념을 만들어냈으며, Créolisation('크레올화') 같은 개념도 만들어냈는데, 동질화, 균등화 경향을 보이는 문화적 정체성 또는 세계의 정체성 같은 개념을 인정하지 않고, 여러 차이들에서 기인한 비예측성, 교접과 간섭, 조화와 부조화, 탈경계적 상호작용과 충돌 등 비결정성 사유를 주로 강조한다.

번역이 있다는 입장을 들어보자. 글리상은 그의 번역에 대한 생각이 정치적 과정 내부에 있다는 것도 분명히 한다. 따라서 식민적인 노예화 맥락 속에서 번역이 분리된 후, 번역이 다시 이를 어떻게 수선, 복원하는지 살펴보자.

에두아르 글리상이 번역을 가지고 관계의 수렴적 역동성을 만드는 것은《잡다함* 시론으로의 입문Introduction à une Poétique du Divers》이후부터다.[3] 여기서 번역은 "크레올화** 작업"이면서 동시에 "새로운 군도적 사유에서 가장 중요한 것들 중 하나"이다. 번역을 통해 가능한 다른 모든 언어와 그 언어의 관계가 표현된다. 하지만 번역 자체에 그리고 그 노력 속에 그 취약함과 불투명함은 계속 남아 있다. 예측 불가능성은 역사적

---

* Divers는 '다양', '잡다', '갖가지', '각양각색', '여럿' 등 다양하게 번역될 수 있는데, '다양'은 너무 일반화된 표현이라, 에두아르 글리상이 쓰는 특수한 개념을 살리기 위해 다소 부정적이면서도, 반어적인, 그래서 결국 긍정적이 되는 단어로 옮길 필요가 있다. 왜냐하면 후술하겠지만, 아프리카가 여러 식민국가의 지배를 받으면서 그 여러 나라 말을 섞어 만든 혼종교배 또는 얽히고 설킨 리좀(뿌리식물)에 가까운 정말 잡다한 크레올어가 여기서 연상되어야 하기 때문이다. '비예측성'을 논하고, 이를 지향하는 역발상적인 개념을 내놓는 것도 그래서다.

** Créolisation: 에두아르 글리상이 만들어낸 개념으로, 이질적인 문화들 사이의 충돌, 그 충돌에서 빚어지는 예측 불가능한 것의 생성 가능성을 의미한다.

이며 동시에 시적인 것에서 온다. 에두아르 글리상은 이렇게 설명한다. "번역은 이쪽 언어에서 다른 쪽 언어로 가는 데 필요한 언어를 발명하는 것이다. 둘에는 공통적인 것도 있으나 각자에게 일종의 **예측 불가능**도 있다." 그는 "**예측 불가능**이라는 덧붙은 가치와 함께 혼혈"[4]에 대해서도 말한다.

"넓은 의미의 번역"

여기서 《앙티[***] 담론》을 살펴보면 흥미로울 듯한데, 글리상은 이 책에서 간접적으로만 번역을 다루고 있거나, 번역 개념이 여기서 중심을 차지하는 건 아니지만(그 단어도 겨우 어쩌다 나타날 뿐이다), 이런 우회 속에 번역에 관한 일련의 성찰이 엿보인다.[5] 이브 본푸아가 만든 표현인 "넓은 의미의 번역la traduction au sens large[****]"을 여기서 인용하고 싶은 충동이 일 것이다. 비록 두 작가가 탐구하는 대상이 같은 대상은 아닐지라도 말이다.

[***] Antilles는 카리브해의 군도로, 앤틸리스 군도라고 불리기도 하는데, 프랑스어 발음으로는 '앙티'이다.

[****] Large는 '폭', '넓이'라는 뜻이며, au sens large는 문자 그대로 '넓은 의미에서'라는 뜻이다.

두 경우 모두 둘로부터 멀어져, 즉 부동의 문자와 입증의 글쓰기에 고정되지 않은 채, '넓어지며 달아나다prendre le large'*라는 그 특유의 폭과 개념을 갖는데, 다시 말해 아직 조직적 망이 되지 않은 상태의 산재성 속에 있으면서 자기 처소를 겨우 찾은 느낌의 비결정성 속에 있는 것이다. "넓은 의미의 번역"은 이브 본푸아의 번역에 관한 사유에 있어 결정적 기여를 했는데, 그의 문학과 번역 관계에 대해 전적으로 다룬《리테라튀르》어느 호에 주요하게 나온 말이다.[6] 시인은 그의 문학과 번역을 대체 관계로 놓지 않는다. 모든 잠금 형태로부터 이 관계를 해방시킨다. 이제 번역이라는 사건은 번역된 텍스트에서 또는 일반적으로 "번역"이라 부르는 것에서 아낌없이 흘러나와 넘친다. 번역된 작품이 번역자가 한 번역에서 흘러나와 분산되는 것이다. 더욱이 번역자는 그의 눈 아래 두고 있는 몇몇 페이지에서 저자 이상으로 깊이 생각하며 그 의미를 찾게 될 것이다."[7] 그가 분석한 예로부터 출발해, 번역학 연구의 정전에 가까운 모델

* Large에서 파생한 'prendre le large'는 직역하면 '폭을 취하다'인데 새가 활강하듯 바닷가에서부터 출발하여 넓은 바다를 취하듯 달아나는 그 특유의 느낌을 연상할 필요가 있어, 관용구로 옮기지 않고, 그 중첩적 의미를 살려 번역했다.

인 에드거 앨런 포의 시 〈까마귀The Raven〉의 보들레르 번역본과 말라르메 번역본을 비교분석하는가 하면, 훨씬 덜 정본적인 것도 많이 보여준다. "Raven"이 "Corbeau"**로 옮겨진 결과에 대해 말하려는 건 아니다. 차라리 이건 별 볼 일 없는 번역이다(이브 본푸아가 이를 분명히 말하지는 않지만!). 저자들 각자의 작품에서, 그러니까 시에서 이해되어야 하는 것은 음악적 변수와 그 공명성이다. 한편에서는 벌어진 틈, 혹은 공백(허무)과의 관

** Raven은 검고 윤기나는 큰까마귀이고, Corbeau도 제법 크고 다소 험상궂게 생긴 까마귀인데, 좀 작고 귀여운 까마귀는 Corneille라고 한다. 에드가 앨런 포의 이 시는 우리말 번역어로는 '갈가마귀'(갈까마귀) 등으로 주로 번역되는데, 우리말 사전에서 갈가마귀를 찾아보면, 까마귀과로 몸의 길이는 33센티미터 정도로 까마귀보다 약간 작으며, 검은색이고 목둘레와 배가 희다고 나온다. 포의 시에 나오는 까마귀는 시의 제목에서도 명시하고 있지만, 갈가마귀보다는 큰까마귀에 가깝다. 시인은 12월의 어느 쓸쓸한 한밤중 하늘로 떠난 리노어라는 귀하고 빛나는 부인을 생각한다. 그때 바깥에서 자신의 방 문을 뚝뚝 두드리는 소리를 듣는다. 시인은 어둠 속에 이 소리를 듣자 무섭고 두려워지는데, 순간 겉창을 활짝 여니 왕후다운 면모로 요란스레 날개를 퍼덕이고 펄럭이는 까마귀 한 마리가 난다. 이 으시시하고 험상궂어 보이는 까마귀에게 시인이 이름을 묻자, 그 유명한 시어인 "nevermore"라고 말한다. 고전 소설이나 고전 시가 최초 번역될 때 다소의 오류로 번역된 시어는 시대가 흘러 다시 번역되어도 처음 번역된 시어의 어떤 압도적인 영향력을 극복하지 못하고, 같은 단어로 재차 번역되기 쉽다. 아마 번역자는 '갈가마귀'라는 순우리말 어감을 선호하여 살리고 싶었을 것이다(큰까마귀보다 통상적이지 않아 인상이 강하고 여운이 남는다).

계가 있어야 하고, 다른 편에서는 시행 속의 단어에서 그 소리 효과가 있어야 한다. 그도 그럴 것이 시의 독법 ─ 훨씬 가까이 서 읽는 독법, 번역의 경우에는 거의 초밀착 독법 ─ 은 자기 자 신과의 관계에서도 훨씬 더 내밀하게 일어난다. 그 결과, 직접 적인, 또는 방향이 정해진 대로 읽기보다는 간접적인 또는 훨씬 깊게 읽는다. 하나가 되는 용해성 또는 충실성은 작품의 다양한 공간에서 표현된다. 시에서든, 비평문에서든, 통찰력과 창조력 이 있는 작품에서든 말이다. 진정한 번역, 실로 번역다운 번역 은 "원 텍스트에서 끌어내 페이지 위에 놓은"[8] 글이 아니라, 그 자체가 곧 시여야 하기 때문이다. 이 시는 물결을 타고 퍼져 점 점 더 넓어지는 동심원을 만든다. 본푸아는 "나는 이것을 번역 이라 부른다"라고 말한다. 그리고 이것이 "넓은 의미의 번역" 이 라고 결론 짓는다. "번역이라는 단어의 좁고 통상적인 의미에 서 나아가 번역자에게 생기는 이런 반응들이 추가되어야 한다. 아니, 추가만이 아니라, 그것으로 대체되어야 한다."[9] 그래서 그 는 이런 번역 연구를 권한다.

글리상에게 넓은 의미의 번역은 한계가 사라지면서 생기 는 동심원 같은 메타포 모델일 것이다. 더 이상 자신에게서 나 온 것인지, 타자에게서 나온 것인지 알지 못하는. '관계Relation' 를 의미하는 명사들 중 하나가 됨으로써, 번역은 이제 단일 방향, 즉 한 점에서 다른 점으로, 한 텍스트에서 다른 텍스트로 주어지지 않는다. 다수의 가능성과 동시에 다양한 움직임 사이에서 주어지게 된다. 따라서 번역은 단 하나의 통행로를 갖는 게 아니라 여러 통행로를 갖는 작용이다. 그래서 "넓은 의미"에서 차원이 된다. 단 하나의 작용이 아니라 정치적이고 시적인 개념이 된다. 다국어로써 언어 균등화에 저항한다는 것은 이렇게도 묘사될 수 있다. "이웃 언어를 수용하고 이해하는 열정적 욕망."[10] 그런데 이 욕망은 같은 평면, 즉 균등한 양식 위에 이야기들을 수렴하는 일인데, 그 이야기들 가운데 어떤 것은 지배의 역사에 의해 훼손되거나 가려지면서 고려되지 않았다. 따라서 이런 이야기들을 번역함으로써 평등을 회복하고 언어들 간의 새로운 관계를 만들어내기도 한다. 하지만 번역이 '관계'의 또 다른 이름이라고 말하는 것으로는 충분치 않다. 두 용어를 결집시키거나 구분시키는 것이 무엇인지 결정할 필요가 있다. 아니면 서로 강화시키는 것이 무엇인지. 그렇다면 번역은 '관계' 속에서, 즉 랑그(언어)'들' 속에서, 더 나아가 랑가주(언어작업)*'들'

---

* 원어는 차례대로 langue(s), langage(s). 보통은 단수로 쓰이는데, 여기서는 s가 붙어 있다. 복수로 쓰였다. 랑그langue는 언어, 말 등으로 둘 다 이해되고 통용되지만, 언어학에서는 두 단어를 구분한다. 랑그는 언어 자체라면,

속에서 이루어진다는 것을 우선 먼저 전제하며 시작해보자. 또한 고고학적 관점에서, 번역이 마르티니크* 작가들의 사유에서 주요하게 서서히 나타나는 방식을 잘 이해해보자.

이런 고고학은 글리상 자신이 명명한 것이다. 《앙티 담론》은, 그에 따르면, 랑그(언어)와 랑가주(언어작업), 또는 구어oral와 문어écrit처럼 사유가 양항의 틀에 아직 머물러 있다. 그는 한 인터뷰에서 이렇게 말한다. "이건 다 바뀌었습니다. 왜냐하면 이제 양항이 아니라 하나된 양측, 즉 구-문어oral-écrit이기 때문입니다. 저는 여기서 이른바 '관계의 시론'을 생각하게 되었죠. '관계의 시론'은 결코 어떤 양항bi성이 아닙니다. 그것은 항상 어떤 다중multiple성입니다."[11] 이렇게 해서 번역의 사유와 결부되는 것이다. 그는 조금 뒤 인터뷰에서 '전체-세계Tout-monde'는 '관계Relation'보다 더 멀리 간다고 설명한다. 이렇게 각각의

랑가주langage는 그 언어를 가지고 조작하고 작업하는 활동 전반을 가리킨다. 이하 이 단어가 나오면 '랑그(언어)', '랑가주(언어작업)'로 표기했다.

* 중앙 아메리카 카리브해 동부의 섬으로 프랑스의 해외영토이다. 1635년에 프랑스가 이곳에 처음 진출하여 식민화했고, 영국과의 분쟁을 거친 기간이 있긴 했지만, 주로 프랑스의 영토였으며, 1946년 프랑스의 지방 행정 구역으로 통합되었다. 나폴레옹의 황후인 조제핀이 태어난 곳이기도 하다.

개념이 다른 어떤 것을 향해 추월 또는 초월한다는 것을 암시함으로써 이 운동이 개시된다는 것이다. 《앙티 담론》이 전적으로 새로운 번역의 사유를 담고 있는 건 아니다. 왜냐하면, 번역은 여전히 제한된 방향에서 이뤄지고 있기 때문이다. 가령, 구어에서 문어로, 하나의 언어에서 다른 언어로 같은 두 방향성만 띠고 있다. 이런 제한된 방향성이 더 이상 필요치 않을 때, 그러니까 이런 "고유한propre" 의미 내지 "번역"이라는 용어가 더 이상 필요치 않을 때, 《관계의 시론》(1990)에서 《잡다함 시론으로의 입문》(1996)으로 넘어가기에 이른다. 그리고 이게 다시 연구되고, 다시 의미를 갖고, 확대된다. 이런 의미에서 1994년 아를에서 개최된 제11회 문학번역총회 기조강연은 아주 중요했다. 강연 제목은 "번역하다, 재독하다, 관계하다"[12]였다. 《앙티 담론》에서에서부터 그려지기 시작한 이 지적이고, 감각적이며, 상상적인 경로는 마침내 그의 주요한 개념 작업이 되었다. 글리상은 '관계'의 장에, 더 나아가 그 불투명성과 크레올화**의 장에 경

** 크레올어는 식민 시대 지배국이 영국, 프랑스, 스페인, 네덜란드 등으로 계속 바뀌면서, 이 지배국들의 언어인 프랑스어, 스페인어, 영어, 네덜란드어를 흉내내어 만든 것이다. 일견 크레올어는 서구 열강이 지배하던 식민 시대의 잔재이지만, 다양한 언어들이 잡다하게 뒤섞여 '불투명한 모호성 opacité'을 갖는 이 크레올어의 특성을 에두아르 글리상은 '크레올화'라 명

표警標를 설치하여 겁을 주면서도 그 장을 활짝 열어버린 셈이다.

비예측성을 향해

《앙티 담론》에서 번역은 '관계'와 유사한데, 연결되고, 교대되고, 기술되기 때문이다. 글리상은 이렇게 명확히 설명한다. "일반 논거는 퇴적되고, 모호한 기술은 개간開墾되는 '관계'는 끝없는 중계일뿐이다."[13] 한편 번역은 문자 그대로 이 "일반 논거"(단순히 흔해 빠진 생각이라는 것이 아니라, "세상에서 나온 생각이 세상에서 나온 생각과 만나는 장소"[14]라는 의미에서)로 언어들이 조직망처럼 서로 얽히고설킨다. 여기서 언어는 더 이상 유일무이한 기원을 갖는 게 아니라, 리좀(뿌리식물)처럼, 그러니까 촉수처럼 사방으로 뻗어가는 언어에 기초한다. 그러니 이제 언어의 불투명성을 존중한다는 것은, 한편에서는 모든 것을 다 번역할 수 없다는 것을 인정하는 것이며, 다른 한편에서는 언어적 관계사 및 관계절을 인정하는 것이다. 글리상은 번역을 두 영역에서 나

명하면서, 새로운 언어의 가능성을 역발상한 셈이다.

오게 한다(베르만이 말한 제3의 언어가 연상되기도 한다). 하지만 특히 번역을 언어 대 언어로 연산하는 기술로부터 나오게 하여 시적인 상상 연습을 하게 한다. 2014년 전체-세계연구소Institut du Tout-Monde "번역" 과정을 개설한 로익 세리와 캐시 델페슈 헬스턴이 전조한 게 바로 이것이었다. "번역을 현대문학의 새로운 실기 과정에 넣으면서, 에두아르 글리상은 번역성의 문턱을 또 다른 가능성을 향해 열었다. '전체-세계'의 장이 곧 이 또 다른 가능성으로, '이제 여기서부터 모든 번역은 리좀의 상상계로 들어온다.'"[15]

《잡다함 시론으로의 입문》에서는 이렇게 확언한다. "시인들을 번역으로 안내해야 한다. 실기가 오로지 번역자에게만 부여된 것은 아니다." 왜냐하면 "번역들은 이제 시론의 중요한 부분이 될 것이다. 지금은 아직 그렇지 못하지만.[16] 그리고 나는 언어에서는 시적 뉘앙스들이 무한한 가능성과 그 분산성을 갖는다고 생각한다. 단 하나의 시론만 있는 게 아니다. 단 하나의 효율적 원칙만을, 그러니까 단 하나의 언어 구조와 체계만을 갖는 게 아니라, 꽃의 방향성처럼 여러 시론이 산산이 부서지고 흩어진다"[17]라고 생각하기 때문이다. 번역은 단 하나의 언어에 닻을 내리고 있다가 단 하나의 다른 언어를 양산하려는 작업이 아니다. 여러 다양한 언어들과의 관계성으로 인한 결과다. 이

다양한 언어들의 기저에는 샘물과 같은 기원들이 있고, 바로 이런 기원들에서 창작은 영감을 길어온다. '관계'성 글쓰기는 일련의 모든 관계가 지닌 힘을 보유하고 있다. 가능한 모든 번역의 조직망을 보유하고 있기 때문이다.[18]

바로 이런 정신에서, 바로 이런 과정에서, 역동적 번역이 창조해내는 가장 비예측적 연습이 이뤄진다. 이것이 바로 '크레올화' 연습이다. 이것은 번역을 사유함에 있어 불투명성을 떼어놓지 않는 방식이다. 《앙티 담론》에 파편적으로 나와 있지만, 크레올화는 이미 편재하고 있던 셈이다. 이후 점차 도식화하게 된다. 우선, 크레올어를 언어로서, 즉 크레올어의 언어 구조 자체로서 고찰해야 한다. 크레올어는 "'관계'라는 세계사적 경험과 유기적으로 연결된 언어"[19]이며, 계속해서 교대되고 교체된 이 언어는 서로 다른 문화와의 관계성이 선행적으로 없었다면 존재하지 않는다. 언어적으로 지배당한 상황에서 나온 것이 크레올어로, 이런 수사적 표현이 나오게 된 과정에 대한 성찰이 따라야 한다. 특히 크레올어가 단일성을 거부하고, 이런 다양한 형태를 갖게 된 데 대한 가치 부여가 있어야 한다. 따라서 모든 답이 여기 있다. 《앙티 담론》은 크레올화에 대한 전반적인 사유 틀을 제공할 준비가 되어 있는데, 단순히 크레올 언어를 구성하는 과정만이 아니라 특히 거시적인 시적 원칙도 제공된다. 여기서 창조는 거의 이례적인 방식으로 정의되는데, 이질적 요소들의 균등하고 평등한 만남만이 창조다. 관계되는 요소들을 상호적으로 다 인정하고 가치를 부여한다는 것은 "이 접촉 또는 이 혼합에는 어떤 존재 또는 어떤 언어의 파손이나 훼손, 축소가 일체 없다는 것"[20]을 함의한다. 바로 이《잡다함 시론으로의 입문》에서 크레올화 개념이 실제로 수행된다. 그 비예측성을 통해 혼합성의 반대편에 선다. "크레올화는 비예측적이다. 혼합 및 혼종의 결과와 효과를 예측하고 계산할 수 없기 때문이다." 꺾꽂이로 식물을 이종 교배하거나 교잡으로 동물을 이종 교배하는 것은, 그 결과를 예측할 수 있다. 접목으로 이종 교배된 붉은 완두콩과 하얀 완두콩은 이런 세대 또는 저런 세대를 이어나갈 것이라는 것이 예측된다. 하지만 크레올화는, 비예측성이라는 부가가치가 붙은 혼종이다."[21] 비예측성은 여러 면에서 값지다. 이야기적으로는, 사건들을 원인과 결과의 연속처럼 소개하는 전형적인 서술 모델을 만들어내지 않게 된다. 결정론에 입각한 지배 담론 도식을 기피한다. 대신 균열, 파열, 분기 등을 더 고찰한다. 시론적으로는, 이것이 급기야 '랑그', '랑가주'의 만남까지 만들어낸다. 바로 이게 창조 원칙이다. 놀라움과 새로움에 항상 열려 있으며, 비예측성을 만들어내는 이른바 부정적인 힘, 그러니까 일체의 동일성을 뿌리째 뒤집어버리는 힘을 인지하는 것이다.

번역은, 이런 사유를 통해 바로 비예측성 지대라는 이름을 갖는다. 바야흐로 지극히 일반화된 정의를 갖게 된 셈인데, 자기 언어의 명확성과 일관성을 통해 자치적이고 독립적인 사유 속에서 하나의 개념을 설정하게 된 것이다. 분명 번역은 비예측적인 만남을 구체적으로 연습하는 장이다. 물론 위험도 있다. 번역이라는 개념을 너무 확대하여 모호한 담론, 더 나아가 무기력한 담론에 복무하게 될 수도 있다는 것이다. 글리상을 연구하는 자들이 모두 잘 인지하는 위험이다. 번역에 대한 담론이면 곧장 번역에 대한 성찰이 될 수 있을까? 이런 사유가 이미 존재하는 번역 이론과 어떻게 대화할 수 있을까? 어떻게 해야 번역의 실제에 반향을 줄 수 있을까? 흔히 말하듯, 이론과 실제를 서로 대화시키면 되는 것일까?

크레올 프루스트

《앙티 담론》과도 강한 공명이 생기는 실제적 예가 있다. 이는 기 레지스 주니어가 크레올어로 번역한 프루스트로, 새삼 더욱 한계가 있는 경험이다. 은연 중 우리에게 이는 번역에 대해 무언가를 말해줄 수 있다. 우선 그것이 문자 그대로 크레올화이기 때문이다(독일 낭만주의자들은 "번역하다"를 구체적인 동사를 써서 말할 때, "dolmetschen"이라는 동사를 사용하곤 하는데, 그 뜻은 "독일어로 되돌려주다"이다. "Übersetzen", 즉 동사 "번역하다"보다 창조적 초월 작업이 더 있는 표현이다). 또한, 곧 문제가 될 이 만남으로 위계질서가 뒤집어지기 때문이다. 언어들이 접촉되면서 언어들은 평등화, 균등화된다. 그러면서 새로운 것이 계시된다.

번역은 알다시피 《잃어버린 시간을 찾아서》의 그 **찾아서**에서, 중요한 자리를 차지한다.[*] 번역은 때론 한 언어에서 다른 언어로의 이행을 지시하지만, 그보다 빈번히 말을 해야 하는데 당장 단어로 말해지지 않는 표현을 가리키기도 한다. 감각 또는 내밀하고 은밀한 생인 것이다.[22] 번역은 번역을 부른다. 번역은 이렇게 가장 번역하기 어려운 것이기도 하다. 프루스트

* 마르셀 프루스트는 《잃어버린 시간을 찾아서》의 마지막 권 《되찾은 시간》에서 "한 작가의 임무와 과제는 한 번역자의 그것과 같다"라고 말한다. 자주 회자되는 이 문장은 일종의 정보로서 단순하게 놓이는 현실 묘사와 하나의 스타일, 하나의 문학을 창조하게 되는 문학적 묘사 사이에 어떤 차이가 있는가를 피력하는 중에 결정적인 결구처럼 쏟아낸 문장이다. 문학에서는 수많은 사물 대상들이 열거되고 연언되는데, 작가는 현실계의 모든 사물을 다 언어로 연결하고 싶어도 할 수 없다. 하여 무심히, 거의 무의지적으로 열거한 사물들이지만, 그 간극에도 불구하고, 그 사이에서 한 작가의 영혼을 움켜쥐고 있던 그 무엇이 불쑥 계시된다는 것이다.

를 번역하는 데 있어 가장 큰 어려움은 무엇일까? 그 특유의 문체를 살리는 것도 어렵지만, 의심할 바 없이, 그 언어 속에서 일어나는 운동성이다. 정확히 말하면 끊임없이 변형되고, 이동하고, 번역하는 운동성 말이다. 이를 중단하거나 응고시키지 않고, 다른 언어로 교환하여 재생하는 일은, 프루스트의 모든 번역자들이 감당해야 할 도전이다. 아이티의 작가인 기 레지스 주니어는 《스완네 집 쪽으로Bò kot kay Swann》를 크레올어로 번역하면서 이런 경험을 했는데, 아마도 그 모든 시도들 중 가장 근원적이고 극단적인 시도였을 것이다. 그 이유는 두 가지가 있는데, 하나는 우선 프랑스어와 크레올어가 상대적으로 가깝다는 것이며, 다른 하나는 크레올어가 여러 방향성을 갖기에 언어적 기억을 다 폭발시켜야 한다는 것이다. 프루스트의 텍스트를 구두성 속에 여행시키는 것이, 그를 끊임없이 불안하게 만들었다. 프루스트의 첫 문장이 얼마나 까다롭게 발생했는가, 번역도 그만큼이나 까다롭다.[*] "Pandan lontan mwen dòmi bonè

---

[*] 《잃어버린 시간을 찾아서》의 첫문장은 "Longtemps, je me suis couché de bonne heure"이다. 우리말 번역도 마찬가지로 난제를 만나는데, 우선 longtemps('오래', '오랫동안')라는 부사는 서술어 동사 뒤에 쓰이면서 문장의 중간이나 끝에 나온다. 문두에 나오려면 전치사를 끌고 와서 전치사 다음에 쓰여야 한다. 가령 "depuis longtemps"('오래전부터')처럼. 그러나 프

가 나의 첫 선택이었다. 그러나 'Pandan'**이 거슬렸다. 프루스트와 똑같은 어휘로 시작하고 싶었다. 크레올어로는 문두에 lontan이 나오면 아름답고 좋은 문장이라는 것을 알고는 있다. 한번 그 예를 보자. Lontan ti moun pa respeckte granmoun('아이들이 노인들을 더 이상 존경하지 않은 지 오래') / Lontan mèt minwi pa pase('자정 선생이 더 이상 지나가지 않은 지 오래') / Lontan mwen ap dòmi('크레올 세계의 관점에서는, 자리에 눕다가 잠이 들다보다 훨씬 모호하다') byen bonè/Lontan m'al ('수축: 내가 할 것') Kouche byen bonè/Lontan Okay pa bay bon doktè ('여전히 부정문: 레 카예에는 더 이상 좋은 의사를 주지 않는다')

루스트는 전치사 없이 단독으로 문두에 쓰고 있고, 더욱이 뒤에 쉼표를 붙여 쓰고 있다. 더 공교로운 것은, '오래전부터' 또는 '오랜동안'이라는 의미의 이 부사어는 시간의 지속성을 띠어서 완료되지 않은 지속성 행위를 뜻하는 반과거 시제와 함께 주로 쓰이는데, 이 문장에서는 완료 행위를 뜻하는 복합과거 시제와 함께 썼다는 것이다(Je me suis couché). 결론적으로 말하면, 통용되는 문법은 아니어서 여러 해설을 낳았는데, longtemps은 통 또는 관을 연상하듯 프루스트가 말하는 시간의 지속성을 강력히 환기하는 듯하고, 뒤에 이어지는 완료 행위로서의 복합과거는 문어보다는 일상적 구어투로 본다. 앞에서 에두아르 글리상이 말한 구어와 문어를 양항적으로 놓지 않고 접합시키는 현상이 프루스트 문장에서 발생했다고도 볼 수 있다.

** 프랑스어의 pendant('동안')에 해당한다. 프루스트 원문에는 없는 표현이 덧붙었다는 말이다.

/ Lontan pa gen Marie-Jeanne anko('더 이상 좋은 마리-잔 들이, 용감한 여자들이 없는 지 오래') / Lontan mwen pral('내가 할 것') kouche byen bonè / Lontan misey pa vini bò isit('이 남자가 동네에 더 이상 오지 않은 지 오래') / Lontan moun pa pè moun ankò('더 이상 아무도 두렵지 않은 지 오래') / Se pa jodi a mwen ap dòmi byen bonè / Lontan mwen al kouche granm ti bonè / byen bonè."[23] 번역자가 텍스트와 하나가 되려는 노력으로 이런 자정 선생, 의사들, 용감한 여자들 같은 이야기들까지 꺼내면서 마침내 "Lontan mwen konn kouche bonè"라는 문장으로 귀결되고,《잃어버린 시간을 찾아서》의 크레올 번역본의 첫 문장은 그렇게 시작된다.[24]

　　《갇힌 여인》에서 알베르틴이 화자의 언어를 모방하며 아이스크림에 대해 말하는 장면에서 이 번역본은 문어의 구어화를 여실히 느끼게 하는데, 마치 어떤 금지된 새로운 영토로 들어가는 기분이 든다. 그때까지 그다지 지각되지 않았던 프루스트의 사유가 텍스트를 통해 보이게 만든 것이다. 프루스트가 솔직하고 거침없는 크레올어에 자신을 내맡긴 건 아니지만, 동의와 절제의 복합적인 혼합 속에 실제로 랑그와 랑가주에 상당히 많은 자리를 남겨놓는 건 사실이다. 외국어 ― 우선, 오데트의 영어 ― , 방언, 프랑수아즈의 사투리, 동업 조합(군인, 기자, 의사)

의 언어들, 동성애자들 모임 같은 작은 소모임이나 그보다 더 작은 모임들에서 쓰는 생략되거나 개별화된 언어들, 다양한 은어들. 이런 모든 언어가 텍스트의 언어를 잘라내면서 늘리는 데 기여하고, 열린 공간과 깊은 시간 속에 그 언어를 새겨넣는 것이다. 가령 하녀 프랑수아즈의 실언이나 "짜깁기Cuirs"는 그녀의 언어를 멸종한 종 또는 멸종 중인 동물들을 보호하는 곳에 갖다놓고 싶게 만든다. "프랑수아즈는 stoppeuse('짜깁기하는 여자')를 estoppeuse라고 한다. 이런 말들은 저 먼 시대부터 있었는데 멸종되지 않고 살아남은 고래나 기린 못지 않게 흥미롭다. 더욱이 이 동물들이 거쳐온 삶을 우리에게 보여주기 때문이다."[25] 이런 비교가 당황스럽다면, 랑그(언어)와 분명하게 조음된 랑가주(언어작업)를 하지 못하는 자를 연결해서 그렇다. 그런데 이런 비교는, 이 화자의 다른 많은 묘사들처럼, 변신 또는 혼혈과는 거리가 있다. 단어 차용, 외국어 단어, 신조어 등을 수용하는 일화 속에서도 문헌적인 해설이 붙는 것을 보면 절제가 역력한데, 이 모두가 언어 속으로 점진적으로 들어가는 방식을 보여준다(사회 안에 침투하는 유행어처럼 책 안에도 침투하는 유행어일 수도 있는, 가령 "망탈리테mentalité[*]"처럼 말이다. 영어식 표현도 같은 방식으로 수용되지만 다음의 짓궂은 묘사처럼 동시에 조롱되기도 한다. "관객은 곧장 두 사람밖에 앉지 못하는 이 작은 칸막이 관람석에 그 '스모킹[**]'을 입고 앉아 있는 헤라클레스를 알아봤다). 프랑스에서는 조금이라도 영국적인 어떤 게 있으면 영국에서는 붙이지도 않는 명사를 붙인다."²⁶ 이 어떤 순수주의가 낯선 느낌, 그러니까 새로운 단어나 한번도 들어보지 못한 단어처럼 소개되지만, 이렇게 언어들은 완전히 다 뒤섞이지 않는다. 특히 게르망트네 사람들이 이런 경우다. "자음을 생략하고 외래어를 모국어로 바꾸기 위해 게르망트네 사람들이 의도적으로 사용하는 그 이해할 수 없는 말들이 고대 프랑스어나 현대 방언만큼 이해하기 어려웠기 때문이다."²⁷

　　프루스트 작품의 크레올어 번역을 통해서야 비로소 프루스트 작품에서 너무 자주 잊어버리곤 하는, 그의 작품에 깊이 새겨진 구두성 측면을 다시 생각하게 된다. 또한 프루스트의 세계에서 크레올화의 사유도 일면 드러난다는 것이다. 나는 번역 작품과의 이 깜짝스러운 만남을 통해 이를 구체적으로 재인식

---

* Mentalité('정신상태', '심성', '사고방식', '사고구조')는 지금은 흔히 쓰이는 단어지만, 이 단어를 어원 사전에서 찾아보면, 1842년경부터 등장하기 시작했다. '정신' 또는 '마음'을 뜻하는 라틴어 mens에서 유래했는데, 정신의 어떤 상태를 뜻한다. 특히 이 단어는 19세기 말(프루스트의 시대)에 확산되어 유행했다고 하는데, 프루스트의 《게르망트 쪽》에는 아홉 번 정도 이 단어가 등장한다.
** 여기서 '스모킹'은 '실내가운'을 의미한다.

하게 되었다. 크레올은 혼합 및 잡종을 분명 의미한다. 이는 텍스트의 흐름 속에서 놀라운 가치를 발휘하기도 하고 두려움을 자아내기도 한다. 원래 단락과 변형된 단락의 순서를 어지럽히면서, 번역은 이렇게 하나의 프로그램을 완성하는데, 이것 자체가 작품을 기억하는 방식 가운데 하나다.

이론적 대화: 데리다의 글리상 독법

번역의 이런 사유는 번역의 이론과 대화할 수 있을까? 글리상처럼, 번역과 창작을 유기적으로 분리하면서도 잇는 앙리 메쇼닉과의 대화는 가능할지 모르지만, 메쇼닉에서의 대화는 더 생산적인 것이 오래될 수 있도록 근원에 아주 많이 가까이 가 있는 편이다. 그런데 지금 우리의 관심사는 글리상이 사유하는 번역의 특수성을 알아보는 것이다. 그렇다면 우선 간단히 번역에 대한 개념이나 관념의 흐름이 두 사람에게 서로 비교 가능하다는 것만 지적하고 넘어가자. 나중에 나온 글들에서 훨씬 풍부하게 확언되지만, 우선 《앙티 담론》에 나오는 "관계", "크레올화" 같은 용어들에 번역 개념은 이미 포섭되어 있었다. 데리다에게서도, 번역 개념은 한동안 암묵적으로 있었지만, 해체dé-construction, **디페랑스**différance 같은 용어들에 포섭되어 있었다. 두 경우, 이어 번역은 주요한 패러다임이 된다. 따라서, 글리상에게 있어 관계와 번역의 상관성, 데리다에게 있어 해체와 번역의 상관성이 동등하게 나타나는 것을 볼 수 있다.

특기할 만한 또다른 공통점은 개념의 위상과 관련해, 데리다에서의 표식이 글리상에게서도 분명히 느껴진다는 것이다. 그것은 우선 "비개념성non-concept"(데리다가 **"디페랑스dif-férance"**, "산종dissémination", "자국trace", "지하납골당crypte" 같은 용어들을 떠올릴 때 사용하는 표현들에 따르면[28])이다. 왜냐하면, 철학 또는 시론에 이미 존재하는 이론을 끊임없이 이동시키면서, 그 정의나 미치는 범위를 결코 고정하지 않기 때문이다. ("따라서 différance, dissémination, trace, crypte 등은 번역 불가능한 단어이다. 언어 그 너머에 있는 것으로, 의미와 내용을 가지는 게 아니기 때문이다.") 이런 단어들은 가장자리 또는 경계처럼 이른바 어떤 자리 및 장소를 갖지 않는 것으로 생각되어야 한다. 그런데 바로 그렇기 때문에 이동 또는 번역을 부추긴다. 번역은 이런 비개념적인 것들 사이에서도 자기 자리를 자연스레 찾아내기 때문이다. 왜냐하면 그럼으로써 이런 끝없는 운동성을 피력하기 때문이다. 모든 건 그 안에서 변형 그리고 변동된다. 번역될 수 없는 것의 핵 속에서 어떻게든 유지되고 있는 것이다. 그리고 바로 이것을 번역해야만 한다.

데리다와 글리상은 언어들 간의 관계들을 통해 제시되는 비예측성 및 무한한 가능성에서 조우한다. 둘에게는 항상 "언어 그 이상의 것"이 있다. 바로 이렇게, "전혀 다른 언어"의 비예측적 난입을 통해 이들은 독특한 고유어를 만든다. 반면, 차이가 나기도 하는데, 글리상은 데리다에서 베르만에 이르는, 리쾨르에서 베누티에 이르는 번역의 철학에서 훨씬 더 멀리 있다. 한편, 번역에 강제되는, 타자와의 관계라는 윤리적 차원이 있다. 그래서 채무 또는 책임 같은 어휘(항상 번역 그 이상의 것을 요구하는 번역 불가능성에 대해서도 책임을 져야 한다)가 윤리적 차원을 규칙적으로 상기시키며, 데리다 철학에서도 나타나는 것이다.[29] 반면 글리상은 번역 개념이 윤리적 패러다임에 소용되는 것을 거부한다. "왜냐하면 번역 시론은, 의미나 내용을 갖는 게 아니라, 단지, 관계로 이뤄진 과정을 알려주는 시론에 그치기 때문이다."[30] 옳으냐 그르냐, 맞냐 틀리냐 같은 의미나 내용을 성찰하는 윤리는 글리상이 관심 갖는 관계에는 끼여들어올 수 없기 때문이다. 더 나아가 시의 번역, 즉 언어의 형상적 이미지를 옮기는 번역에 끼어들어올 수 없다. "언어의 형상적 이미지에 도덕적인 건 없다. 언어의 형상적 이미지에 원칙적인 건 없다. 번역된 텍스트는 내용물이 아니다. 그것은 텍스트의 **시학**이다. 텍스트의 내용을 번역할 때는, 기계적 보고서를 만든다. 그러나 관계를 맺지는 않는다. 내가 말하고 싶은 것은 번역, 즉 타자와 관계 맺는 연습이다. 그렇다, 사실이다. 하지만 이건 윤리적 차원에서의 타자와의 관계 맺기 연습이 아니다."[31] 다르게 말하면, 관계란 윤리가 동반될 필요가 느껴지면 좋은 게 아니다. 아마도 번역에 관한 글리상의 개념에 맹점이 있다면 이런 부분일 것이다. 그리고 그야말로 확실한 토론 포인트. 왜냐하면 데리다의 비개념은 부정성을 띠는데dé-construction, dis-sémination, diff-errance,* 글리상은 데리다와는 반대로, 긍정적 개념을 제안하기 때문이다Relation, rencontre, traduction.** 아마 그래서, 윤리적 필요성으로부터 벗어나 있는지 모른다. 어쨌든, 이론적으로는….

　　북아메리카 토착민의 시에서는 특별한 윤리에 닿을 필요가 없다. 이 민족에 저지른 행위에 대해 죄책감을 느껴도 그들 시학마저 통제할 수는 없다. 넓은 의미에서, 관계를 창조한다는 것

---

* 앞에 모두 접두사 dé, di, dis 등이 붙는다. 이런 접두사들은 부정적인 대립성이나, 박탈 및 제거적 의미가 있다.

** 접두사 re는 '연결 및 접합', '반복', '재생' 등을 의미하며, 접두사 trans는 '가로지르거나, 거슬러 이동하는 것'을 의미한다. 번역의 한자어 번飜은 날 비飛가 부수로, '뒤치다', '엎어지다', '날다' 등 단순히 수평적으로 이동하는 의미가 아니라, 훨씬 역동성이 강한 단어이다.

은, 전통의 구어를 문어가 맡는다는 것을 의미하는데, 이는 다른 말로 자연 또는 일상적인 것, 또는 선조의 신화와 관계를 맺는다는 것을 의미한다. 번역되는 것을 순수히, 단순히 거부하는 것이 이해가 되는 것도 그래서다. 이 민족 입장에서는 굳이 번역되지 않아도 되는 것이다. 비네 들로리아는 이런저런 방식으로, 서구 사회가 이들 민족에게 저지른 학살 및 지배를 보상하고 싶다면, 원주민 사회의 여러 다른 텍스트들에 갖는 그들의 호기심에 제동을 걸어야 한다고 설명한다.[32] 여기서 시학의 정치학은, 적어도, 일시적으로는, 번역에서 닫힌다. 같은 논리로(결과가 겉으로 볼 때는 반대여도), 어떤 시인들은, 번역으로 그들 문화를 식민화하는 것에 저항하고, 그들 언어로 글을 쓰면서, 이번에는 그들이 영어에 영향을 미치기로 한다. 조이 하르조의 〈부활〉이라는 시는, 원주민 스스로 "아메리칸 인디언의 르네상스"라 불렀던 것이 무엇인지 잘 보여준다. 그 시에서 조이 하르조는 "인디언" 또는 "원주민"보다는 "토착민"이라는 용어를 사용하길 선호한다. 현지 언어에 대항해 생긴 언어들을 번역하는 문제가 여기에 있다. 하지만 그 폭력성에 답하기에는 부족한 단어들에 대한 문제 또한 있다(I have no damned words to make violence fit neatly). 그러나, 글리상의 작품에 찾아든 것처럼, 시에 그런 '관계'가 찾아들 수 있다. 산 자와 죽은 자 사이에, 그토록 끔찍한 언어를 생존자들에게 가르치는 희생자들 사이에, 너무 끔찍해 "우리 모두를 부활시킬 수 있을 것 같은" 언어가 찾아들 수 있는 것이다. 이제 마지막으로, 이 시인이 비번역에 대한 서약을 했으므로 그에 화답하기 위해서라도, 시 한 편을 번역하지 않은 채 원문 그대로 놓고자 한다. 번역은, 기꺼이 자신이 선택한 언어로, 혹은 고통에 적합한 언어로 글을 쓰기로 결심한 것이라는 것을 떠올리면서.

Yet

the wounded and the dead call out in words that sting

like bitter limes.

(Ask the women have given away the clothes of their dead children. Ask the frozen soul of a man who was founded in the hole left by his missing penis.)

They are talking, yet

the night could change.

We all watch for fire

for all the fallen dead to return

and teach us a langage so terrible

it could resurrect us all[*][33]

    인용될 권리가 결코 실제로 없었던, 그러니까 어쨌거나 한 번도 넓게 소통되지 않았던 어느 언어로 옮겨진 이 죽은 자들의 언어는, 영어로는 문자 그대로 표현될 수 없다. 오로지 그 매장만이 시로 표현될 수 있다. 죽은 자들의 언어는 이 나머지, 번역 불가능한 것이기도 하다. 때론 불복종의 정점인, 비번역을 지향하는 것이, 번역의 정치학이라면 정치학일 테니까.

[*] 이 시가 비번역되어야 한다고 저자가 주장하는 만큼, 번역하지 않고 영어 원문 그대로 실었으나, 저자가 왜 이 비번역을 말하는지, 그 폭력과 고통의 함의를 짐작할 수 있도록 번역해보았다. "아직 / 상처받은 자와 죽은 자가 쓰디쓴 라임처럼 / 찌르는 단어로 외친다. ("죽은 아이들의 옷을 버렸는지 여자들에게 물어보라. 잃어버린 성기로 구덩이에 남아 있다가 발견된 남자의 얼어붙은 영혼에 물어보라.) / 그들은 말하고 있다, 아직 / 밤은 바꿀 수 있다 / 우리 모두가 불을 지켜보고 있다 / 쓰러진 죽은 자 모두 돌아오라고 / 그래서 저 끔찍한 지독한 언어를 우리에게 가르쳐 달라고 / 그래서 우리 모두를 부활시켜 달라고."

8장

번역과 공동체

공통점은 맞아 떨어지는 속성으로

생기는 게 아니라,

맞지 않는 속성으로, 혹은 더 근원적으로 말해

타자에 의해 생기는 것이다.[1]

— 로베르토 에소포지토

번역의 정치학은 공동체를 만드는 데 기여하는 것과 같은 강력한 문제와 만나면, 결국엔 윤리학을 다시 만나게 된다. 번역은 소유권 포기 같은 상당한 대가를 치르고서라도 어떻게든 힘으로 공통점을 만들어낼 수 있다는 것을 우리는 보았다. 동시에 우리가 공유할 수 있는 준거들을, 즉 공통의 기억이나 세계 도서관 같은 것들을 제조한다. 또한 우리들의 것은 아니나 우리들과 관련되는 전대미문의 이야기와 역사들이 우리에게 도달하고 도착하게 된다. 타자를 환대하는 정치는 번역 윤리를 내포하고 있다. 번역의 합법성 또는 한계성은 이 윤리로 저울질 될 수 있다. 오늘날 이민을 바라보는 관점에 있어서도 나름의 현대적 형태들이 있는데, 여기에도 윤리가 적용된다.

하나의 우화로 시작해보자. 아니 좀 더 정확히 말하면 우화가 아니라 우화적인 일화로 시작해보자. 남아프리카 작가인 존 맥스웰 쿳시*는 《예수의 유년시절》에서 계층이 완전 재배치된 인간 사회를 그리고 있는데, 바로 이주민들의 사회다. 이들은 각

자 끊임없이 새로운 직업에, 새로운 언어에 적응하며 살아야 한
다. 이들 자리란 존재하지 않는다. 그런데 쿳시는 이런 세계를
묘사하는 것에서 훨씬 더 멀리 나아간다. 왜냐하면, 이 세계에는
더 이상 다른 세계가 없기 때문이다. 이주의 상황이 너무 놀라
워, 이를 마주하고 나면 다른 세계가 없다고 느껴질 정도다. 이
보다 더한 것을 마주한다면 다른 세계는 없다. 이보다 더한 정박
점이, 이보다 더한 받침돌이, 이보다 더한 반대극이, 아니 이보다
더한 대립성이, 심지어 상이성이 없을 정도다. 아이 이름은 다비
드인데, 그의 이름은 아니다. 그의 부모는 그의 부모가 아니다.
이 부모는 아이를 교육하기 위해 부부 형태를 취할 뿐, 진짜 부
부는 아니다. 사회를 받치고 있는 오래된 기둥은 땅, 언어, 가족,

* J. M. Coetzee(1940~): 남아프리카 공화국 출신의 작가로, 2003년 노벨문
학상을 수상했다. 쿳시Coetzee는 아프리카 성이다. 어머니는 유럽계로, 영
어로 교육을 받아 그의 문학은 아프리카 문학이면서 영문학이다. 케이프
타운대학교를 졸업한 후 영국으로 건너가 컴퓨터프로그래머로 일하다 다
시 미국으로 건너가 언어학, 문학 박사학위를 받은 후 강의를 하며 소설
창작을 시작한다. 베트남전 반대 시위대에 대한 진압병력 철수를 요구하
는 시위에 참여했다가 미국 영주권 신청이 기각되자 남아공으로 다시 귀
국, 케이프타운 대학교 영문과 교수를 지내며 작품 활동을 한다. 그의 삶
과 문학에는 이렇게 '이주', '이동'의 문제가 늘 서려 있다. 서구 식민주의
의 야만과 자유주의적인 지식인의 한계, 윤리 문제 등 매우 어렵고 첨예한
문제를 작품에서 일관되게 다루고 있다.

이름이다. 그런데 이것들이 싹 베어졌다. 전에 정말 존재라도 했는지 알 수 없을 정도로 말이다. 왜냐하면, 모든 게 다 이동되었기 때문이다. 그러니 이제 모든 질문을, 모든 실존적, 형이상학적 이유를 다시 물어야 한다. 반드시 답을 찾진 못해도. 이런 맥락에서, 번역은 사라지고 없다. 아무도 이를 필요로 하지 않는다. 그도 그럴 것이, 이동한 자들, 같은 땅 위에 있는 자들, 혜성들(노비야, 에스트렐라…)에 따라 도시들을 명명하거나, 그들에게 안정적인 장소나 이름을 주지 않고 그저 인간들로 집계하는 데 만족하는 스페인식이다. 한 가지 흥미로운 점은, 이것과 동시에 번역은 도덕을 사라지게 만든다는 것이다. 이 책이 제시하는 질문들은 이제 이런 식이 된다. 계승도, 번역도 없는 세계라면 무엇을 교육하는가? 도덕도 열정도 없는 세계에서 어떻게 교육시킬 것인가? 이런 정치적 우화는 우리에게 가까이 올, 극적으로 도래할 어떤 세계를 말해준다. 이런 세계가 우리 현실이 되는 것을 절대 막기 위해 모든 것을 해야 한다고 말이다. 만일 환대가 가능한 공간이 아직도 있다면, 만일 이주자들의 상황이 비극적이고, 수용할 수 없는 것처럼 보이는 공간이 아직도 있다면. 그때 계속 이 두 용어, 즉 "번역"과 "도덕"**을 함께 생각해야 한다는 것이다. 번역의 구체적 운동일 수도 있는, 타자를 자기 쪽으로 오게 하는 것이 어떤 것인지 생각해야 한다는 것이다. 그 존재를

소극적으로, 무심하게 받아들이지는 말고. '무심'하지 않으려면, 말 그대로 '차이'를 가늠하며.[*]

번역과 도덕

하지만, "번역의 윤리" 패러다임 안에서 작동되어야만 하는 것처럼 보이는 이 두 용어 "번역"과 "도덕"은 항상 같이 가는 것은 아니다. 이미 말했듯이, 번역이 항상, 범보편적인 우주와의 합일을 희구하듯 타자와 관계를 잘 맺고 싶어하는 차원에서

[**] 원어는 moral('모랄')이다. 본문에는 éthique('에티크')도 나오는데 이는 주로 '윤리' 또는 '윤리학'이라 번역하고, moral은 '도덕' 등으로 번역하는 게 통상적이다. 프랑스에서도 두 단어의 개념 논쟁은 항상 있어왔고, 어떤 정신적 현상에 대해 이것이 moral의 영역인지, éthique의 영역인지 쟁점이 되기도 한다. 프랑스어 사전적 정의에 따르면, moral은 한 시대 또는 한 사회의 일상 생활 및 습성, 풍속, 인습, 전통 등과 연관된 정신을 뜻하고, éthique는 도덕적 행동action/conduite morale을 작동시키는 원칙 또는 그런 원칙을 사유하는 학문이다. éthique가 moral보다 좀 더 추상적이고 상위적이며 복합적인 개념임을 짐작할 수 있다.

[*] 작은 따옴표는 옮긴이가 일부러 붙였다. 두 프랑스어 단어를 저자가 유희하고 있기 때문이다. 프랑스어 indifférence('무관심', '무심함', '초연함')는 차이 différence에 접두사 in(부정성)이 붙은 것인데, 차이를 의식한다는 것은 구별성 또는 분별성이 있다는 것이고, 분별심은 세계를 자꾸 구분하게 만들어 판단과 평가를 유발하므로 때론 고뇌가 될 수 있다. 그 차이를 없애면 분별심이 사라져 초연해지므로 때론 무심함이 고뇌 없는 해탈이 될 수 있다.

우리 시대가 지극히 좋아해 마지 않는 만남, 나눔 같은 화해를 꾀하는 공간인 건 아니다. 번역은 우선, 그리고 당장에, 귀속 및 점유, 동화 같은 폭력적 작업이다. 순환 운동이 지배 과정을 충분히 잘 은폐해야 하는데, 꼭 그렇지만은 않기 때문이다. 번역에 내재되어 있는 폭력성에 맞서기 위해 목소리를 들리게 하는 일보다 조용히 죽이는 일에 전념하기도 했다. 기복이 많았던 그간 번역의 긴 역사를 통해, 우선 타자의 텍스트를 아주 주의 깊게 살피는 작업 속에서, 또 이어 최근에는 이른바 "번역의 전환적 윤리"라 부르는 이론 속에서 번역의 윤리는 발전해왔다.

번역하기에는 주요한 세 가지 윤리가 있다. 하나는, 언어들 및 대화술을 통한 윤리(프랑스와 독일성에 기반한). 또 다른 하나는 주체들(프랑스성에 기반한)을 통한 윤리. 그리고 마지막으로는, 문화들을 통한 윤리(프랑스 이론의 독법에서 나온 것이긴 하지만, 앵글로색슨성에 기반한)다. 번역 윤리는 이렇듯 항상 타자 또는 타자성에 대한 사유와 등을 대듯 붙어 있다. 하지만 이 타자성이 항상 같은 방식으로 파악되는 것은 아니다. 타자 사유라는 이른바 이런 큰 경향 내지 유행 안에서는, 다시 하위 그룹이 있고, 철학적으로 보는지 실천적으로 보는지, 즉 겨냥하는 목표에 따라 구분된다.

따라서 이 전환적 윤리가 처음 발전하게 된 것은, 언어들 간의 관계를 사유하고, 번역하는 행위 속에 대화술을 고려하면서다. 1984년 《낯선 것으로부터 오는 시련》과 함께 앙투안 베르만이 제기한 원조격 행동이 바로 이것이다. 번역 중에 언어들 간에 벌어지는 투쟁과 타자의 언어를 통해 모국어를 단련하는 것을 재인식하는 것이다. 그래서 번역으로 이런 차이가 노출되는 장소를 만드는 것이다. 번역은 이제 더 이상 다른 언어로의 교체 또는 대체가 아니라, 윤리가 갈등을 완화할 **논쟁적** 공간이 된다. 타자에 대한 전적인 책임(베르만이 레비나스*로부터 물려받은 유산)으로 낯선 타자를 통해 자기 고유의 것이 더욱 풍부해진다. 요즘 가끔 언급되는 낯설게 하기, 이타화하기처럼 말이다. "번역의 본질이란, 개방, 대화, 혼합, 교배, 탈중심이 되는 것이다. 번역은 관계맺기, 또는 그게 아니라면 **아무것**도 아니다."[2] 이는 텍스트의 문자에 딱 달라붙어 '환대어langue d'accueil'**에

---

* 리투아니아 태생의 유대인 프랑스 철학자 에마뉘엘 레비나스(Emmanuel Levinas, 1906~1995)는 내부인인 동시에 국외자로서 '나는 생각한다, 고로 존재한다'(데카르트)식의 전통적인 서구 철학의 존재론을 비판하면서 '나' 위주의 자아론에서 벗어나 '나'의 바깥 또는 '나'와 절대적으로 다른 자, 즉 타자를 향하는 존재론적 형이상학 및 윤리학을 발전시켰다.

** 앞에서는 '도착어texte d'arrivée' 등의 표현을 썼다면, 여기서는 도착어 대신 좀 더 적극적 의미의 accueil를 쓰고 있다. Accueil는 '마중', '접대', '수용', '환대' 등으로 보통 번역되지만, 이주 및 그 환대의 윤리, 정치철학적 함의를 살려 번역했다.

그것을 옮기는 일이라는 것을 구체적으로 암시한다. 이렇게 해서 외국어 몸이 모국어 몸이 될 정도로 변형되는 것이다. 윤리로 생기는 이득이란 게 이것이다. 환대는 최대치가 되어야 한다. 그도 그럴 것이 타자의 언어가 여전히 도착어에 존재하고 있기 때문이다. 타자의 언어가 모국어에 입력되면서 모국어를 변형시켜서라도 도착어에 거주하는 것이다. 이로써 "낯선 것이 배출"[3]되기도 한다. 하지만 이미 언급했다시피 실질적 문제를 보기도 한다. 번역된 텍스트는 번역될 텍스트와 닮지 않았다. 아니, 전혀 닮지 않았다. 번역될 텍스트는 이런 대화로 복잡하지 않았다. 문자를 살리는 직역은 번역의 이런 관행을 합법화하는 기관(즉 출판사의 편집자, 번역자 본인, 독자)에서 중대한 저항을 만나게 된다.[***] 번역된 텍스트에서 이런 만남을 읽어내지만,[****] 곧 뭔가 잃어버린다, 아니 언어 속에서 어떤 자유롭고 유려한 부분을 잃어버렸다고 생각한다. 이주자를 환대하는 맥락

[***] 번역자는 원문과 번역문 사이에서 고민을 하지만, 원문을 읽는 게 아니라 번역문만을 읽는 독자와 그 독자를 의식하지 않을 수 없는 출판사는 결국엔 가독성을 선호하여 직역주의가 지켜지기 어렵다는 의미이다.

[****] '만남'은 원문과 번역문의 만남으로, 번역문에서 이런 만남이 읽힌다는 말은, 번역문은 아무래도 작가가 쓴 것처럼 모국어로 완전히 자연스럽다기보다 이른바 번역 투라 통칭되는 낯설음이 다소 묻어난다는 말이다.

에서도 이런 딜레마는 크다. 베르만이 싸워온 자국중심주의는 실질적인 문제다. 환대어의 언어적·문화적 규범 속에 낯선 이야기들을 갈아 주조함으로써 이 이야기들의 진실이 없어질 위험이 있지 않을까? 거꾸로, 차이를 새기는 방식의 번역은 그 낯설음을 더욱 고립시켜, 말 그대로, 아예 도저히 받아들일 수 없게 만들 위험이 있지 않을까? 베르만의 번역 윤리학은 실질적 사안을 다루지만(특히 대부분의 번역에 나타나는 자국중심주의에 대한 구체적 비평에서), 본질적으로는 철학적 겨냥이 있다(그것은 의무론적인 윤리학이 아니라 목적론적인 윤리학이다). 직역을 통해, 모든 상관성(존재들과 언어들의 상관성)의 진실에 다가가고자 하는 것이 관건이지, 상호 문화적인 공동체를 세우겠다는 것은 아니다(더욱이 베르만에게서 문화[*] 개념은 정신의 발현, 정신의 광휘라는 독일어의 **쿨투르**Kultur를 더 닮았지, 서로 대화하며 복수적 문화성을 즐기는 민족학적 다양성은 아니다). 그 겨냥은 기능적인 게 아니다. 기능적 목적을 갖고 싶어지는 순간, 왜곡할 위험이 생긴다.

---

* 독일어 Kultur가 어원인 culture는 한국을 비롯한 한자 문화권에서는 글월 문자를 써서 문화文化로 번역하고 있을 뿐 정확한 등가성은 없다. Culture 는 라틴어에 기원을 둔 게르만어 kultur에서 왔다고 하는데, 식물을 키우고 재배한다는 뜻에서 파생하여, 어떤 작품의 '형성'을 뜻한다. 여기서 더 나아가, 교육적, 교수법적 차원의 교양 형성 과정을 뜻한다.

기능을 강조하는 번역 윤리학은 본분을 중시하는 의무론적 윤리학이 될 공산이 큰데, 이런 윤리학을 제안하는 다수의 번역 사상가들도 베르만의 노선을 따른다. 로렌스 베누티는, "차이의 윤리학을 향하여"라는 부제가 붙은,《번역 스캔들》에서, 우선 '외국화étrangéisation/foreignization, minoriticisation' 개념을 다시 생각하면서, 문화적 동화성에 대한 주의보를 내린다. 이런 개념 기여는 특히 영어 분야에서 상당히 값진데, 번역 윤리학이 영어에 대한 비판처럼 작동하는 측면이 분명히 있기 때문이다. 사실상, 어떤 언어가 지배적일수록 그 흡수력은 커진다. 그리고 동질화 경향이 커질수록 그 위험도 커진다. 언어가 차이에 열려 있을 때, 언어는 더욱 풍요로워지며, 창조적이다. 또한 그 사유는 전위적이다. 언어들간의 불균형에 대한 인식, 역사적 사회적 결정론에 의해 창조된 이질성에 대한 사유가 번역의 윤리학보다 더 선결되어야 한다고 생각한다. 그래야 이질성이 이 윤리학에서 해방되고, 문화적 차이성 및 외국 문화의 자율성도 더 잘 이해될 것이다. 바바라 고다르가 적고 있는 것처럼, "번역의 문화적 권위는 언어의 특별한 지정학적 위치 및 위상에 따라 변한다. 각국의 언어들은 동일한 역사성을 갖고 있지 않다. 그 만남도 완전한 대칭형이기 어렵다. 따라서, '자국중심주의domesticating' 번역과 '윤리적foreignizing' 번역도, 심지어

이 두 범주를 구성하는 것도, 지정학적 위치에 따라 변한다."[4] 《번역자의 윤리를 위하여》에서 안토니 핌이 한 것처럼, 그가 비록 번역의 문제를 번역가 본인의 문제로 옮겨놓긴 했지만, 번역이 몰두해야 할 윤리를 말하기 위해 베르만을 주장할 수는 있다. 그러나 번역가의 책임으로 전가되는 이런 제안은 어떤 경제적 거래, 그러니까 어떤 화폐적 교환 내지 도덕적 교환을 상정함으로써 베르만의 번역론에서는 좀 멀어진 감이 없지 않다. 물론 공리적 측면도 소홀히 해서는 안 된다. 응급 상황에 있는 번역자–통역자의 상황(특히 법적 상황에서, 그리고 통역자는 임상적 맥락에서)을 사회적으로 관심 갖게 만들었기 때문이다. 이로써 최고의 환영 조건이 만들어진다. 그럼에도 불구하고, 이것은 앙리 메쇼닉이 《번역자의 윤리와 정치》에서 밑줄그어 강조한 진짜 윤리적 입장이라기보다는 의무론적 입장이다.[5]

또 다른 번역의 윤리학은 주체들을 통해 이어진다. 번역으로 대화 공간이 만들어지는데, 거기서 주체들은 그야말로 주체로서 탄생한다. 같은 글에서, 메쇼닉이 윤리를 어떻게 정의하는지 보자. "그것은 사회적 책임이 아니라, 자신의 행위로서 주체가 되려는 한 주체의 탐색이다. 그러나 이 행위는 타자에 의해 이뤄지는 행위로, 그래서 이 행위를 하는 자가 비로소 주체가 된다. 이런 의미에서 언어가 그렇듯이, 이 주체도 윤리와 시가 불가분이다. 이런 결속이 암시하는 바는 언어의 윤리란 말하는 모든 자, 즉 모든 인류 시민에 해당한다는 것으로, 따라서 이제 윤리는 정치가 된다."[6] 번역해야 할 텍스트의 "주체"는 곧 번역하면서 주체가 되는 번역자가 된다. 이 둘은 분리불가분이다. 상호성만큼의 평등성을 함의하는 것이다. 소통의 패러다임들은(발신자, 수신자, 발원의 글, 과녁의 글) 효과가 없다. 왜냐하면 서로 화답하는 것은 서로 관계하는 이 두 주체들이기 때문이다. 담론, 즉 '글에 흐르는 말discours*'은 한 주체에 의해 그곳에 기거하는 언어이며, 그 주체에 의해 옮겨진 언어다. 따라서 '글에 흐르는 말'은 또 다른 '글에 흐르는 말'로 옮겨져야 한다. 번역의 실제에서는 이런 말들이 중화된다. 때론 의도적인 이유로. 번역자는 다른 사람에게 밀려나는 관계에 자신을 내맡기고 싶어하지 않는다. 따라서 이런 주체로서의 위치는 거절한다.

번역에는 분석이 따른다. 왜냐하면, 번역해야 하는 것이 단어들이 아니라, '글에 흐르는 말', 즉 어떤 담론을 주체화한,

---

* Discours는 조어대로만 보면 일정한 방향성 없이dis 자유롭게 흐르는cours 말이다. 여기서는 담론이라는 개념 및 용어 자체보다, 글이 번역되면서 무엇이 옮겨오고, 무엇이 잘 옮겨지지 않고 중화되는지를 정교하게 설명하는 단락이므로 조금 풀어 번역했다.

즉 언어 속의 한 주체를(통역의 경우도 마찬가지인데, 가령, 구두적 언어로 표현하지 않는 수많은 기호들과 전조들도 번역 대상이 된다) 번역하는 것이기 때문이다. 번역-분석이라는 새로운(특히 제네바 대학의 마티외 기데르에 의해 진전된) 이론적 패러다임이 대두됨으로써 이제 이 윤리를 인지론 연구의 장으로 옮길 수 있는 방안이 탐색되었다. 이것은 메쇼닉의 번역 윤리학이 요구하던 시학 훈련과는 다소 거리를 두고 있던 번역자들과 통역자들이 이제 이런 훈련도 해야 함을 암시했다. 특히, 텍스트에 흐르는 기저 담론의 의도를 분석하는 훈련을 해야 했다. 물론 개념은 같지만, 그러나 여기에선 특히 주체와 그 주체가 쓰는 언어의 연속성이라는 개념이 중요하다. 이주자들을 환대하는 사려 속에 번역 윤리학 차원에서도 이제 그 관심과 흥미가 증대되는 것을 보게 된다. 왜냐하면, 이런 윤리학은 우선 그들의 글 속에서 말을 하는 주체들을 충분히 고려해주기 때문이다. 이어 그들의 말을 들어주고, 번역해주는 자들을 이번에는 주체로 만들어주는데, 다름 아닌 그들이 받아들여준 말의 주체가 된다는 것이다. 따라서 번역자들은 그들 말에 더 귀 기울인다. 그들 말을 앗아가는 게 아니라, 그들 말을 그들에게 내주면서 그들 말을 하게 하는 것이다. 그러나 중요한 것은, 이 모든 과정이 언어 속에서 일어난다는 것이다. 그래서 번역하기 윤리와 문화론자 윤리를 구분하는 것이 중요하다. 번역 대상의 문화에 대한 상당한 인식이 있어야 하지만, 주체의 부분은 최소화해야 하는 것이다. 만일 각 발언이 담론의 주체를 암시하면, 번역해야 하는 것은 이 주체이지, 나머지 모든 것은 축소(주체를 하나의 카테고리 정도로 보기) 또는 중화(언어 자체를 번역하기) 일로로 가야 한다. 이런 윤리는 이중적으로 정치적이다. 우선 하나는, 언어에 정치성을 띠게 하는 과정 때문이고, 또 다른 하나는, 통일된 방식의 안정적 정체성을 가진 주체들을 하나의 언어 또는 하나의 문화로 만들지 않고 언어 속에, 여러 관계들 속에 존재하는 자로 만들기 때문이다. 하지만 이런 윤리에 부족한 것은(사실상 그 시적 기원 때문에), 여러 문화들 사이에 세워진 헤게모니 관계를 의식하면서 개별적인 것과 보편적인 것을 분리하는 것이다. 이쪽 문화, 저쪽 문화의 차이로 글에 흐르는 말들을 다소 의도적으로 가로지르거나 건너뛰면서 말이다. 망명 신청자들은 대부분 하위 문화에서 온 사람들로, 이런 힘의 관계를 고려한 담론적 윤리 역시나 고찰되어야 할 것으로 보인다.

하위 문화 연구의 연장선상에서 가야트리 스피박이 제안하는 것이 이것이다. 그녀는 번역의 정치적 폭력성을 재쟁점화하는데, 그녀에 따르면, 가장 자주 보이는 것은 번역 대상의 고유어를 지배 문화의 고유어로 코드 변환하는 것이다. 번역이 민주적이려면, 문화와 그 문화를 지탱하는 존재들 간에 진정한 상호적 교환 체계가 있어야 한다. 하지만 이런 윤리는 정확히 말하면 문화론자의 윤리는 아니다. 왜냐하면 여기서 "문화"로 이해되는 것이 재정의되어 있기 때문이다. 담론, 또는 글에 흐르는 말들은(문학은 **당연지사**, 다른 글들에서도) 더 이상 어떤 문화의 일정한, 또는 논리적 산물이 아니다(이를 조명해주긴 하지만 말이다). 일반적 또는 보편적 개념이라는 이름으로 언어적·국가적·문화적 맥락이 주어지지만, 이런 말들은 그것을 완전히 벗어나고 있기 때문이다. 따라서 문화를 언어, 정치, 그리고 그 발화성으로 분리해 생각해야 한다. 제국주의적 번역이 번역을 만국 통용 도구로 만들었다. 그 윤리는 다음의 전제 조건에서만 작동한다. 즉 타자를 자기처럼 만들어 그 타자를 훨씬 더 인간적으로 바꾼다는 전제조건 말이다. 이런 보편구제론(유니버설리즘)은 정확히 말하면 기독교 세계에서 탄생한 것이다. 그 개별성이라 한다면, 원조가 되는 세계를 번역을 통해 유통하는(그리고 일신론을 동사와 분리시키면서[7]) 것이다. 우리가 이주자들을 환영하려 했다면, 분명 이런 전제 때문은 아니다. 이런 전제 없이, 우리는 이주자들이 그 차이성을, 그 개별적 특수성을 포기하지 않도록 해야 한다. 따라서, 번역과 함께 개별성 윤리를 제안해야 한다. 말뿐인 뻔한 행동이 되지 않도록, 그 재현 및 표현물들을 연구하고 이를 세상에 내놓아야 한다, 도래시켜야 한다. 이를 스피박은 채무와 증여 같은 경제 개념에 따라 "배상의 주체" 또는 "책임의 주체"라 부른다. 모국어에 대한 채무가 우선 있다. 이것은 앙투안 베르만도 말한 것인데, 타자의 모국어에 대한 인정과 감사를 전제한다. 이것이 바로 번역자(여자만 아니라 남자도)의 참여와 증여를 이끌어낸다. 언어적·정서적·문학적 실제들이 같은 도상 위에 놓인다. 위계질서는 지워진다. 가야트리 스피박은 이 원칙에 더해 상당한 정서적 함의가 있는 일화를 제시하기도 했다. 한번은, 그녀가 어머니와 함께 어느 공항에서 항공편을 갈아타려고 하고 있었는데, 북미 억양으로, 그러니까 뉴욕 억양으로 발음하는 한 남자를 본다. 그런데 기분이 묘해진다. 코넬대학교 재학 중인 그녀에게도 익숙한 억양이었기 때문이다. 그래서 그녀는 그 남자가 듣지 못하게 어머니에게 이런 내용을 벵갈어로 말한다. 그러자 어머니가 그녀에게 이렇게 답하는 것이었다. "그것도 모국어란다." 이 일화가 실린 《민족주의와 상상력》에서 그녀는 이를 이렇게 해설하고 있다. "유아기 메커니즘을 통해 배운 언어는 단순히 자기 언어가 아니라, 각각의 언어일 뿐이라는 감정, 이런 게 윤리적 동등성이다."[8]

번역의 모든 윤리학에는 그래도 한계가 있다. 아무리 그러지 않으려 해도 번역은 뿌리를 제거하고 만다. 그리고 상당한 경우, 경험으로 알고 있는 것도 거리가 생기면 망각한다. 그러면서 원 텍스트 자체가 지닌 역량을 축소하고 마는 것이다. 다시 말해 도착어 독자가 항상 머릿속에 새겨져 있어 이를 의식하지 않을 수 없는 것이다. 공동체를 만드는 번역이라고 하지만, 정말 어렵사리 힘들게 하는 것이다. 이미, 한 주체와 번역자 간의 관계에서도 어려운데, 전 세계 공동체를 포함한다면 훨씬 복잡한 문제가 될 것이다.

공동체 공간으로서의 번역

그렇다면 어떻게 해야 번역이 공동체를 만들 계획을 세울 수 있을까? 어떤 종합 형태를 제안하기 위해 나는 이제 성찰보다는 가야 할 방향의 양상을 제시해보고자 한다.

● 우선 둘이 하나가 되는 관계가 있다. 서로 다른 두 개의 오브제가 결국 하나가 되는 것처럼(1+1=1). 잘 알다시피, 번역된 글을 읽는 것과 원어로 읽는 것은 같은 게 아니다. 하지만, 전체 구도에서 여러 준거 및 지시사항들을 상당 부분 공유하게 된다. 그러다 보면, "하나 같은" 것을 하나로 여기게 된다. 독법에는 여러 이론들이 있는데(가령, 《읽지 않은 책에 대해 말하는 법》[9]을 쓴 피에르 바야르의 이론), 그도 그럴 것이, 어쨌거나 우리는 결코

같은 텍스트를 읽는 게 아니기 때문이다. 같은 언어로 그것을 읽을 때도 포함하지만, 사실 이런 구분이 중요한 건 아니다. 이런 나쁜 계산법(1+1=1)은 또 다른 나쁜 계산법을 불러들이는데, 이번에는 1+1=3이다. 릴리 로베르폴리가 제안한 제3의 텍스트 이론이 그것으로, 베케트가 자신의 글을 자기 스스로 번역한 것[10]을 읽는 것에서 이 이론은 출발한다. 계산이 정확하지 않은 게 아니라, 정확히 계산할 수가 없는 것이다. 2개가 다 엷어지거나, 넘친다. 아니면, 두 경우 결국엔 다 사라지고 만다.

● 좀 다르게 고안한 공동체는 중개인[11]이 된 번역자다. 원저자가 도착어(과녁을 겨냥하는 번역론의 잠언)로 쓰였으니, 번역자가 텍스트의 저자가 될 수 있고, 아니면 저자가 자기 고유 언어로 말한 것을 번역자가 자기 언어로 다시 말하는 중개인이 되는 것이다. 사회적으로 다른 두 인물이 서로 혼동되지는 않지만, 대체가 일어나거나 번역자가 저자의 자리를 대신하는(자기가 쓴 글을 자기가 번역하는 경우가 아니더라도) 경우가 상당수 존재한다. 더 흥미로운 것은, 공통성을 공동체 방향으로 생각하기 위해서는, 대체 또는 교체 작용 때문이 아니라, 번역하는 주체를 내재적·본질적으로는 항상 복수로 파악한다는 것이다. 왜냐하면 저자 담론이 곧 자기 담론이 되기 때문이다. 하지만, 번역자는 자기 언어와 자기 공동체라는 지평을 가지고 저자와 함께

가는 것은 확실하다. 번역자는 자기 독자들의 언어로 말하면서, 동시에 자기 언어로 그리고 저자의 언어로 말한다. 이런 복수성이 곧 새로운 공동체 공간을 정의한다.

● 공통점을 창조하는 것만이 아니라, 번역은 공통점을 생각하게 만든다. 똑같은 공동체는 절대 있을 수 없다는 생각을 하게 도와주는 것이다. "공통되면 기관이 되고, 이어져 있으면 관계가 되고, 가까이 있으면 근접성이 된다. 이것은 일면, 공통성은 차이성이라는 바탕 위에서 만들어진다는 것을 의미한다. 똑같은, 동질한 바탕 위에서가 절대 아니다. 또 다른 일면에서는, 동질성idem 바탕 위에서 형성된 공통성은 공동체를 당연한 소산물로 여기는데, 위험한 환상이라는 것이다. 동질성을 꿈꾸는 건 환상이라는 말이다."[12] 차이를 작업하면서, 번역은 자기 고유의 것, 즉 자기와 같은 것에서 그 같은 것을 빼낸다. 같은 것이 아니라, 기항, 기착, 그러니까 갈아타는 느낌이 드는 것이다. 미셸 드기가 말한 것처럼, 번역은, 같은 것에서 전혀 다른 것으로의 이동이다. 모국어가 태생적 동체로서 그 안에서 완벽히 정박한 느낌이 드는 게 아니라, 뿌리가 뽑혀나가면서 동시에 결착되는 것 같은 느낌이 드는 것이다.[13] 마찬가지로, 공동체를 정치적으로 옳게 사유하려면 "형제에서 형제들"[14]로 넘어가야 한다. 마찬가지로, 번역을 옳게 성찰하려면 "모국어에서 모성

같은 언어"로 넘어가야 한다. 결국, 자기 정체성, 자기 동화성에 너무 매몰되지는 말자는 것이다.

● 번역은 따라서 발화하는 집단적 동선과 그 배치일 뿐이다. 공동체와 어떤 관계를 갖긴 하지만, 엄격한 귀속 또는 저자 운운하는 저자성에서 빠져나오는 것이다. 번역은 더욱이 언어 안에서도 지극히 상투적인 일반 논거에서 시작하지만, 작업이 계속되면서, 여러 몸을 하나로 합하는 듯한 형태의 행위로 진행되고, 그러면서 공동체에 대한 감이 잡히는 것이다. 여기서 좀 더 확대된 것이 수행성 개념인데, 이어 나온 주디스 버틀러의 연구 덕분에 이 개념이 더 빛을 볼 수 있었다.[15] 이 수행성은 모든 번역을 시도하며, 어떤 공통성을 말로 발화하는 행위 속에서 발휘될 수 있을 것이다. 심지어, 어떤 경우, 특별히 아주 창조적인 결과물을 내놓기도 하는 집단 번역은 이런 집단성을 높이면서, 수행성도 높인다. 우리는 번역자라는 "하나의 민족이다…"

● 마침내, 공동체가 만든 번역으로, 모두가 **자기** 언어를 말하는 게 아니라, 잠재적으로, 각 텍스트가 모든 언어로 말해질 수 있다는 것을 깨닫게 된다. 다시 한번, 공동체에서 다시 참조할 것은 단수로서의 하나가 아니라 복수성이다. "우리"가 모든 언어를 말한다. 특히 모든 언어가 타자를 향해갈 수 있는 이동성을 말한다.

그러나 번역 작품을 통해 만들어진 이 "우리"는 이제 텍스트 그 자체로 구성된 "우리"와 갈등에 들어간다. 집단적 발화성이라는 개념을 이미 사용한 바 있는 들뢰즈의 용어를 그대로 간직하기 위해, 이런 용어로 질문할 수 있을 것이다. 번역 작품이 문학 텍스트를 만드는 방식과 같은 방식으로 민족을 만들 수 있을까? 번역에 관한 담론을 공동체 공간으로 또는 공동체 힘이 미치는 공간으로 만들 때 늘 한계를 만나는 것도 그래서다. 이 한계들은 사안을 복잡하게 만들면서도 아울러 흥미롭게 만든다. 역사적 사건을 번역하다 보면 이런 문제들에 봉착하는데, 이런 사안에 대한 접근방식으로서 번역이라는 공통적 지평선이 생겼지만, 이 지평선은 다시 이동하면서 결코 화해되거나 절충되지 않는 "우리"를 만들기도 한다.

화해되지 않는 어떤 "우리"

번역은 뿌리를 뽑는다. 특정 이론에는 그 자체의 힘이 있다. 번역의 낭만주의 개념에서는, 원작에 있던 익숙함을 텍스트 조직 자체로 살려내는 것은 번역의 힘이 아니라 그 궁극성이다. 텍스트에서 체험적으로 느껴지는 어떤 점착성을 파괴하면서, 번역은 그것을 저 무한으로도 데려간다. 하지만 또 다른 개념이나 경우에서는, 경험적으로 느낀 구체적 준거나 논거들을 망각하거나 멀찍이 떨어뜨림으로써 텍스트가 지닌 역량을 감소시킨다. 혹은 도착어의 독자가 너무 많이 들어와 있는 문제가 생겨난다. 《번역과 갈등》[16]에서 모나 베이커는, 이스라엘과 팔레스타인 문제 같은 갈등 맥락 속의 번역 문제를 다룬다. 그리고 번역이 도리어 새로운 이야기를 지어냄으로써 분쟁을 더 크게 만드는 것을 보여준다. 여기서 "우리"는 원본 이야기에 있던 우리와 같지 않다. 테러리즘과의 전쟁 같은 세계 갈등이 상존하는 지역에서는 가령, 에밀리 앱터가 《번역 지대》[17]에서 연구한 것처럼, 번역이 여러 사건들을 각자 자기 편에서 자기 식으로 만들어 정당화한다. 선별 과정을 통해 등가성이 불가능한 단어들을 이데올로기적으로 유사한 단어로 만들어(가령, 한쪽에서는 "자유를 위해 싸우는 투사"라면, 다른 쪽에서는 "테러리스트"다), 번역은 이른바 그 공통적 지평선을 변경한다. 자기 구독자를 늘리기 위해 적절히 이야기를 각색하거나, 출발어에서는 "우리"였던 것이, 다소 자리 이탈한 "우리들"이 되고, 결국엔 "우리"의 반대항에 있는 "당신들"이 된다. 즉, 출발어 텍스트에서 1인칭이었던 것이 2인칭이 되는 것이다. 갈등적 대결 국면 속의 교섭 상대가 되는 것이다. 잘 알다시피 역사적 사건은 모두에게 같은 의미를 갖지 않는다. 이런 사건을 번역할 때는, 그 발화 맥락에서 벗어나서는 안 될 수 있다. 문제는 번역자(여자든 남자든)의 발화가 된다. 번역자가 어떤 공동체에 있는지, 어떤 공동체를 위해 번역하는지. 어떤 역사적 사건에 같은 방식으로 반응해야 할까? 어떻게 이 사건을, 정확하게, 옳게 전달할까? 정확함은 정의와 부합하니, 그렇다면, 정의를 어떤 문화적의미로 바라보느냐가 관건일까? 우리가 이런 쟁점에 얼마나 민감할 수 있는지 보여줄 수 있는 하나의 예가 있다.

미셸 비나버*의
자기 번역에서의 배타적 "우리"

미셸 비나버는 선택을 한다. 그는, 그러니까 2001년 9월 11일 사건**을 여러 목소리들을 교차해 고정하는 방식을 택한

---

* Michel Vinaver(1927~2022): 프랑스의 극작가이다. 수편의 극작품을 썼고, 한국 전쟁을 소재로 한 연극 작품도 창작했다. 파리8대학 연극학부 교수로 지냈고, 《2011년 9월 11일》이라는 작품은 장프랑수아 드메이예르의 연출로 2003년 아비뇽 연극 축제에서 공연된 바 있다.

** 9·11 테러는 2001년 9월 11일 화요일 아침 미국에 대항하는 이슬람 단체 알카에다가 일으킨 네 차례 연쇄 테러 공격이다. 미북동부에서 캘리포니아로 향하는 여객기 4기가 이들에 의해 연쇄적으로 납치당했고, 납치범들이 각기 나눠 탄 항공기 하나가 뉴욕 맨해튼에 있는 세계무역센터 북쪽 타워와 맨 먼저 충돌하였고, 이어 남쪽 타워와 충돌, 110층짜리 쌍둥이 빌딩이 붕괴되었다. 이 단락에서 언급되는 금융제도, 호텔 등은 세

다. 다양한 언론 출처에서 나온 여러 말들을 얽히고 설키게 하거나, 다양한 담론 유형들을, 오라토리오Oratorio[***]처럼 한데 모으고 재구성한다. 눈앞에 실제로 펼쳐진 현재의 일인데, 그 비평을 이젠 골동품이 되어버린 성가대의 방식으로 하는 것이다.[18] 또한 이 장치의 중심에 번역 형식을 도입하는데, 영어로 쓴 텍스트에 자기가 직접 프랑스어로 번역한 것을 같이 넣어 출판한 것이다. 그러나 프랑스어는 영어를 견지하면서 성가대 합창단의 가사를 통해 부분적으로 전달된다. 그렇다면 비나버는 왜 이런 선택을 했을까? 방금 내가 말한 번역 및 공동체에 대한 성찰을 하면서 이 작품을 다시 읽으니 비로소 이해가 되었다. 원본 영어에 있는 증언적 차원은 프랑스어 번역본에서는 지워져 흐릿하다. 그건 프랑스 관객이 이 사건에 대해 같은 방식으로 느끼지 않기 때문이다. '우리를Us/US[****]'을 같은 방식으로 새길 수 없다는 의미이다. 번역은 바로 이 지점을 나타내야만 한다. 성가대는 무대

계무역센터 건물을 비유하는 것이다.

[***] 성서를 주제로 한 대규모의 서사적 악곡을 말한다. 처음에는 기독교인들이 모이는 장소인 '오라토리oratory'를 가리키는 말로부터 비롯되었다.

[****] 전자는 앞만 대문자, 후자는 둘 다 대문자로, 9·11 테러 같은 사건을 모두 보고 느끼지만, 다 같은 방식과 정도로 느끼지는 않다는 의미로 보인다.

저 후경에서 계속해서 윙윙거리는 미국식 소리를 들려준다. 금융제도에 대한 냉소주의와 뇌리를 떠나지 않을 정도로 시끄러운 슬로건과 광고와 방송을 부각한다. 이런 소리는, 현재, 세계 모든 나라에서 동일하다. 그것을 번역하는 것은 그것을 가까이 오게 하려는 게 아니라, 멀어지게 하려는 것이다. 때론 세계에서 가장 아름다운 호텔 중 하나인 이 호텔에서 마지막 밤을 보내라는 호텔리어 무리들의 광고가 들린다.

코러스/합창단

하룻밤 더

마지막 체크아웃

컴플리먼터리* 서비스로 제4의 밤을 즐기세요

더 리딩 호텔 오브 더 월드

올라갑니다, 내려갑니다

붕, 쾅!

슬럼프, 리바운드![19]

---

* complimentary: 호텔에서 접대 및 판매촉진을 위해 손님에게 객실 및 식음료를 무료로 제공하는 것을 말한다. 제4의 밤에서 4는 불길한 숫자를 함의할 수도 있다.

가입을 독려하는 뉴스레터 같기도 하고, 광고업계에서 들리는 미디어 담론 같기도 하다.

코러스/합창단
월스트리트에서 온 메모, 앞길은 더 험난합니다
신탁의 제사장은 PC 폭락에서
생존자들이 거의 없다고 봅니다
카불 법정, 마멸된 날
문화의 충돌[20]

때론 대통령의 담론을 번역한 것 같기도 하다

코러스/합창단
부시는 범인 색출을 다짐합니다

반면, 프랑스어 번역본에서는 부시의 말이 프랑스어로 아주 아름답고 좋게 들린다. 테러리스트들에게 내리는 교지 같다. 어떤 단락은 번역하지 않는다. 때론 자기 번역을 성찰 공간으로 만들어, 이 사건과 자기 언어의 관계를 사유한다. 거기서 다른 요소들도 본다. 가령, 한 인물의 대사인 "우리가 생각한 폭탄"

은 프랑스어 번역본에는 더 이상 나타나지 않는다. 아니면 그냥 번역되지 않았다. 사건은 한 나라에서 다른 나라로 가면서 변한다. 한 언어에서 다른 언어로 가면서 변한다. 어떤 경우 발화를 중계하면서 문제가 된다. 왜냐하면 불안정하거나 우발적인 텍스트로도 공동체가 세워질 수 있기 때문이다. 따라서 공동체는 다르게 세우거나 정확히 지시해야 한다. 너무 멀어졌다 싶으면 번역을 생략하거나 포기할 필요가 있다.

제안된 틀은 비극의 틀이지만(마지막에는 두 인물―부시와 빈 라덴―만이, 그 둘이 주고받는 말만이 마주한다), 비나버는 이런 현대 사건을 통해 비극에 다다르려고 하지는 않는다. 주인공들을 꼭 두각시 인형들로 만들어, 어떤 위대함을 더 비워버린다. 악惡이라는 주제도. 그는 무대 공간을 가짜 대화나 구멍, 운문, 잘 안 맞는 리듬과 병치 속에 보여줌으로써 아이러니로 가득 채운다. 이런 건 번역 덕분에 가능하다. 번역은 여기서 "우리"를 다른 언어로 단순히 옮기지 못하기 때문이다. 그 한계를 보여주면서, 번역은 세계성 속에 남아 있는 보편성을 뜯어내려 한다. 그런데 세계가 세계화되는 순간이, 영어가 전 세계 언어임을 확신하는 순간이 번역이 가장 어려운 것임이 드러나는 순간이다. 불가능한 장소 투성이다. 뚜렷이 구분되는 "우리"를, 그 다양한 언어들을 한군데 합류시키는 것이 좀처럼 쉽지 않아 애를 먹는다. 번역은 이런 진실을 폭로하며 여전히 수선 및 복원 가능성을 남겨 두지만, 이로써 더욱 드러난 것은 구멍난 현실이다.

비로소 번역의 최후 윤리를 강조할 필요성이 대두되는데, 그건 곧 비번역의 윤리가 될 것이다.[*] 이것은 다수의 사상가들에 의해 이미 제안된 바, 이들은 분명 운반체로서의 언어가 자기 나라 고유의 언어를 옥죄는 현상을 목도했기 때문이다. 제국주의 게임의 법칙을 추구하는 언어적 순응과 그 타협을 보았기 때문이다. 스피박은 그래서 혼종성hybridité도 비판한다. "혼종성은 여러분의 정체성 속에 있는 환원 불가능한 문화적 번역을 전제한다. 이건 분명한데, 여기서 번역은 계급 주체에게만 호의적이다. 하위성은 이런 문화적 번역과 연결된 개념이 아니다. 이건 접근 부재라는 실질적 개념이다. 내가 이미 말했지만, 여자와 남자는 배분적 정의에서 분명 불평등한 상황 속에 있는 것이다."[21]

그녀는 고대 제국 시절 다국어 비교 문학을 제안할 정도로

---

[*] 번역의 아이러니다. 번역은 차이가 있는 것을 번역함으로써 그 차이를 해소한다. 아무리 차이의 번역을 강조해도, 결국 번역함으로써, 소통되므로 차이가 사라진다. 비유하면, 서로 떨어진 두 골짜기 마을 사이에 다리를 놓음으로써 두 골짜기 사이는 연결되고 두 문화가 하나의 문화 가능성이 생기면서 세계는 동일화, 표준화 하게 된다. 이런 논리를 밀어붙이다 보면, 번역의 최후 윤리는 곧 '번역하지 말라'가 되는 아이러니에 이른다는 것이다.

언어적 다양성을 격상한다. 그녀가 보기에 이 시절의 다국주의가 복수의 "언어들"을 말하는 것이기에 이상적으로 보이는 것이다. 단일 문화주의를 파괴한다는 것은 때론 번역을 거부하는 것이다. 번역 너머의 세계로 가는 것도 거부하는 것이다. 우리가 앞선 장 마지막에서 보았듯이, 극단적 폭력을 수선하고 보상하려면 인류학자 알톤 루이스 베커가 《번역을 넘어서》[22]에서 암시한 것처럼 해야 한다. 그는 여기서 언어적 기억 개념을 발전시키는데, 다른 공간 안으로 침입하는 수준에 이르려면—그는 지리학적 차원에서 이런 말을 하지만, 상징적이고 상상적인 함의가 배어 있다—자기 언어 기억에 접근하기 위해 하나의 단어를 충분히 알아야 할 필요가 있다. 아마도 이것이 훨씬 공정한 세계를 상상하는 법이 될지 모른다. 번역은 언어적 통합을 추구하는 대신(번역은 어떻게 보면 초고도의 언어일 수 있다), 가까운 미래에 모든 **링구아 프랑카**Lingua franca*를 대체할 수 있을지 모른다. 이번에는 자기가 지배 "언어"가 되어서 말이다.

---

* 다른 언어를 쓰는 사람들 사이에 의사전달 수단으로 쓰이는 공통언어로, 아프리카, 중동 등에서 쓰이는 프랑스어, 이탈리아어, 스페인어, 터키어, 아랍어 따위의 혼성어다.

9장

번역과 생식
또는 출산*

Insister[*] : 이것을 어떻게 번역할까?[†]

— 엘렌 식수

---

[*] 일부러 우리말로 번역하지 않았다. Insister는 '안'을 뜻하는 접두사 in과 '멎다', '멈추다', '움직이지 않고 가만히 서 있다'를 뜻하는 라틴어 sistere에 서 파생한 동사의 결합이다. 보통 '실존하다', '존재하다'를 뜻하는 exister 와 비교되는 의미의 조어이다. '고집하다', '강조하다', '역점을 두다', '주장 하다' 등의 의미로 통용된다. 여기서는 이 장의 주제인 여성 안에서 일어 나는 생식성, 출산성을 함의한다.

번역 기회는 상대적 약점으로 남는다. 부차적 권위만을 갖는다는 사실, 그러니까 간단히 말해 낮게 평가되는 그 권위가 번역이 조정자라는 주요한 역할을 실질적으로 유일하게 한다고 주장할 수 없게 만드는 것이다. 만일 번역이 그런 역할을 하고 있다고 한다면, 모든 게 영어 또는 중국어로 번역되고 있기 때문이다. 그건 우선 영어나 중국어가 번역해야 할 지배적 언어라고 자리매김하는 셈이기 때문이다. 번역을 정치 세력으로 만들기 위해 번역의 약점을 부각하다 보니 나는 번역의 사유에 있는 어떤 상상적인 것으로 돌아오고 말았는데, 그건 바로 번역과 여성을 연결시키는 것이다. 왜냐하면 번역과 여성 둘 다 사회적으로 전경에 나와 있지 않기 때문이다.

번역자라는 직업은 오늘날 대다수가 여성이다(연구가 이를 알려주고 있는데, 왜냐하면 번역은 집에서도 할 수 있기 때문이다!). 하지만 번역은 여성에 대한 상징적 폭력이 행해지는 사유 공간이기도 하다. 번역 메타포에 대한 어느 유명한 글[2]에서, 로리 챔벌

259

린은 번역과 성性구분genre* 두 영역이 서로 얼마나 연관되어 있는지 보여준 바 있다. 표현들을 여성화(모국어, **mother tongue**)한 담론들이나, 번역자가 텍스트의 순결성을 보호해줘야만 할 것 같아 텍스트를 여성화하는 담론들에서 많이 관찰되는 현상들을 지적하고 있다. 뿐만 아니라, 번역에 관한 담론을 섹슈얼화 하는 두 이유를 그녀는 지적한 바 있다. 첫 번째 이유는 창조는 흔히 남성에서 오고, 생식 및 출산은 여성에서 오기 때문이다. 또한 번역을 2차적 행위로 보면서 여성 쪽에 놓는다는 것이다. "아름다우나 부정한 여인들belles infidèles"** 같은 고전적 표현만 보아도 여성에 대한 고려가 어떠했는지 잘 드러난다. 한마디로 2차적 위상, 또는 하위 위상은 모든 것을 힘의 논리로 표

---

* 장르는 어떤 분류 및 유형을 뜻하며 문학 및 예술 장르라는 표현도 많이 통용된다. 유성 생식으로 구분되어 나온 성, 즉 여성 또는 남성, 더 나아가 이렇게 성을 구분하는 전반적인 태도 및 경향을 의미한다. 영어 '젠더 gender'가 그 등가어가 될 수 있지만, '장르'는 문학이나 예술 쪽에서 더 많이 쓰이고 '젠더'는 영미권에서 생물학적 성에 대비되는 사회적 성을 주로 이른다. 한편, 이 장은 단순히 사회학적 젠더 개념을 논하는 것은 아니고, 오히려 생물학적 함의를 충분히 전제하며 번역과 여성, 또는 성구분의 문제를 다루므로 '성구분'으로 중화하여 번역한다.

** 17세기 프랑스에서는 외국의 작품을 비록 원문에 '충실하지 않아도In-fidèle' '아름다운belles' 프랑스어로 번역한 경향이 많았다. 번역의 어떤 태도를 비유하는 말이면서 이를 여성에 빗대어 표현하고 있다.

현하는 헤게모니 담론의 한 모델로 구축되었다.《프랑스어 번역의 역사》[3]에서 추진한 조사들을 보면, 번역에 관한 옛 문헌에 이런 성구분 메타포들이 얼마나 많은지 확연히 보여주고 있는데, 비교적 최근에 나온 글에도 여전하다. 앞에서 헤게모니 과정의 여러 단계를 언급하면서 조지 스타이너를 인용했는데, 조지 스타이너만 하더라도 번역자가 원문과 맺는 맞대결corps à corps *** 관계에 대해서도 "병합annexion", "소유possession", "적출extraction" 같은 단어를 쓰는 데 주저하지 않는다. 남성이 하는 창조를 여성화한 것이 번역은 아니다. 오히려 그 거꾸로다. 하지만 지배권은 똑같은 편이 갖고 있다. "말하자면, 원어 텍스트가 훨씬 얇아졌다. 빛은 별 어려움 없이 느슨한 섬유 조직망을 통과하는 듯하다. 일순간 적의적이면서도 매혹적인 '타자성'이, 그 저항성이 걷혀 나간다. 오르테가 이 가세트는 실패한 번역자의 슬픔을 이렇게 표현한다. "성공에 이어지는 또 다른 것은 성아우구스티누스가 느낀 그런 **슬픔**tristitia이다. 육체적 소유와 지적 소유가 쌍둥이 행동처럼 나뉘어, 아니 동시에 생기면

*** 보통 일대일 결투, 맞잡고 드잡이 하는 형국을 표현한 말인데, 이 용어에서도 '몸corsp'이라는 단어를 쓰고 있다. '정면 대결', '드잡이' 등으로 의역하지만, 축자역하면 '몸 대 몸'이다.

서 드는 슬픔처럼."⁴

따라서, 성구분과 번역의 문제를 함께 연동하는 것은 중요할 것이다. 갈등 모델 속에 있는 새로운 대립이 밝혀질 수 있기 때문이다. 게다가 만남 또는 관계가 갈등 또는 폭력이라는 형태를 유지하지 않을 수는 없다는 것을 이해하는 데 다시 한번 도움이 되기 때문이다. 그래서 번역과 생식 또는 출산을 연결하는 표현과 담론이 유사성에 관한 성찰을 더 명백히 드러내 보일 수도 있을 것이다. 성구분에서 생기는 반목과 대립을 전적으로 초월하지는 못해도, 달리 생각해볼 수 있는 계기가 될 것이다.

1855년에 출간된 시집 《풀잎》에서 월트 휘트먼은 창조와 생식 및 출산을 동일시한다("Always the procreant urge of the world."(늘 세계의 생식 충동)).⁵ 또 《아담의 후손》에서는 우릴 만들어내게 될 이 "생식의 서약serment de procréation"에 대해 말한다. 시는 곧 정자semence다. 시 안에, 정자 안에 성구분과 대립이 우수수 떨어진다. 휘트먼은 이를 다 잊게 하려 했지만, '창조하다'와 '생식하다'는 교대 양식처럼 계속해서 제시된다. 클리셰 형태로 라틴어로 쓴 표현도 나온다. **아우트 리브리 아우트 리베리**aut libri aut liberi.⁶ 책이든 자식이든? 다시 말해 상동성(클리셰일 수 있지만, 문학적 창조나 예술적 창조나 모두 출산과 유사하다)

일 수도 있고, 이율배반일 수도 있다—《창조하다》에서 폴 오디가 말한 것처럼, "혹은 (…) 저자가 된다는 것은, (…) 아버지가 된다는 것이다."[7] 그런데 이런 대체가 아들일 때와 딸일 때, 남자일 때와 여자일 때 어떻게 같은 식으로 작동되지 않는지도 보여줄 수 있을 것이다. 창조 행위의 윤리학적 차원에서 보면, 딸은 항상 생식pro-créer 조건에 있다. 창조는 그 첫 번째 의미에서 보면 생식처럼 단순히 앞으로만 나아가지 않는다.[8] 라틴어 접두사 "**프로**pro"의 어원이 암시하듯이, 이것은 '~를 위하여', '~를 대신하여', '~듯이', '~처럼', 여기서 더 나아가 '~와 비례하여', '~와 상관하여' 등의 뜻을 갖는다. 아들로서는, 태어나는 것에 대비해 뭐라도 해야 하는데 그럴 수 없는 불능성과 직면해야 한다. 다가올 죽음 때문이 아니라, 자기 고유의 근원을 자신에게 부여할 수 없다는 사실에서 오는 유한성 때문에 도저히 치유 불가능한 감정에 직면해야 한다는 것이다. 여기서 문제는 갑자기, 출발점에서부터 자기 자신으로 위치하고 싶다는 욕망이 생기는 것이다. 반면 딸은, 작가 또는 예술가 되기의 사안을 기원되기의 상황으로 몰고가지는 않는다. 마찬가지로, 생식 또는 출산 과정에서 어머니 되기는 자기 자신이나 자기 삶과 상관(아버지 되기에서 일어나는 것과는 다르게)되는 것이 아니라 총체적이고 공통적인 삶, 또는 지극히 단순한 삶(기원을 전가하는 문제는 당연히 아니고)과 상관된다는 것이다. 이와 마찬가지로, 작가 되기는 보편성의 기호 아래 놓여 있다. 그도 그럴 것이 거기서도 여성이기 때문이다. '되어가기-여성이기-작가이기le deve-nir-femme-auteur'[*]이지 '여성으로 되어가는' 것이 아니다─그러니까 시몬 드 보부아르식이 아니라, 질 들뢰즈 식이다.《비평과 임상학》에서 들뢰즈는 니체에 이어, 글을 쓰면서 "여성이 되어가고, 동물이, 식물이 되어가고, 분자가 되어가고, 거의 지각할 수 없는 것이 되어간다"[9]라고 썼다. 남자와는 달리 여자는 단순히 작가가 되는 것이 아니라, '작가 여성auteur femme이 된다. 다행히도, 최근에는 "오퇴르auteure" 또는 "오트리스autrice"라는 말이 생겨났다.[**] 과학 기술이 남자들에게 출산을 허용하

[*] Devenir는 보통 'A에서 B로 되어가다' 식으로, 선후관계가 상정되는 동사이다. 결국 B라는 결과에 이르는 과정보다 그 결과인 B 자체에 방점이 찍힌다. 질 들뢰즈 식이라고도 했지만, 리좀 같은 생의 원리가 공통으로 작동되는 점을 강조한 이 표현은 그 사유적 함의를 부각해 다소 낯설게 번역될 필요가 있다. Devenir 동사에 정관사를 써서 devenir 자체를 더 강조한 표현이다. 여성이나 작가가 되어간다는 것이 아니라, 되어가는 것 자체가 여성적인 것이고, 작가적인 것이라는 의미이다. 여성의 본질과 작가의 본질과 되어가기의 본질이 동일하다는 의미로 이해될 수 있다.

[**] 한국어 명사에는 여성 명사, 남성 명사 식의 성性구분이 없지만 프랑스어 명사에는 구분이 있다. 이런 연유로, 이 문장은 한국어로 잘 번역되지 않는다. Auteur'작가'는 여성 명사가 따로 없이 오로지 남성 명사로만

지 않는 만큼—생명공학의 부득이하고도 논리적인 결과로—, 창조와 생식 및 출산 간의 상관 문제는 성에 따라 같은 방식으로 해결되지 않을 것이다. '되어가기-여성이기'가 함의하는 것은, 적어도 글을 쓰는 자에게는 탈주, 미분화 등 요컨대 생의 원리가 적용된다는 것이다. 더 나아가 이것이 여성성의 힘이다. 들뢰즈는 자신은 '되어가기-여성이기'의 여성에 속해 있다고도 덧붙였다. "이 되어가기는 여성이 요구하는 어떤 상태와는 아무런 상관이 없다."[10] 그게 같은 것인지도 명확하지 않다. 비결정성, 생, 이런 게 이미 그 안에 와 있다. 왜냐하면 어머니 안에 이미 여러 성性이 서로 만나고 있기 때문이다. 카트린 말라부가 《차이를 바꾸다》에서 환기한 것처럼, 만물은 이제 이동, 자리 바꿈 등의 용어로 제시되지 투쟁 같은 용어로 제시되지 않는다.[11] 따라서 이제 '~을 대신해 창조하기', '두 방향에서 생식하기' 같은 게 관건이 된다. 창조와 출산을 단순히 문자 그대로 비

쓰였다. professeur('교수',) médecin('의사'), docteur('박사')도 마찬가지인데, 과거 전근대 사회에서 여성의 직업이 제한된 탓이기도 하다. Auteur femme는 여성 작가라고 번역할 수 있지만 이 표현 역시 한국 사회에서는 여전히 논쟁적이라 프랑스어 명사 순서 그대로 작가를 먼저 쓰고 여성을 이어 써서 '작가 여성'으로 일부러 번역했다. Auteure는 auteur에 'e'를 붙여 여성 명사를 만든 것이고, autrice도 마찬가지로 auteur를 여성명사로 만든 것이다.

유하는 차원을 넘어 이 둘을 재결합하는 게 관건이 된다는 것이다.[12] 최근 생식 및 출산을 둘러싼 여러 기술과 조작들은 이런 맥락에서도 많은 걸 생각하게 한다. 가령 생식 복제 및 인공 자궁(체외발생)* 같은 의학적 보조 기술을 통해 출산을 하기도 하는데, 그렇다면 창작에 대해서도 좀 다르게 생각하고 말해야 할 것 같다. 체외발생 방향으로 가고 있는 생명공학의 진보가 성 관계에 미칠 결과―앙리 아틀랑이 말한 대로라면, "체외발생 조건에서라면 모성이 부성과 거의 가까워질 것이다"[13]―그 이상으로, 언어를, 문법을 바꾸고, 주어를, 주체를 바꿀 수는 없을까? "앞선 단락에, 흔적이나 찌꺼기 형태로 있는 것이"[14] 무엇인지 죄다 질문하면서 말이다.

생식이 지금 이 정도로 역동적인 변화를 보이며 가능한 결과들을 내면서 주체 및 언어에 대해 영향을 미치고 있으므로, 번역은 이제 이런 것들을 모두 생각해볼 수 있는 장소로 보인다. 우선 번역은 명백히 2차성이다. 이후에, 뒤에 나오는 것이다. 그래서 창조를 더 멀리, 앞으로 나아가게 뒤에서 민다. 이어 번역은 주어를 변화시키고, 동시에 자리를 변화시킨다. 그리고

---

* Ectogenèse: 생체 외에서 태아(혹은 배자)가 형성되는 과정.

마지막으로, 똑같은 것 안에 차이를 새긴다. 생명과 연관된 기술적 변동이 이것까지(특히 복제까지) 생각하게 만든 것이다.

번역, 2차성, 재생

　나는 출산의 메타포가 창작 담론을 지배하고 있는 것을 눈여겨보았다. 번역 행위를 말할 때 이 메타포들이 자주 통용되는 것은, 탄생이나 생명을 주는 행위와 맞닿아서이기도 하지만, 그에 결부되는 고통 때문이기도 하다. 산통birth pangs, 즉 출산의 고통을 뜻하는 영어 표현은 탄생의 고통, 즉 탄생에서 느끼는 고통이기도 하다. 그런데 "자연"은 우리에게 이를 잊으라 엄명한다. 이런 맥락에서, 번역과 창조 간의 결탁(그만큼 메타포가 가깝다), 또는 번역이 곧 작업이라는 개념은 번역이 계속 창작을 꿈꿔야 한다는 것을 동시에 표명하는 것일 수도 있다. 여기서 창작은 어떤 새로운 형태의 계시로서, 자기 안에 자기 기원이 있는 것이다. 그것이 타고난 것이고, 곧 천재적인 것이다. 반면 몸은 더욱 구속적인 것이라 고통이 따르며, 이런 몸을 가지고 하는 실행이기에, 생식 또는 그 생식으로부터 출발하며 실행하는 조작들은 기원 문제를 환상에 불과한 것으로, 그래서 더는 존재하지 않는 것으로 만들어 버렸다. 번역은 창조를 연장한다.

하지만 번역은 창조의 ─ 그것이 표현되는 순간부터 ─ 어려움과 고통 또한 연장한다. 문자 그대로, 번역은 창조를 밀어낸다. 자기 고유의 몸에서 그것을 밀어내는 것이다. 조금은 자신의 것일 수도 있지만, 자신의 것이 아닌 다른 것을 자신에게 주려고 노력하면서 말이다. 내가 발견한 이런 첫번째 예는 바로 번역론의 경전이기도 한 발터 벤야민의 《번역자의 과제》이다. 앞에서 프리모 레비를 언급할 때 벤야민을 인용한 바 있다. 벤야민은 글 초반에 창조와 생명을, 번역과 작품 생존을 분명히 말한다. 여기서 생존은 지금 말하고 있는 "생식" 및 "출산"의 결과로, 고통을 솟구쳐 나오게 만든다. 그것은 원본의 고통die wehen,[*] 단수로서의 자기만의 고통die Wehen des eigenen이다. 1983년 코넬대학교에서 벤야민의 에세이를 본격적으로 다룬 글을 발표한 폴 드 만은 벤야민의 두 번역자, 즉 영어 번역자와 프랑스어 번역자 둘 다 "공통된 합의"를 거친 것처럼 'Wehen'을 '출산의 고통' 내지 '산통'으로 번역했다고 지적했다. 프랑스어 번역자 모리스 드 강디약은 "douleurs obstéricales"[**]('산통')이라 했

---

[*] 독일어 Wehen은 '바람이 거세게 휘날리며 불다'라는 동사에서 파생한 명사로 '진통 정도'를 뜻한다. 지금 서술되고 있는 프랑스어나 영어 번역어처럼 '산통'이라는 구체적 명시성은 없다.

고, 영어 번역자 해리 존은 "birth pang"***이라 했다. 만은 이렇게 적고 있다. "그들이 이렇게 번역한 것은 신기하다. Wehen은 '출산의 고통'을 뜻할 수는 있으나, 항상 '탄생'이나 '재탄생' 같은 내포적 의미가 있지는 않고, 다른 모든 종류의 고통을 뜻하기 때문이다."[15] Wehen이라는 단어는 죽음의 고통을 가리킬 때 쓰이기도 한다. 그러니까 "탄생보다는 죽음에 더 악센트를 주는" 단어이다. 폴 드 만의 프랑스어 번역자이자 편집자인 알렉시 누스는 각주에서 사전이 반드시 철학자인 것은 아니라고 명확하게 밝히고 있다. 독일에서 나온 두덴Duden 사전을 보면, 중성일 때와 여성일 때를 구분하고 있는데, 중성일 때(das Weh, die Wehe)는 '모든 종류의 고통'을 뜻하고, 여성일 때(die Wehe, die Wehen)는 '출산의 고통'을 뜻한다. "In den Wehen liegen"은 '고통 속에 있다, 작업 속에 있다'라는 뜻이다. 그림Grimm 사전만은 die Wehen을 '고통들'이라고 희미하게 정의하고 있다. 하지만 다음과 같은 사실을 덧붙이고 있다. "아주

** Douleur는 '고통', '통증'이라는 명사고, obstétrical은 진료 병원의 유형인 '산과産科'를 뜻하는 형용사이다.
*** Birth는 '탄생'을 뜻하며, pang은 '갑자기 격렬하게 일어나는 육체적, 정신적 고통'을 뜻한다.

드물게 쓰지만 복수 die Wehen은 번역들의 기원에서 유래한 것이다." 특히, 운율을 맞춰야 하는 시의 번역에서 이 단어가 비약적으로 쓰일 수밖에 없다.[16] 의미 유통에 번역이 영향을 준다는 것이 여기서 확인되지만, 좀 복잡하다. 한 가지 확실한 것은, 번역은 출산의 고통을 환기하는 것만 아니라, 그 고통을 증가시킨다는 것이다. 번역 그 자체를 번역하면 할수록 그 의미가 더 파급된다. 한순간, 죽음과 탄생이 서로를 밀고 나오면서(출산 의료화 덕분에 태어나는 생명이 출산 과정에서 죽는 일이 크게 감소하긴 했지만), 그토록 가까운 근접성을 띠고 있음을 절대 보고 싶지 않은 자들만이 이 단어가 죽음의 고통을 상기한다는 것에 놀랄 것이다.

만일 드 만이 죽음의 고통을 고집한다면, 이건 벤야민의 글 한가운데서 느껴지는 언어적 파토스를 강조하기 위해서다. 벤야민의 글은 작품의 비번역성, 즉 원문과 번역문의 근본적 비유사성을 명시하고 있다. 다시 우리 논의로 돌아가보자. 번역은 무엇을 낳는가? 무엇을 생식하는가? 번역은 친족성parenté[*]을

---

[*] 생식 및 출산을 비유하는 단락이라 parenté의 원뜻을 살려 친족성(혈족성)이라 번역했다. 의역하면 동족성, 유사성이 될 수 있다. 즉 원문과 번역문은 부모자식관계처럼 혈족성, 동족성, 유사성이 있다고 비유하는 것이다.

표현하기 때문에 생식하는 게 맞다. 벤야민에게는 이중의 친족성이 있다. 하나는 원문과 번역문 간에, 또 다른 하나는 언어들 간에 말이다. 전자는 훨씬 명약관화한 것이지만 동시에 훨씬 비본질적인 것을 함유한 친족성이다. 이건 유사성 없는 친족성이다. 앙투안 베르만은《번역의 시대》에서 벤야민의 글을 정교하게 해설하며(그는 Wehen을 "분만의 고통"이라 번역한다), 이렇게 분석한다. "아기의 역설. 친족성과 유사성은 아기 안에서는 하나로 통합되어 있지만, 유사성이 비본질적인 순간(그리고 위험한 순간)이라면, 친족성은 본질적인 순간(그리고 구원의 순간)이다. 아이와 아이의 생식자인 생부모 사이에 주어진 것은 영속성이다. 나는 나의 아들 안에 아버지로서 영속한다. 그러나 동시에 이 아들은, 근본적으로 말하면 전혀 다른 타자이다. 나와 이 타자는 아무런 관련이 없다(그의 고유한 존재와 관련해서). 그리고 이 타자도 나와 아무런 관련이 없다(나의 고유한 존재와 관련해서). 그는 그의 간단한 실존만으로도 나를 영속케 한다(이것만이 진짜 유일한 영속성이다). 이 실존은, 그런데, 기본적으로, 나를 향해 있지 않다."[17]

　　원문과 그 번역문 간에는 가장 큰 종속성(원문에서 발생하여 생성되므로)과 가장 큰 격리성(발생한 텍스트는 아무것도 아니다. 원 텍스트로서는 알 바가 아니다)이 동시에 존재한다. 가장 기본적인 친족 가능성을 가지고 있으면서도 전혀 다른 족보를 갖는 것이다. 그 족보란 바로 언어들 간의 계보성이다. 언어의 친족성을 향한 운동이 진정한 번역 작업이다. 번역 작업은 등가성을 생산하는 게 아니다. 등가성을 얻는 건 불가능하다. 그게 아니라, 이런 자리 이동, 정확히 말해 이런 식의 친족성, 유사성을 생산하는 것이다. 베르만이 말했듯이, "번역은 이 친족성을 상정하지 않은 채 이 친족성을 양산한다. 이런 맥락에서 번역은 언어의 쓰기 영역에서 가장 큰 전복이다."[18] 번역으로 친족성 구조의 변경이 생겼다고 한다면 물론 이것은 비유적인 표현이다. 그러나 꼭 그렇지만도 않다. 형상은 어떤 종류의 발생 과정이든, 그 과정을 결국엔 다 조명해준다. 두 존재 또는 두 산물이 서로 삽입되며 이어지고, 또 떨어지는 것을 그대로 보여주는 것이다. 번역자의 입에서 이런 담론을 정기적으로 듣게 되는데, 번역자들은 역아逆兒 과정을 묘사하기도 하고, 되찾은 기원 과정을 묘사하기도 한다. 발레리는 이렇게 말한다.

> 번역 작업은 (…) 어떤 다른 텍스트에서 시작해 또 하나의 텍스트를 만드는 게 아니다. 이 어떤 다른 텍스트는 그 형성의 가상적 시기까지 거슬러 올라간다.[19]

블레이크의 번역자인 피에르 레리스는 이렇게 말한다.

여러분은 우리가 어느 정도까지 하나의 텍스트와 오래 싸우며 그 텍스트를 뚫고 들어가는지 잘 모를 것이다. 그 발생의 비밀을 포착한 듯한 생각이 들 정도다.[20]

우리는 이브 본푸아가 번역한 《예이츠의 시 25편》에서 메타포의 또 다른 메아리, 또 다른 조응을 보기도 한다. 이 시선집 서문은 예이츠에 대한 해설이기도 하고, 본푸아와 예이츠를 하나로 잇는 관계에 대한 해설이기도 하다. 본푸아가 예이츠의 번역자이면서, 본푸아 스스로도 시인이기 때문이다. 이 서문은 번역이 갖는 함의에 대해 성찰하고 있는데, 특히 결구에서 한 예를 통해 이를 잘 조명하고 있다. 번역은 명확히 진술할 필요를 느낀다는 것이다. 다시 말하면, 원본보다 더 나아가 일종의 출산 행위를 한다는 것이다. 그 예로 영단어 "labour"를 드는데, 이것은 '작업' 또는 '노동travail'이라는 뜻이고, 아주 드물게 '산고'을 뜻하기도 한다.* 〈학교 아이들 사이에서Among School Children〉의 마지막 연을 본푸아는 이렇게 번역한다.

---

* 영어 labour나 프랑스어 travail를 사전에서 찾아보면 실제로 '진통을 느끼는 산고'라는 뜻이 거의 맨 아래에 나와 있다.

Labour is blossoming or dancing where

The body is not bruised to pleasure soul,

Nor beauty born out of its own despair,

Nor blear-eyed wisdom out of midnight oil.

출산은 꽃피고 춤춘다

만일 몸이 영혼을 다치는 게 이젠 아니라면

자기 불안의 결실도, 그 아름다움도 아니다,

불면의 밤으로 거뭇한 눈도, 그 지혜도 아니다.[21]

　　본푸아는 '노동labour'을 '출산L'enfantemnet'으로 번역하는
선택을 했다. 일종의 과잉 번역으로, 원문이 가리고 있는 어떤
생각의 포인트를 해방시킬 필요를 느꼈기 때문이다. 번역자가
고안해낸 것은 "원문에 합쳐져 있는 두 함의, 즉 'labour'라는
단어에 있는 두 함의의 위계질서를 뒤집어버린" 것이다. 그래서
인식의 수고를 연상시키는 데 만족하지 않고 훨씬 생물학적 실
존으로 연결해버렸다. "따라서 나는 내게 훨씬 중요해 보이는
생각을 구제하기 위해 '노동labour'을 '출산하다'로 번역했다."[22]
　　그런데, 그렇게 하면서―그가 이것을 말하고 있지는 않지

만—, 그는 번역하기 행위에 대해서도 말하고 있다. 텍스트를 앞으로 쭉 내밀기, 고통 속에서 행해지는 출산과 다름없는 번역. 이것은 또 바티아 바움의 강력한 증언과도 연결시킬 수 있다. 2012년 10월, 클레르몽페랑에서 열린 학회 〈그 한계를 넘어 번역하다〉에서 그녀는 존더코만도* 출신인 잘멘 그라도프스크가 이디시어로 쓴 글[23]들을 프랑스어로 번역한 경험을 환기한 바 있다. "'노동travail'이라는 단어. 지옥 한가운데. 나는 일주일 동안 이 'travaillent à'에서 막혀 있었다. Arbeiten bei….** 그런데 이것은 이디시어로는 잘 조어가 되지 않는다.

---

* Sonderkommandos: 독일어로 '특수직무반'이라는 뜻으로, 제2차 세계대전 당시 강제 수용소에서 시체 처리 등을 맡은 수용자들을 말한다. 주로 유대인들로 이루어졌으며, 나치는 3개월마다 기존 존더코만도들을 학살하고 이 자리를 새로운 포로들로 채웠다.

** "Travaillent à"는 프랑스어로 보통 '~에서 일하다'라는 뜻으로 전치사 à 다음에 어떤 장소가 나온다. 그러나 여기서 전치사 à는 단순히 '~에'('~에서')의 문제가 아니라 바로 옆, 그러나 경계 바로 너머(전치사 à의 정확한 의미는 이것이다. 태어난 곳을 알기에 출처, 출신, 소속에는 전치사 de를 쓰지만, 죽은 후, 죽어 그 다음 어디로 갈지 모르는 그 모호한 경계 바로 그 자체를 함의하는 게 전치사 à이다. de-venir('되다', '되어가다')와 a-venir('오게 되다', '다가올 것')의 차이도 전치사 de와 à의 차이에서 나온다)에 있는 그 무엇에의 복무까지 함의하여야 하기 때문에, 일주일 동안 번역을 해결하지 못하고 막혀 있었다는 의미로 보인다. 바로 이어 독일어 표현 arbeiten bei까지 떠올려 보는 것도 그래서다. 독일어로 'arbeiten'은 일하다, 'bei'는 곁에서라는 뜻이다. 이어 이디시어와 히브리어를 다시 연상하며, 번역자는 탐색에 빠진다.

Avoden은 노동이다. 그러나 신을 섬기는 일이기도 하다. 나는 헤브라이어 ba를 생각했었다. '죽은 누이들과 죽은 형제들에게 복무하며 일하다.' 이것은 그들의 신과 악마를 뒤집는 일이다. 이런 조건에서 무슨 일을 할 수 있을까? 그라도프스크의 동료들은 기도했다. 그들은 시체들을 화덕에 넣었다. 유대교에서는 육신을 매장하기 전에 정화해야 한다. '정화판'이라 부르는 철제 들것 위에 육신을 놓는 악마를 섬기는 일을 죽은 자들을 섬기는 일로 변형하는 것이다."²⁴ 거기서, 그 이전의 예에서 훨씬 더, 노동의 가치를 전복한다. 바로 이 단어를 통해 암살당한 형제와 누이를 보는 극한의 고통을 들리게 하는 것이다. 이 과정에서, 번역은 의지적으로 의미를 전복하는 실질적 작업이다(철제 들것이 곧 정화판이 된다). 죽은 자들을 망각하지 않기 위해 그들 고유의 수단으로(유일하게 처분 가능한 것) 투쟁하는 것이다. 이어, 다른 언어로 번역한다는 것은 이 증언을 전승한다는 것이다. 이것은 또한 노동이자 작업이며, 기술이라는 것을 함의한다. 즉 육체적이면서 동시에 정신적인 일이다. 번역자는 이렇게 해서 "노동"을 통해 이뤄지는 이 복무의 속성과 존엄을 생각한다.

친족성이 여러 변신을 거치면 정치적 양상을 띨 수 있다. 이 양상에는 두 가지가 있는데, 하나는 갈등이고, 또 하나는 분쟁이다. 하지만 이 투쟁은 전복을 가능하게 하는 조건이다. 헤게모니가 뒤집어질 수 있는 이동이다. 헤게모니를 넘어, 이것은 이미 좌절된 소속이다. 개인 정체성은 더 이상 어떤 언어나 장소에 의존하지 않는다. 공동체 정체성도 언어, 문화, 국가를 잇는 외부 법률에 이젠 굴복하지 않는다. 번역을 통해, 타자의 언어를 가지고 자기 고유의 언어를 더욱 가동시키는 것이다. 이른바 강력한 안전처(가령, 한 국가의 언어인 모국어) 위에 서 있는 많은 사회 중추들에게 이것이 위험이 아닌 것은 아니다. 그런데, 아니 그래서, 번역은 상대적 다문화주의를 강요할 수밖에 없다. 공동체라는 개념 자체도 더욱 확대하면서 말이다.

10장

감각으로의 전환

사실 말하자면, 언어는 의미가 아니다.

언어에서 출발한 의미의 강물일 뿐이다.

늘 과잉으로, 다의로 넘쳐 흐르는 강물,

이윽고 저 무의미에 닿을 때까지,

들릴 수 없는 재잘거림에 이를 때까지

흐르는 강물일 뿐이다.[1]

— 파스칼 키냐르

무거운 '의미'(sens, 단수의 의미)에 종속되어 있는 번역이 여러 '감각들'(sens, 복수의 의미)*에 도움을 청해, 이윽고 거기서 벗어나 가벼워질 수 없을까? 복잡한 문제에 대해서는 단순한 답이 필요하다. 프랑스어 sens는 동음이의어로 엄격히 따지면 단수일 때와 복수일 때 차이가 있다. 즉, 가까우면서도 차이가 있는 것이다. 단수의 sens를 구분하기 위해 복수의 sens를 소집할 필요가 있다. 철자나 발음은 동일하지만, 이런 차원을 넘어 어의적 차이를 지각할 필요가 있는 것이다. 그리고 단수의 sens를 걷어내고, 그 자리에 복수의 sens를 덧붙이는 게 중

---

* Sens는 '감각', '뜻', '의미', '직감', '방향' 등 유사하면서도 미묘하게 다른 뜻을 가지고 있는데, 특히 복수로 쓰면 감각이 더욱 강조되어 '관능' 또는 '성욕'까지 뜻한다. Sens를 단수로 쓰면 '의미'라 번역하고, 복수로 쓰면(프랑스어는 명사에 s를 붙여 복수를 만드는데, 단수 단어가 s로 끝나므로 따로 s를 붙이지 않아 철자와 발음이 똑같다) '감각들'로 번역했다. 물론 '의미들'로도 통용될 수 있지만, 이 단락에서는 sens를 단수로 썼을 때와 복수로 썼을 때 그 차원이 다름을 피력하고 있으므로 이를 살려 번역한다.

요하다. 번역에서 문자적 동일성은 흔히, 쓰러지거나 무너진다. 문학 번역의 진짜 문제는 이런 용어들에서 제기될 수 있다. 한편 의미 밖의 의미 같은 이런 경험은 우릴 의미 바깥으로 내몬다. 그런데 이것이야말로 탁월한 감각 경험 아닐까? 이를 에블린 그로스만은 "현대적 초감각"이라 부른 바 있는데, 다시 말해 세계를 비평하는 데 있어 필요한 탐험 도구라는 것이다. 그녀의 책에 실린 많은 분석들은 특히 들뢰즈의 니체 분석을 재언급한 것으로, 이성적 양항론이나 이원론을 벗어나 감각의 범주에 들어가는 것들을 더 동원함으로써 번역에 있어 둘을 하나에 재흡수하거나 변증법적 방식으로 셋에 재흡수하는 방식이 아닌 전혀 다른 방식으로 하자는 것이다. "감수성이 더 이상 약한 것으로 이해되어서는 안 된다. 외부 세계의 적대성과 폭력성에 취약한 주체의 수동성이 아니라는 것이다. 감수성은 자연력을 포착하는 능력이다. 그 힘으로 자신을 살찌우고, 대처하는 힘을 늘리는 능력이다. 기존의 고정관념을 전복함으로써 이제 감수성은 힘이 된다."[2] 이 감수성은 남성과 여성의 영역 또는 인간과 비인간의 영역을 교란시킨다. 가령, 모순 원칙을 사이에 두고 언어 대 언어로 정면 대결하면 그 만남만으로도, 그 감각적 비감각적 유사성만으로도 동요가 이는 것이다.

번역의 사유에서도 감각성으로의 전환이 있었다. 파올로

벨로모는 번역과 모방, 또는 닮음의 사유에 대해 연구했는데, 그의 연구에 따르면 문학작품의 "물성화matérialisation"라 명명한 패러다임의 변화가 분명 있었다. 번역은 이제 더 이상 단순히 내용이나 개념, 또는 형태(질료는 형태가 아니다)만 다뤄서는 안 되고, 구체적 요소들(회화로 말하면 끈적거리는 물감층, 색상, 색조 등)을 다뤄야 한다는 것이다. 그러니까 감각적으로 지각하면서 동시에 그것을 재생해야 하는 것이다. 한편, 이런 포인트는 철학적 결론들과 함께 이론적 전제도 구성할 수 있다.[3] 이른바 이 감각으로의 전환은 의미와 문자의 관계를 생각하는 새로운 방법이다. 의미를 위한 번역(니콜라 페로 다발랑쿠르에서 움베르토 에코에 이르기까지)은 중요한 원칙으로서 자주 이렇게 서술한다. 원문을 자기 언어로 읽은 독자가 원문에서 받은 효과를 번역문은 번역문을 읽는 독자에게 똑같이 내줘야 한다고 말이다. 이런 효과 개념에서, 과녁파cibliste* 이론가들 및 번역자들은 의미를 읽고 그 안에 감각들을 넣는 것을 고려한다. 다시 말해, 정확한 의미 구현을 위해 감각들을 소집하는 과정이 자신의 일이라고 생각한다. 반면, 그들은 이런 작업은 하나의 언어에서 다른 언어

---

* 번역문 언어의 관용성을 우아하게 살리기 위해 출발어보다 도착어를 중시하는 번역을 비유하는 말이다.

로 이동할 수 있다는 것을 전제한다. 그러니까 일단 의미가 드러나고 그런 다음 옮겨지는 것을 전제한다. 이것은 번역의 해석학적 정의이다. 내가 "감각으로의 전환"이라 부르는 것은, 겨냥하는 과녁이 지시 대상 자체인 자연어와 겨냥하는 과녁이 언어 자체인 예술어를 양쪽에 놓고 비교하면서 이런 해석학에 반론을 제기하는 것이다. 노발리스도 썼듯이, 텍스트는 저 먼 낯선 경험[4]을 제 몸 안에 새기기 위해 의미로부터 해방될 수도 있다. 작품을 자연적인, 태생의 땅에서 뽑아내면서, 번역은 상당한 움직임을 수행한다. 낭만주의 개념에서는 원작이 지닌 익숙한 지시체들의 조직망은 힘이 아니라 그 유한성이다. 번역은 텍스트에서 경험적으로 느껴지는 것을 뿌리뽑고 해체해서 저 무한으로 데려간다. 이런 입장에 대한 철학적 함의들을 다시 인용하지 않더라도 오로지 의미만을 운반하는 것에 반대해 문자를 두둔하면서 번역의 사유가 시작되었다는 것을 환기하고자 한다. 그렇다면 왜? 왜냐하면 문자는 의미에서 멀어지는 예술이기 때문이다. 번역은 여기서 더 멀어질 것을 구상해야 한다. 모방이란 의미의 이동이 아니라 지시대상으로부터 훨씬 더 멀어짐으로써 "영혼을 흉내내는mimique spirituel"(영적 미메시스에 대한 노발리스의 표현) 것이기 때문이다. 텍스트의 물성, 즉 어떤 의미를 지시하기 전에 의미를 향해 자신을 드러내는 언어, 정확히 말하면 바로 그것을 옮겨야 한다. "배색coloris", 음색, 바로 이런 것은—다른 이론가들에게는 이것이 다른 의미를 가질 수 있다—번역이 불가능한 것처럼 보이는데, 아니, 바로 이것을 번역해야 하는 것이다. 아니, 부단히 번역해야 하는 것이다.

여기서 튀어나오지 않을 수 없는 반론은, 그 실질적이고 구체적인 작업 속에서, 번역은 다른 언어, 즉 도착어 안에 또 다른 맥락을, 또 다른 경험을 부여한다는 것이다. 문자 중심의 직역 규칙은 이런 암초를 피하는 것이다. 아니면, 낯설게 하기 원칙에 따르면서, 외국어로 마치 도착어의 국적을 빼앗듯이 언어를 변질시키더라도, 위 반론에도 답해야 한다는 것이다. 도착어 중심의 과녁주의 번역의 가장 상위에 있는 사례라면, 도착어로 독자에게 같은 영향을 미치고, 아니 그보다 더한 영향력을 미치는 것이다. 한편 이런 효과는 시각적이면서 동시에 청각적이기를 원한다. 번역은 형태(시에서는)를 재생하려 하고, 필적할 만한 경제적 효율성(산문에서는)으로 있으려 하고, 구문을 그대로 투사하려 하고(클로소프스키*의 《에네이드》), 음성을 바꾸려

---

* Pierre Klossowski(1905~2001): 폴란드 태생의 작가이자 철학가이며 화가이고 번역가이다. 특히 니체 저작의 번역가로 유명하며, 로마의 시인 베르길리우스의 《아네네이스》(프랑스어로는 '에네이드'. 로마 건국의 시조 아이네아

하고—동음이의어 번역의 가장 극단적인 예가 있다. 그 유명한 존 키츠의 "A thing of beauty is a joy for ever"('아름다운 것은 영원한 기쁨이다')를 프랑수아 르 리요네가 이렇게 번역한 것이다. "Un singe débotté est une joie pour l'hiver"('장화 벗은 원숭이가 겨울의 기쁨이다'). 그러나 또 포의 《까마귀》의 "nevermore"를, "mort"('죽음')라 바로 번역한 아르망 로뱅도 생각해 볼 수 있다. 보들레르 또는 말라르메가 "jamais plus"('절대 다시는')으로 번역한 것보다 훨씬 세게 번역하면서 "Lenore"와도 운율이 맞는다. 자크 루보는 이런 동음이의 번역의 실제를 "프랑스어에서 출발하는 번역"으로 넓히는데, 가령 《내일, 새벽부터》에서 "단어 치환을 통한 음성 번역"을 제안한다.

> 에일라우의 메옹에서 그토록 황금빛 불행,
>
> 놀이삼아 이를 따라온 티르, 이브, 거위,
>
> 난 알지, 가짜 올가미로
>
> 날 그토록 통제한 추격,

스의 방랑을 노래한 대서사시)를 번역하기도 했다. 클로소프스키는 조르주 바타유, 앙드레 브르통, 앙드레 마송, 롤랑 바르트 등 많은 작가들과 교유했고, 특히 릴케와도 가깝게 지냈으며 릴케와 살로메가 주고받은 편지도 클로소프스키 번역본으로 나와 있다.

날 통제하니, 5월 행복하여,

너의 느린 류트를 가리킬 수밖에.[5]

다른 방식으로 감각들을 포착하여 의미에 도달하려다 보니 의미에서 멀어져 해독이 잘 되지 않는다. 이것이 비록 어떤 일회성 경험에 불과할지라도 이런 유형의 작용으로 완성되는 것이 꿈을 그대로 흉내낸 것 같은 번역이다. 벤야민 개념에 따르면, 번역은 순수 언어를 근접시키고—낭만주의 성찰의 연장— 언어들 간의 유사성은 감각적 유사성으로 이렇게 일치될 수 있다. 서로 아주 멀리 떨어져 있는 두 언어의 경우, 이런 근접이 가능한지 분명하지 않으나, 감각적 상상력을 통해 그 결핍을 얼버무리는 것은 가능하다. 고전 중국 시의 번역자인 장 프랑수아 비에테에게 번역은 시각적 업무다. 단어 대 단어, 즉 축자역을 한 이후 그 다음 단계가 최종 번역이 아니고, 하나가 더 있다. 우선 "문장에서 말해진 것을 **상상해야** 한다. 그래서 우리는 체제를 바꾸고, 멈추고, 생각에 잠기고, 추억을, 연상을, 직감을 되살려 중국 문장에 들어 있는 응답이, 몸짓이, 형상이 **우리 안에 형상화**될 때까지 더 작업해야 한다."[6] 한 언어에서 다른 언어로의 이동은 상상력 덕분이고, 이렇게 텍스트와 그 번역은 감각적 끈으로 이어진다.

그렇다면 이런 감각으로의 전환은 어떻게 표현될까? 세 가지 방법이 있다. 첫 번째는 감각들과 결합하기 위해 의미로부터 멀어지는 것이다. 의미 부재가 곧 문학의 의미라는 말이 아마도 거기서 드러날 것이다. 두 번째는 결핍된 의미를 보완하는 것이다. 문학의 의미 부재를 문자 그대로 의미 밖에 있는 작가의 강력한 탈의미로 대체하는 것이 그것이다. 세 번째는 의미를 뒤집어버리는 것이다. 번역을 통해 다른 의미에서는 항상 보이던 어떤 개념이 구현되는데, 이로써 관행적 언어 체계 속에 감춰져 있던 것이 비로소 이해된다. 이 방법이 감각적 전환을 지지하는 것은, 전체적으로 윤리적 현상들이 하나둘 생기기 때문이다. 이성적 사유가 배제하거나 이성적 사유에서는 전혀 낯설어 보이던 다른 형태의 표현들이 고려되고 참작되면서 이런 방향으로 가게 된다. 엘리자베스 드 퐁트네는 《짐승들을 번역하기 위한 황금가지》에서 환기한 자연과의 소통을 정신적으로, 영혼적으로 연습하게 만든다.[7] 라퐁텐 작품에서 동물들이 인간 형체를 하고 말을 하듯, 수많은 전설적인 설화와 동화들에서는 동물들이 말을 하는데, 이렇게 한다는 게 아니라, 인간들은 전혀 모르는 진실 안으로 인간들을 들어오게 한다는 것이다. 《일리아드》에서 아킬레스의 두 마리 말 중 하나인 크산토스는 그의 기사에게 앞으로 있을 그의 죽음을 알린다. 크산토스는 여신 헤라로부터 언어 재능을 부여받았다. 성서의 민수기 22장에서도 신과 동물, 인간의 삼각 구도식 만남을 볼 수 있는데, 여기서 인간은 발람의 암탕나귀에게 자신의 목소리를 준다. 그러자 이 암탕나귀는 자신을 때린 주인을 비난하고 불쌍한 피조물인 자신의 조건을 주인이 눈뜨고 보게 만든다.

동물이 언어를 박탈당한 것이라고 말하는 일은 이젠 그 누구에게도 생기지 않을 것이다. 하지만 마리엘 마세가 《새들이 너에게 말하는 걸 들어봐》에서 이런 비언어를 듣기 시작하는 것은 바로 시인들임을 환기한 것처럼, 새들은 우리에게 말하지 않는 것 그 이상으로 그냥 말하지 않는다.[8] 우리가 항상 번역할 수 있는 것은 아닐지라도 동물들의 표현 형태는 알아본다. 그들 언어의 차이는 다만 명명성이 없는 것밖에 없다. 카네티는 《인간의 영토》에서 이 분야의 선구자로서 동물들은 우리가 그들에게 이름 준 것을 의심하지 않는다고 말한다.[9] 그러나 차이는 크기에서 온다고, 그게 유일한 차이라고도 말한다. 그런데 엘리자베트 드 퐁트네와 공동 저술한 글에서 마리클레르 파스키에는 또 이렇게 말한 바 있다. "그런데 그들은 말한다."[10]

새들의 언어를 번역하기 위한 과거 또는 현행의 탐색은 실질적으로 이런 식으로 시작되었다. 전에는 들판에서 다른 새들은 단일 언어를 사용하는데, 모든 종류의 까마귀들과 대화를 할 수 있는 "다국어" 구사 능력의 까마귀들이 보였다. 여기서 언어는 일종의 마임이었다. 하지만 어떤 새들의 소리는, 인간 언어의 기원이 된 것도 있다. 뻐꾸기는 "안녕! 안녕!CouCou! Coucou!"* 한다. 종달새는 "왔어! 왔어!Arrive! Arrive!"** 한다. 그러면 음악가인 개똥지빠귀는 "나 누구, 나 누구, 나 누구? 나 어디 가, 나 어디 가, 나 어디 가?Qui suis-je…. Où vais-je?"*** 한다. 도가머리 굴뚝새는 "작아, 작아, 나 작아Tout petit tout petit je suis"**** 한다. 현대의 어떤 시인들은, 가령 자크 드마르크가 《조

---

* Coucou는 뻐꾸기 소리로 우리말 의성어로는 '뻐꾹 뻐꾹'인데, 우선은 의미부터 살리기 위해 번역했다. 프랑스어로는 '안녕'하고 건네는 인사말로 통용된다.

** Arrive는 '도착하다'라는 뜻의 프랑스어 동사인데, 우선은 의미부터 살리기 위해 번역했다. 모음 A와 자음 R(프랑스어 특유의 어떤 청명한 음이 굴러가는 듯한 소리)을 연달아 발음해서 나는 소리를 종달새 소리로 연상했다. 우리 말 의성어로는 종달새 소리를 '비비배배' '지지배배' 등으로 표현하는데, 어떤 청명한 소리를 굴리기도 하고 쥐어짜내는 소리가 나는 듯하다.

*** 프랑스어 발음만 음독하면 "끼 쉬즈, 우 즈베"로 개똥지빠귀 소리를 이런 음가성으로 연상한 것인데, 특징적인 것은 다른 새들 소리에 비해 분절성이 강하고, 반복되는 구문이 아닌 차이가 나는 구문을 구사한다는 것이다. 개똥지빠귀에게 음악가라는 별명이 붙은 것도 마치 다양한 음역대를 구사하는 가수나 악기처럼 다양한 소리를 내서인 것 같다.

**** 프랑스어 발음만 음독하면 "투 프티 투 프티 즈쉬"인데, 굴뚝새는 새들 중에서 몸집이 작기로 유명한 새이다. 몸의 크기 특징까지 살리면서 굴뚝새 소리를 연상했다.

지오》에서 한 것처럼[11] 연습을 하다 보면 인간 언어의 내적·외적 한계까지 닿을 수 있다고 본다. 새들은 번역이 불가능하다면, 그 이유는 간단한데, 매체와 그 메시지를 다 번역해야 하기 때문이다. 이 시인은 새들이 아마도 창시합을 하는 것은 아닐까 하고 상상하며 새들의 소리를 베껴 쓰는데('스리이이히', '틱! 틱! 틱! 틱!' '스리히 축')***** 마치 우리 인간이 내는 소리 같다. 그러니까 목표는 "새들의 소리를 뒷거울에 비춰 인간의 말을 다시 만들어보고 조합도 해보는 것이다."[12]

노래 전체를 다 이해하는 건 아니지만 이런 새는 숨겨지고, 비밀스러운, 그래서 성스러운 언어를 예민하게 느끼게 해준다. 테이레시아스******는 이런 맥락에서 유명한 신화적 인물이다. 자신의 장애를 새들의 재능으로 보상하여, 새들의 언어를 이해한다. 그의 눈은 더 이상 보이지 않고, 몸을 두 번이나 바꾸는 성전환을 해서—뱀 한 마리를 죽일 때마다, 남자인 그는 여자로 변신하는데, 7년 후에는, 여자에서 다시 남자로 변신한

***** 프랑스어 원어 표기로는 "Sriiih tix!", "tix! tix! tix", "srih tchouk."
****** 그리스 신화에 등장하는 테베 출신의 맹인 예언자. 신통력이 있었으며, 여자로 변신하여(성전환을 하여) 7년을 살았고, 남들보다 7배 더 살았다.

다— 듣고 이해하는 능력에서 가공할 만한 힘을 갖는다. 그의 예언력은 새에 대해 잘 아는 것과 밀접한 관련이 있다. 이 둘 모두 하늘의 언어를, 그러니까 텅 빈 그리고 자유로운 미래의 언어를 구사한다.

아마도 분명 이런 이유로 옛날의 알파벳 철자는 새들의 언어와 다른 동물들의 언어에 기댔을 수도 있다. 코메니우스의 《오르비스 픽투스》(1658)는 시각적 청각적 요소에 의존하여 외치는 소리를 가지고 모음과 자음 등의 철자를 가르치고 있다. 이 알파벳 철자법은 다음과 같은 방식으로 구성된다. 맨 왼쪽 열에는 동물들 형상이 그려져 있다. 그다음 열에는 동물의 이름과 그 동물이 내는 소리를 묘사한 동사가 하나의 문장으로 써 있다. 그리고 마지막 열에는 이 소리가 나는 알파벳 철자가 적혀 있다. 자연 언어와 책의 언어 사이에 별다른 경계가 없는 것이다. 어린이-책과 어린이-새는 더 이상 대립되지 않는다. 어린이-새가 어린이-책의 조건이 된 셈이다.

중세 기억술로까지 거슬러 올라가는 새들과 알파벳의 관계는 그만큼이나 긴 역사를 갖는데 놀라운 조류 알파벳 철자판이 있을 정도로 19세기 말까지도 번성했다. 국립 도서관이 디지털화한 100여 개의 알파벳 판들 가운데 이런 읽기 책들을 상당수 볼 수 있다. 이 책들은 또한 자연 박물지 학자들의 책이기도 하다(《작은 어린이 동물원》,《동물 그림과 알파벳》,《동물 세계 알파벳》, 《자연사 알파벳》,《꾀꼬리 둥지와 새들의 알파벳》,《동물사 알파벳》,《작은 자연사 학자들 알파벳》,《새 둥지 또는 프랑스 주요 새들의 간략한 묘사를 담은 재미난 작은 알파벳》). 거기 나온 새들은 아름답거나(백조 또는 독수리), 어리석거나(말똥가리), 걸신 들린 듯하다(정원의 과일 열매를 먹는 피리새 또는 찌르레기). 사물을 배우면서 도덕을 배우니 일석이조가 따로 없다. "들꿩의 습성이 우리에게 알려주는 것은, 자연은 그 모든 종들이 어릴 때부터 자급자족 할 것을 일찌감치 생각한다는 것이다. 새끼들이 자라면, 새들은 새끼들을 탄생한 둥지로부터 멀찍이 떨어뜨려놓고 방기한다. 그러면서 새 둥지를 스스로 찾게 만드는 것이다."[13]《어린 새 사냥꾼들을 위한 알파벳》같은 책은 "어린 소년"들을 겨냥한 책인데, 거기에는 애완동물 알파벳과 아프리카 야생동물 알파벳이 실려 있다. 1914년부터는 동물들 알파벳 책자가 훨씬 줄어들고, 그 자리를 북치는 소년들이나 특무상사들의 알파벳, 또는 어린 군인들 또는 전쟁 장면이 그려진 알파벳 책자들이 대신한다.《세계대전 알파벳》에서는 가령 이런 식이다. Artilleur('포병')의 A, brigadier('기병')의 B, cuirassier('흉갑 기병')의 C, dragon('용') 의 D, Polytechnique('이공대학')의 X, zouave('알제리 보병')의 Z. 더 흥미롭게도 Sapeur('공병')의 H도 있다. 왜냐하면 "H는 공병이기 때문이다. 자르는 도구인 도끼*는, 보통 여기 소개된 것처럼 공병을 뜻하기도 한다." 이젠 더 이상 단순한 놀이가 아니다. **놀며 즐기는** 인간으로서의 정점 혹은 전쟁이라는 살상적 놀이를 즐기는 인간이 된 것이다.

최근 많은 저작물이 언어 없는 종족으로 한동안 유명한 존재들에 방향을 돌리면서 소통의 다른 형태들을 성찰하고 있다. 《숲은 생각한다》를 쓴 에두아르도 콘**은 적도 아마존 지역에서 쓰는 "다른 종들 간의 피진어"***에 흥미를 갖는가 하면, 케추아어****를 쓰는 아빌라의 루나족에도 관심을 갖는다. 그는 과거 전통 사회에서 식물이나 동물이 말하는 방식을 귀기울여 듣는 정도로는 만족하지 않고, 서로 다른 종들이 주고 받는

---

* '도끼'를 프랑스어로 Hache라고 한다. 그래서 H이다.

** Eduardo Kohn(1968~): 캐나다 맥길대학교 인류학과 교수로, 아마존강 유역에서 수백 개의 식물 및 동물 표본을 수집하였으며 인간 중심의 사고방식에서 벗어나 숲과 인간의 관계를 연구한 책이다. 국내에도 《숲은 생각한다》라는 제목으로 번역 소개되어 있다.

*** 피진은 교역에 따른 언어 접촉으로 만들어진 혼성어를 의미한다. 어휘가 단순하고 복잡한 문법 규칙이 없다. 교류가 뜸해지면 언어는 사라지고 교류가 잦아지면 언어가 강화되며 상위어로 가려는 경향이 있는 불안정한 언어이다. 그러나 여기서는 서로 다른 부족이나 종족끼리의 피진어가 아니라, 인간과 동물 간의 교류 언어로까지 확장한다.

**** 페루, 볼리비아의 고지에 사는 인디언의 말로, 잉카 공용어이다.

구체적인 방식을 관찰한다. 특히, "개 인간의 얽힘"[14]이라 부르는 것이 그것이다. 물론 이 안에는 미세하게 위계 질서가 있다. 인류학자들은 몇몇 환경론자들이 인류학자가 말해줬으면 하는 것을 순진하게 발설하지 않는다. 즉, 이 언어들 간의 동등성이 생각해볼 만한 것이거나 희망해볼 수 있는 것이라는 말을 해주길 바라는 것이다. 내게 흥미로운 것은, 이런 식의 위계질서를 유지하기 위해서—번역은 주요하게는 이 한 방향으로 흐른다—그리고 동시에 이런 관계를 보증하기 위해서 번역이 하는 역할을 그가 말해주는 점이다. 그는 그에게 하나의 수수께끼이면서도, 그가 직접 관찰하여 검증한 것을 강조하는데, 루나족들이 그들 꿈속 이야기를 상징적인 용어들로 전한다는 것이다. 이건 말 그대로 그들의 개들이 꿈꾼 것을, 그러니까 그들의 개들이 꿈꾼 것을 지각한 대로 번역한 것이다. 그건 아마도 그들이 개들과 함께 사용한 언어가 그들 언어 중 가장 기초적인 것이면서 또한 가장 신중한 것이어서일 것이다. 이건 번역에 관한 성찰을 보여주는 것으로, 다른 사람이 말한 것에 최대한 가깝게 있는 것이 그 다른 사람을 최대한 덜 곡해하는 것이다. 이런 다른 표현 형태들에 유의한다는 것은 시에 민감해지듯 자연에 민감해진다는 것을 의미한다. 번역을 어떤 새로운 통제나 점유 작전으로 만들지 않는다는 조건에서, 번역은 세계를 청취하는 또 다른 방법을 상상해낼 수 있을 것이다. 오레곤의 숲속에서 버섯 하나가 하는 말을 듣거나 "풍경의 문장들에 귀를 빌려주면서"[15] 말이다. 모든 것을 다 이해하겠다거나, 모든 것을 억지로 다 명쾌하게 만들고 싶어하지 않겠다는 것을 번역은 이제 체념하고 받아들여야 한다.

나가며
번역하다, 쓰다

소리, 단어는 살아 있는 화폐다. 그것은 순환하고, 교환되며 아무에게도 소속되거나 점유되지 않는다. 우리가 그것을 발명했다손 치더라도 우린 그것을 바람에 날린다. 그러면 그것은 다른 사람들의 손에 들어간다. 번역은 우리가 단어에 대한 권위를 갖고 있지 않다는 것을 환기한다. 또는 이런 권위는 취약하다거나, 우린 항상 다른 사람의 단어들 속에 있을 뿐이라는 것을 환기한다. 보통 아무개'의' 글이라고 말하는데, 그러면 우리는 그 아무개가 저자라고 인식한다. 하지만 우리는 독서를 통해 그 아무개 저자의 글에 적응하고, 그 글을 점유하고, 또 망각하거나, 다시 고의적 또는 무의식적으로 인용 및 환기하는 등 여러 작업을 거치는데, 그러다 보면 결국 이 권위가 꼭 저자의 것은 아니라며 부인하게 된다.

번역하다, 글을 쓰다. 두 행위는 가깝고도 멀다. 가깝다는 것은 둘 다 언어 위에서 실행하는 것이며, 어떤 생각을 지니고 있으며 그것을 전달하기 때문이다. 멀다는 것은 혹은 거꾸로 된 행위라는 것은, 번역자가 작가가 해놓은 것을 헤집어놓을 수 있기 때문이다. 한 편의 시 또는 한 권의 책에 만들어진 것을 전혀 다른 언어로 다시 만들기 위해 번역할 텍스트의 올을 정성스럽게 풀고, 해체하고, 조각내어, 형태 없는 것으로 만든 다음 다시 형태를 주기 때문이다. 번역은 우선 이렇게 부정적인 행위이다. 흔히 번역에 던져진 신뢰 상실, 가치 하락에 대해 부분적으로 합리화를 하긴 하지만, 그건 간혹 사람들이 말하듯, 그 일이 하녀 노릇 같은 부차적인 일이거나, 적은 영향력을 발휘해서가 아니라, 문학을 그 권위 바깥으로, 그 자리 바깥으로 내놓기 때문이다.

나는 한 번 그런 경험을 했다. 제임스 조이스의 《율리시스》를 공동 재번역했는데 번역자 각자가 자기가 맡은 에피소드에 대해서만큼은 책임을 져야 했다. 내가 번역한 에피소드는 바로 마지막 에피소드였다. 구두점도 없고, 거의 너덜너덜해진, 그러나 눈부신 리듬이 살아 있는 몰리 블룸의 긴 독백 부분이었다. 나는 내 몸 안에서 느낀 그대로 이를 재현해보려 했다. 번역하면서 나는 이 말 자체가 되어갔고, 이 말을 그대로 호흡했고, 내가 그 말을 살아 있게 만드는 듯한 기분이 들었다. 파리 북부의 부프 극장에서 아누크 그린버그가 이를 무대 위에 올리기로 했을 때, 그녀는 나에게 호흡 또는 독법에 대한 조언을 여러 차례 부탁했다. 무대에서 처음 그 텍스트가 말해지는 것을 들었을 때 나는 그녀가 말하는 것이 바로 내 단어인 것 같았다. 분명 그건 내 언어가 아니었다. 그리고 또 그건 내 언어이기도 했다. 뭐랄까, 신성모독적이고 무례한 어떤 것을 경험한 것이다. 하지만 동시에 진실의 시험이었다. 내가 아닌데 나인.

많은 저자들은 또한 번역자기도 하다. 번역은 문학을 사회화하는 형태다. 교육이 그런 일을 하는 것처럼. 사회가 작가들에게 특권을 부여하는 것에 대해서는 물론 할 말이 많을 것이다. 특히 그 활동에 대해 보수를 주는 방식에 대해서도. 1932년 소련은 국제 사회주의 문학의 전범을 만들기 위해 고리키 세계 문학 연구소를 창설했다. 그런데 이것은 작가들에게 번역을 맡김으로써 작가들에게 임금을 지불하기 위한 것이기도 했다. 이런 강력한 시스템으로까지 항상 발전되는 것은 아니지만, 우리 사회 대부분은 번역에 대해서는 인색하다. 보들레르가 그의 생계를 유지한 것도 번역을 해서 번, 거의 이런 돈이었다. 세계 도처에서 작가들은 거의 다 이런 식으로 산다. 파울 첼란도 번역가였다. 루쉰도 번역가였다. 그라실리아노 라모스도 번역가였다. 모하메드 베니스도 번역가였다. 무라카미 하루키도 번역가였다. 앙투안 볼로딘도 번역가였다. 이브 본푸아도 번역가였다.

이 가깝고도 상반되는 행위가 어떻게 있는 그대로 받아들여질 수 있을까? 그 합당성은 여러 가지가 있다. 작가들은 그들이 사랑하는 작품을 위해 번역한다. 그들의 언어를, 그들의 서재를 풍요롭게 만들기 위해 번역한다. 스승과도 같은, 그들이 사랑하는 작가들을 번역하면서 그들의 글쓰기를 모방하는 것은 피하면서 대신 더욱 깊이 알게 된다. 작가는 다른 작가들의 글에서 그들 시학, 문체, 준거들, 이미지들을 시험하면서 그들이 사랑하는 작품을 번역하기도 한다. 그들의 이름보다 더 큰 이름들 옆에 그들 이름을 나란히 놓는 것이다. 1940년대부터, 이탈리아에서는 모든 시인이 아폴리네르를 번역하기 원했다. 똑같은 시 〈사냥의 뿔나팔〉에 8개의 번역본이 있기도 했다. 그 가운데 4개가 1958년과 1960년 사이에 나왔다(1943년 마르코 롬바르디의 번역 이후에 조르조 카프로니, 클레멘테 푸세로, 에우랄리오 데 미켈리스, 그리고 마우로 파지까지). 아폴리네르도, 이탈리아 문학도 그 정도로 번역이 필요한 건 아니었다. 시인들 사이에 경쟁이 생긴 것이다. 자기 문체 권위가 번역을 통해 입증될 수 있었던 것이다. 혁신적 의미 역시. 프랑스에서는 모두가 파울 첼란을 번역하고 싶어했다. 1949년부터 1952년까지 〈죽음의 푸가〉는 9개의 번역본이 있었다. 이 시의 수수께끼는 너무나 강력해 번역본들은 제각기 완전히 상이했다. 의심할 여지 없이 이 시는 전혀 다른 것이 작동하고 있었다. 스타일을 표시하기보다는 시의 사건에 해당하는 이 시를 얼마나 자기 것으로 소화하느냐(독일에서는 "세기의 시"로 평가되었으므로)가 관건이었다. 도저히 생각할 수 없는 것을 떠안고 그것을 폭로, 계시하는 일. 이번에는 자신의 차례가 되어 이를 말할 수 있기 위해 이를 번역해야 했다.

간혹 작가-번역가를 최고의 번역가라고 생각한다. 그렇지만, 그들도 그렇게 생각할까? 문학 번역의 몇몇 현대 이론들은 번역을 창조적 공간으로 평가한다. 특히 앙리 메쇼닉이나 메쇼닉의 영향을 받은 자들이 그런데, 번역은 "원 텍스트가 한 것을 하는 것"이어야 하고, 원문과 똑같은 문학적 가치를 지녀야 하고, 원 텍스트만큼의 자주성을 찾아야 한다. 그런데 이런 사유의 역설은 만일 번역과 문학 텍스트를 동일시하면 번역 역시나 사라질 것이라는 것이다. 번역을 창작으로 평가 절상한다는 것은, 번역을 번역으로서는 평가절하한다는 말이다. 번역이 하는 활동과 창작이 하는 활동을 가깝게 보기 보다 거꾸로보게 된다. 번역이라는 쓰기를 하다 보면 가끔은 번역 안에 있는 중요 부분, 즉 번역이 생각하게 하는 부정적 측면을 사라지게 만든다. '쓴 것을 다시 쓰기réécrire' 전에 '쓴 것을 지워야 하고, 쓴 것을 파괴해야 하고, 아니 규칙 따위로부터 해방되어 써야déécrire* 한다.

자신의 작품을 스스로 번역하는 작가들은 이를 잘 안다. 그도 그럴 것이 그들 번역은 그들 작품의 일부이기 때문이다. 더 이상 그것은 번역으로 여겨지지 않는다. 성실성이니 반역성이니 하는 용어들로 평가되지 않는다. 다시 만들어진 게 아니다. 누가 베케트를 영어로 다시 번역할 생각을 할 수 있을까? 자신의 작품을 스스로 번역하는 작가들은 작가도 번역가도 아니다. 두 번의 작가, 두 언어의 작가로, 오늘날 이런 작가들은 세계적으로 많다. 하여, 여러 종류의 작가-번역가들이 있다. 줄표를 그어 두 활동을 가깝게 놓기도 하고 멀리 놓기도 한다. 번역가이면서 작가인 자도 있고, 번역된 작품의 중요성을 보아, 작가로 고려되는 번역가도 있다(그 예가 중국의 옌푸[**]다). 번역을 하면서 작가로 남는 저자들도 있다.

번역하는 작가들에게 가장 많이 하는 질문은 이것이다.

---

[*] Déécrire: 쓰기 차원에서 번역을 상징적으로 함축한 표현으로 보고 그 중의적 뜻을 다 풀어 번역했다. déécrire는 잘 통용되지 않는 표현으로, 중의적인 미묘한 의미를 잘 표현하기 위해 만든 조어이다. 쓴 것을 지우거나, 쓴 것을 파괴하거나, 글쓰기 규칙이나 중압감으로부터 벗어나 자유롭게 글을 쓴다는 의미 등을 지닌다.

[**] 嚴復(1854~1921): 중국 청나라 말기의 사상가로 청일전쟁 후 서유럽의 학술서 다수를 번역했다. 헉슬리, 몽테스키외, 애덤 스미스 등을 번역하는 등 변법운동을 비롯 청나라 말기 개혁운동에 많은 영향을 미쳤다.

"이런저런 작품을 번역했다는 사실이 당신의 스타일에 영향을 주지 않습니까? 글쓰는 방식을 변화시키지 않습니까?" 이에 대한 답은 '아니오'이다. 번역은 우선은 읽는 방식을 바꾼다. 훨씬 천천히, 훨씬 가깝게 읽어야 한다. 눈으로만 읽는 게 아니라, 손으로, 목소리로 읽어야 한다. 아니, 몸 전체의 기술이 된다. 글쓰기도 몸의 기술이므로, 그런 의미에서 글쓰기와 밀접하다. 하지만 우리가 번역한 작가들은, 꼭 닮은 그 누군가처럼 되기보다, 우리 편에 있는 친절하고 너그러운 인물처럼 남아 있다. 왜냐하면 그들과 대화했고, 그래서 그들을 사랑하게 되었기 때문이다. 우리는 우리 감정들과 우리 사전 지식들과 때로는 우리가 동원하던 것들(꽃들의 이름이나 물고기들의 이름), 또 때로는 가장 즉각적이고 무매개적인 우리 경험들을 가지고 작가들을 번역했다. 하지만, 이 작가들이 우리를 우리 자신이 되도록, 더 나아가 끄떡없이 버티도록 도와줬다면, 이 작가들은 이제 그들 리듬으로 돌아간다. 그리고 우리는 우리들 리듬으로 돌아온다. 각자 하던 대로 하는 것이다. 음악에서는 이런 게 행복한 거다. 약간 자기 톤을 잃고, 자기 리듬을 읽는 시련 말이다.

이런 불일치가 바로 이 책에서, 번역의 그 모든 양상 속에서 내가 공부하려 노력했던 것이다. 번역은 단순히 만남과 대화 같은 행복한 경험이 아니다. 다른 시간대를 가까이 붙이려 하거나 여러 언어들을 다 뒤덮으려 하면서도 내적인 또는 집단적인 온갖 갈등을 유발하기도 한다. 그 활동 한가운데 있는 폭력성은 그 활동을 실행하는 자들에게도, 그 활동을 받는 자들에게도, 윤리적 차원에서만이 아니라 정치적 차원에서도 차이를 생각하게 한다. 타자와 맺는 관계에서만이 아니라, 공동체 내의 모든 관계, 즉 함께 참여하는 공동체들 사이에서도 수많은 차이를 보게 된다. 이런 관계를 이해하는 것은 번역을 정초하고, 번역의 기반이 되는 폭력성을 늘 예의주시할 때만이다. 번역의 사유가 우리에게 가르쳐주는 많은 것들 중 하나는 모든 게 변경 및 수정 가능하며, 분리된 것은 보상 가능하다는 것이다.

번역은 문학을 타동사로 만들었다. 그러니까 문학은 독립성에서 나와 번역이라는 목적격을 필요로 하게 된 것이다. 이런 문학 덕분에 번역은 19세기부터 자기만의 반구半球를 만들었다. 번역은 한쪽에서는 절제된 소통을 하지만, 때로는 예측 불가능하다. 번역이 작품의 감각적 물성을 더욱 드러내려 할 때 소통 그 자체가 된다. 공동의 세계 건설에 참여하는 순간부터, 이제 번역은, 언어들 사이에서, 그러니까 항상 새롭게 잘라지는 공간과 시간의 절편들 속에서 자기 위치를 확인하게 될 것이다.

감사 드리며

우선 2018년 작업한 '프레델border*'을 이 책의 표지에 쓸 수 있도록 허락해준 화가 아녜스 튀르나우어에게 감사드린다. 이 단어는 경계 또는 국경에서 자행되는 폭력에 대한 우리의 예민한 상상력을 자극하면서, 다시 한번 경계를 건너가고 있다. 내 책과 동행하며 어떤 은신처를 제공해주는, 이토록 아름다운 사유의 일치를 나는 꿈꿀 수 없었다.

이 책은 석사 및 박사 과정에 있던 나의 제자들에게 상당히 많은 빚을 졌다. 여러 해, 나는 이들을 앞에 두고 이런 몇몇 개념들을 실험해왔다. 특히 파올로 벨로모, 카미유 블룸필드, 루디빈 부톤켈리, 마티외 도스, 가오 팡, 아만다 머피, 나오미 니

---

* Prédelle: 제단 그림의 밑부분이라는 뜻으로 이 책의 영문판 제목은 border('가장자리')이다. 한국어판에서는 저작권 문제로 이 그림을 표지에 쓰지 않는다. 긴 파란색 사각면과 긴 주황색 사각면이 서로 마주한 가운데 'border'라는 글자가 양쪽에 나뉘어 새겨져 있다.

콜라카우프만, 클레르 폴리앙, 릴리 로베르폴리, 마 샤, 마티아스 베르제, 남윤지, 우 티안추 등에 감사드린다. 이들은 모두 번역을 전적으로 또는 부분적으로 다룬 주제로 탁월한 논문을 썼던 나의 학생들이다. 또 이런 문제들에 대해 대화를 나눈 나의 모든 동료들과 친구들에게도 감사드린다. 에밀리 앱터, 산티아고 아르토츠키, 누리트 아비브, 피에르 베네티, 바바라 카생, 잘랄 엘 하크마우이, 베르나르 회프너, 나탈리 코블, 프랑수아 쥘리앙, 쉬 쥔, 아미나 메드뎁, 클로드 무샤르, 가브리엘 나폴리, 자크 니프와 엘로이즈 니프, 소피 라보, 자히아 라흐마니, 마르탱 루에프, 지젤 사피로, 옌하이 트란제르바, 다미앵 자논.

몇몇 장은 발표한 논문이나 학회 때 발표했던 글들을 상당한 수정을 거쳐 다시 실었다.[*]

"La fidélité comme loi morale du témoignage et de la traduction", colloque "Traduire l'expérience au-delà de ses limites", Philippe Mesnard (dir.),

---

[*] 아래 열거되는 참조문헌은 본문 각주에도 해당 장에 실려 있다. 외국 논문 또는 외국 학술회에서 발표된 글이므로 검색을 위해서도 일일이 번역하지 않고 원문 제목을 그대로 표기한다.

Clermont-Ferrand, 2012.

"*Birth pangs* : la traduction comme procréation", *Po&sie*, n° 137-138, 2011.

"Proust créole, ou les langues embrassées", *Le Nouveau Magazine littéraire*, n° 536, "Proust", septembre 2013, p. 66.

"La traduction agonique", *Po&sie*, n° 156, 2016.

"Traduction et violence", *in* Anne Tomiche (dir.), *Le Comparatisme comme approche critique / Comparative Literature as a Critical Approach*, t. 4, Paris, Classiques Garnier, 2017.

"Vulnérabilité du texte en traduction", *Genesis*, n° 38, 2014.

"La traduction entre justesse et justice", Journées d'étude internationales "Traduire en justice", Paolo Bellomo et Naomi Nicolas-Kaufman (dir.), Paris, Paris 3-CERC, 2017.

"Langues en lutte : limites des éthiques de la traduction", colloque "Politique européenne d'accueil. Éthique de la traduction", Arnold Castelain (dir.), Paris,

Inalco-Groupe SOS Jeunesse-Technische Universität Dresden, 7-9 décembre 2017.

"Une zone d'imprévisibilité", avec Ludivine Bouton-Kelly, colloque "Édouard Glissant et *Le Discours antillais* : la source et le delta", Loïc Céry (dir.), Paris, FMSH-Maison de l'Amérique latine, 25-28 avril 2019.

"Traduire, écrire", *in* Christine Berthin, Laetitia Sansonetti et Emily Eells (dir.), *Auteurs-traducteurs : l'entre-deux de l'écriture*, Paris, Presses universitaires de Paris Nanterre, 2018.

환대해주신 자리들, 그리고 학술회와 학술지 모든 분들에게 깊은 감사를 드린다.

주

들어가며: 자기 언어로 각자, 혹은 홀로

1 Ian Goodfellow, Yoshua Bengio, Aaron Courville이 개발한 번역 프로그램 Deep Learning을 의미한다. *L'Apprentissage profond*, Paris, Florent Massot Éditions et Quantmetry, 2018.

2 이런 기획은 "자동 번역 관측소"라는 이름으로 실시되었다. 다섯 개의 기간과 다섯 개의 분야가 관측 대상이 된다(고전 산문, 근대 산문, 현대 산문, 시와 연극, 논픽션) 그리고 일곱 개의 언어가 연습되었다(독일어, 영어, 스페인어, 이탈리아어, 폴란드어, 포르투갈어, 러시아어).

3 Emily Apter, The Translation Zone : A New Comparative Literature, Princeton, Princeton University Press, 2006; Hélène Quiniou, Zones de traduction. Pour une nouvelle littérature comparée(프랑스어 번역본), Paris, Fayard, 2016. Mona Baker, Translation and Conflict : A Narrative Account, Londres/New York, Routledge, 2006. Alain Ricard, Le Sable de Babel. Traduction et apartheid, Paris, CNRS Éditions, 2011.

4 "한 편의 시는 그 상태(문어든 구어든, 독서든, 출판이든, 머릿속으로 기억되는 대로, 번역이든 다시 쓰기든, 과거대로, 현재대로 (...) 번역된 상태에서 독자 또는 청자에 의해 끊임없이 번역되고 재번역되지만, 처음 구성된 언어가 그 시의 정의 자체라 할 수 있으므로, 결코 소홀히 할 수 있는 게 아니다."(Jacques Roubaud, « Parler pour les "idiots" : Sébastien Chasteillon et le problème de la traduction », Seizièmes Assises de la traduction littéraire (Arles 1999), Arles, Actes Sud, 2000, p. 34–35).

5 Martin Rueff, « Haute-fidélité », in Comme si quelque, Chambéry, Comp'Act, 2006, p. 173.

1장 번역과 민주적 합의

1 *La Leçon*, Paris, Gallimard, coll. « Folio », 1954, p. 128.

2 미카엘 뫼니에Mikael Meunier는 유럽 의회 프랑스 대표부 번역 총감독 및 언어 책임자이다. http://www.agence-erasmus.fr/article/44/mikael-meunier-commission- europeenne-traduction-et-multilin-guisme.

3 Xavier North, « Territoires de la langue française », *Hérodote*, n° 126,2007/3, p. 9-16. *Après Babel, traduire*(바벨 이후, 번역하기)라는 MuCEM 전시회 도록에 쓴 글에서 그는 이렇게 선언한다. "오로지 번역만이—왜냐하면 각 언어의 특수성을 보존하면서 한 언어에서 다른 언어로의 이행을 가능하게 하는 것이 번역이므로—유럽이 근본적으로 매달리고 있는 두 가지 긴급 사항을 상호절충 할 수 있게 한다. 그 하나는 언어적 다양성의 유지(해당 언어들의 각각의 "기능주의"에 좌우된다)이고, 또 다른 하나는 그 통일성의 구축(사상 및 문화, 예술 표현들의 유통 덕분에 가능하다)이다."(Xavier North, « Politique de la langue : points chauds », in *Après Babel, traduire*, Arles, Actes Sud/MuCEM, 2016, p. 73).

4 2017년 11월 3일 베이루트에서 열린 프랑코폰 도서전 개막식에서 프랑수아즈 니센이 한 연설. http://www.culture.gouv.fr/Presse/Archives-Presse/Archives-Discours-2012-2018/ Annee-2017/Discours-de-Francoise-Nyssen-a-l-occasion-de-l-inauguration-du-Salon-du-livre-francophone-de-Beyrouth.

5 Michaël Oustinoff, *La Traduction*, Paris, PUF, coll. « Que sais-je ? », 2003, p. 8.

6 Paris, Fayard, 2009.

7 François Ost et Nicole Bary, « La traduction et le multilinguisme »,

Études, n° 417, 2012/12, p. 653‑665.

8 Paul Ricœur, *Sur la traduction*, Paris, Bayard, 2004, p. 19.

9 Antoine Berman, *La Traduction et la Lettre ou l'Auberge du lointain*, Paris, Seuil, 1999, p. 75.

10 Antoine Berman, *L'Épreuve de l'étranger. Culture et traduction dans l'Allemagne romantique*, Paris, Gallimard, coll. « Tel », 1984, p. 17.

11 Lawrence Venuti, *The Scandals of Translation : Towards an Ethics of Difference,* Londres/New York, Routledge, 1998, p. 187.

12 Umberto Eco, *Dire presque la même chose. Expériences de traduction*, traduit de l'italien par Myriem Bouzaher, Paris, Grasset, 2003 : "거의 같은 것을 말하다, 이것은 우리가 보게 되겠지만, **협상**의 표지 아래 이뤄지는 과정이다" (p. 9. 저자 강조); "나는 다만 번역학에서 **유통**되는 수많은 개념들(등가성, 목표어 취중, 번역가의 성실성 또는 주도권)을 반복해서 말하고 싶다"(p. 17. 저자 강조); "성실성은 차라리 확신이다. 원문이 열정어리고 암묵적인 동조로 해석된다면 번역은 항상 가능하다는 확신 말이다. 텍스트에 들어 있는 깊은 의미를 우리에게 알려주는 적극적 참여이며, 가장 옳아 보이는 해법을 매순간 내놓을 줄 아는 협상력이다. 이탈리아어 어떤 사전을 참조해도, **성실성**의 유사어 가운데 **정확성**이란 단어는 없을 것이다. 유사어로 나오는 것은 오히려 **충실성, 정직성, 존중, 연민** 등이다." (p. 435. 저자 강조).

13 Sandra Bermann et Michael Wood (eds), *Nation, Language, and the Ethics of Translation, Princeton*, Princeton University Press, 2005. 서문 전체와 특히 8쪽을 볼 것. "번역이 있는 모든 접점에는 (…) 오해, 기만, 불평등, 그리고 언어적 억압의 문제와 또한 통찰력, 상호주의 그

리고 창조적 협상 같은 희망이 있다."

14 Jean-François Hersent(지금은 대학 강단에 서지만, 특히 이 글을 출판할 때는 문화부에서 일했다) « Traduire : rencontre ou affrontement entre cultures ? », *Hermès*, nº 49, 2007, p. 161. 이 호는 이 담론들을 주제로 다뤘다. 비서구인 전문가들(부르키나 파소에 대해서는 아리스티드 요다가, 중국에 대해서는 쉬 진이 기고했다)도 많이 참여했다.

15 Gisèle Sapiro (dir.), *Translatio. Le marché de la traduction en France à l'heure de la mondialisation*, Paris, CNRS Éditions, 2008.

16 Barbara Cassin, *Éloge de la traduction*. Compliquer l'universel, Paris, Fayard, 2016, p. 223.

17 Barbara Cassin, « Présentation », in *Après Babel, traduire, op. cit.*, p. 12.

18 François Ost, dans *Traduire. Défense et illustration du multilinguisme* (*op. cit.*). 번역 관련, 여러 국가들의 정책에 관심을 갖고 다양한 법령들을 소개하고 있다. 이 가운데는, 특히 프랑스에 있는 30여 개 방언을 근절하고 프랑스 언어를 합리적 방향으로 하나로 일반화 하는 법령들도 소개되어 있다(p. 303-326).

19 Abbé Grégoire, *Mémoire en faveur des gens de couleur ou sang-mêlé de Saint-Domingue et des autres îles françaises de l'Amérique*, (국민의회를 향한 연설), Paris, Belin, 1789, p. 5.

2장 번역의 반목성

1 *Écholalies. Essai sur l'oubli des langues*, traduit de l'anglais parr Justine Landeau의 영어본을 프번역함, Paris, Seuil, 2007, p. 51.

2 Tzvetan Todorov, *La Conquête de l'Amérique. La question de l'autre*, Paris, Seuil, 1982; Jean-Louis Cordonnier, *Traduction et Culture*, Paris, Didier, 1995.

3 Jean-Louis Cordonnier, *Traduction et Culture, op. cit.*, p. 87.

4 Victoria Ríos Castaño, « Fictionalizing Interpreters : Traitors, Lovers, and Liars in the Conquest of America », *Linguistica Antverpien- sia, New Series – Themes in Translation Studies*, n° 4, 2005, p. 47-60; Jochen Plötz, « El intérprete Felipillo entre Incas y conquistadores », *Forma y función*, vol. 9, n° 1, 2016, p. 81-102. 나는 이 참조문헌을 라틴 아메리카의 번역에 대해 다룬 세실 세리에Cécile Serrurier의 박사논문을 통해 알게 되었다. 2019년 6월 13일 l'Université Bordeaux-Montaigne에서 논문 발표하고 심사. 논문 제목은 « Traduction et mise en recueil (Amérique latine, 1883-1925). Portrait du poète en collectionneur périphérique ».

5 Rafael Dumett, « Reivindicación y elogio de Felipillo », 2011년 11월 10일자 그의 블로그 – https://rafaeldumett.lamula. pe/2011/11/10/reivindicacion-y-elogio-de-felipillo/rafaeldumett; 세실 세리에가 다음에서 위를 인용, « Traduction et mise en recueil (Amérique latine, 1883-1925) », 인용한 논문, p. 36.

6 Octavio Paz, *Le Labyrinthe de la solitude*(1950), traduit de l'espagnol (Mexique) par Jean-Clarence Lambert, Paris, Gallimard, 1972, p. 82.

7 Alexis Nouss, « Éloge de la trahison », *TTR, Antoine Berman aujourd'hui*, Université McGill, vol. XIV, n° 2, 2001, p. 167-179.

8 Xu Jun, « Diversité culturelle : la mission de la traduction », *Hermès*, n° 49, *op. cit.*, p. 185-192.

9   Zrinka Stahuljac, « Les fixeurs au Moyen Âge », *La Lettre du Collège de France*, n° 44, 2018, p. 76-77.

10 Alexis de Tocqueville, *De la colonie en Algérie* (1841), Bruxelles, Complexe, 1988, p. 141.

11 2016년 알제리 MuCEM 박물관에서 있었던 전시회. 전시회 위원인 Zahia Rahmani, Jean-Yves Sarazin이 도록으로 제공한 탁월한 화보 및 자료 등을 볼 것. 특히 Daho Djerbal의 글, « Sans nom patronymique (SNP). De la dépossession du nom à l'expropriation de la terre par la carte », p. 183-186. 그리고 Zahia Rahmani의 글, « Pays de réserve », p. 11-26.

12 더구나 이 식민 정책이 프랑스 내 프랑스어 언어 통일화를 위한 모델로 쓰인 것은 놀랍다. 쥘 페리가 교육부 장관을 하기 전 식민 장관을 지낸 것을 잊지 말자.

13 Fadhma Aïth Mansour Amrouche, *Histoire de ma vie* (1968), Vincent Monteil와 Kateb Yacine의 서문, Paris, La Découverte/poche, 2000, p. 73.

14 Yvonne Turin, *Affrontements culturels dans l'Algérie coloniale. Écoles, médecines, religion, 1830-1880*, Paris, Maspero, 1971.

15 Edward W. Said, *L'Orientalisme. L'Orient créé par l'Occident* (1978), traduit de l'anglais par Catherine Malamoud, Paris, Seuil, 1980.

16 Yacine Derradji, « Le français en Algérie : langue emprunteuse et empruntée» - http://www.unice.fr./ILF-CNRS/ofcaf/13/derradji. html. 이것도 볼 것. Gilbert Grandguillaume, « La francophonie en Algérie », *Hermès*, n° 40, 2003, p. 75-78 ; Rabah Soukehal, « La France, l'Algérie et le français. Entre passé tumultueux et présent flou »,

Les Cahiers de l'Orient, n° 103, 2011/3, p. 47-60.

17 Lazhari Labter, « La traduction d'ouvrages de littérature et de sciences humaines et sociales en Algérie », *Transeuropéennes*, 2011.

18 최근 저술된 공저 제목을 참조할 것. *Maroc : la guerre des langues* ?, Kenza Sefrioui (éd.), Casablanca, En toutes lettres, 2018.

19 Jalal El Hakmaoui, « Après l'empire, traduire », in *Maroc : la guerre des langues* ?, *op. cit.*, p. 23-34 (p. 31).

20 Fouad Laroui, *Le Drame linguistique marocain*, Casablanca, Le Fennec / Paris, Zellige, 2011. Voir le récit qu'il donne de cette réception dans *Maroc : la guerre des langues* ?, *op. cit.*, p. 103-107.

21 Étienne Balibar, « Politique et traduction : réflexions à partir de Lyotard, Derrida, Said », *REVUE Asylon(s)*, n° 7, 2009-2010 – http://www.reseau-terra.eu/article932.html.

22 *Ibid.*

23 *Ibid.*

24 Henri Meschonnic, *Poétique du traduire*, Lagrasse, Verdier, 1999, p. 459.

25 *Ibid.*, p. 85.

26 릴리 로버트 폴리Lily Robert-Foley는 박사논문에서 제3의 텍스트에 대해 잘 예시했다.(« Politique et poétique du tiers texte. Une expérience de lecture de *L'Innommable/The Unnamable* de Samuel Beckett », 2014년 파리8대학에서 논문구두발표심사). 원 텍스트가 번역에서 그 원 텍스트가 되기를 멈추면서 초래되는 텍스트의 혼란과 그 모든 힘을 다루고 있다.

27 바르트는 그것을 이렇게 표현한다. "내가 읽을 줄도, 읽을 수도 없

는 텍스트 앞에서, 나는, 문자 그대로, 나침판을 잃은 채 있다. 내 안에서 현기증이, 미로를 헤매는 듯한 동요가 일어난다. 이런 온갖 '이석'들이 한 쪽에서 떨어진다. 내 청각 속에서도(나의 독서 속에서도), 텍스트의 기표 덩어리가 뒤흔들리며, 더는 문화적 놀이 하듯 환기도 안 되고, 균형도 잃는다."(« L'Image », 1977년 6월 Cerisy에서 발표된 글, 전집에 재수록. *Œuvres complètes*, t. V, 1977-1980, Eric Marty [ed.], Paris, Seuil, 1995, p. 513-514).

28 Jacques Derrida, *Ulysse gramophone. Deux mots pour Joyce*, Paris, Galilée, 1987, p. 43.

29 *Ibid.*, p. 47-48.

30 Antoine Berman, *La Traduction et la Lettre, op. cit.*, p. 42.

31 Étienne Balibar, « Politique et traduction : réflexions à partir de Lyotard, Derrida, Said »에서 인용. 원고가 논쟁 수단이 없을 때 분쟁이 생긴다. 특별한 손상이 없는 것처럼 모든 게 진행된다. 잘못은 관용구에서 생기지 않는다.

3장 길항적 번역

1 *Dream of Fair to Middling Women*, Eoin O'Brien et Edith Fournier (eds), Londres/Paris, Calder, 1996, p. 49.

2 Henri Meschonnic, *Poétique du traduire, op. cit.*, p. 127.

3 Antoine Berman, *La Traduction et la Lettre, op. cit.*, p. 141.

4 Philippe Forest, *La Beauté du contresens*, Nantes, Éditions Cécile De-

Haun Saussy, « Death and Translation », *Representations*, vol. 94, n° 1, 2006, p. 89-107.

William Shakespeare, *Hamlet*, traduit de l'anglais par Jean-Michel Déprats, Paris, Granit, 1986, p. 140.

Chantal Mouffe, *Agonistique. Penser politiquement le monde* (2013), Paris, Beaux Arts de Paris éditions, 2014; id., *L'Illusion du consensus* (2005), traduit de l'anglais par Pauline Colonna d'Istria, Paris, Albin Michel, 2016.

Chantal Mouffe, *L'Illusion du consensus, op. cit.*, p. 20.

Antoine Vitez, Journal, 2 août 1966, 다음에서 인용. Marie Étienne, *Antoine Vitez & la poésie*, Paris, Le Castor Astral, coll. « Les passeurs d'Inuits », 2019, p. 54. La traduction par Vitez de « La maison vide » a été publiée dans Elsa Triolet (dir.), *La Poésie russe, anthologie bilingue*, Paris, Seghers, 1965.

Christine Lombez, section « Poésie », *in* Yves Chevrel, Lieven D'hulst et Christine Lombez (dir.), *Histoire des traductions en langue française. xixe siècle*, Lagrasse, Verdier, 2012, 특히 다음을 볼 것 p. 359-370.

Andreas Huyssen, *La Hantise de l'oubli. Essais sur les résurgences du passé*, traduit de l'anglais par Julie de Faramond et Justine Malle, Paris, Kimé, 2011, p. 58-80.

도나 해러웨이Donna Haraway는 비판적 차이에 대한 개념을 이렇게 환기한다. "도덕주의자로서, 유일한 물음은 '나는 누구인가?'일 것이다. 나는 유기적으로 분절된 세계에서 살고 싶다. 유기적으로 분절하다, 그것은 '의미하다'이다. 이는 우연한 것들을 함께 놓는다는 것을 전제한다. 이 주체 그(녀)(S/h)가 각 형상 내부와 외부의 중요한 차이점의 결합으로 구성된다."*Manifeste cyborg et autres essais. Sciences – Fictions – Féminismes*, anthologie établie par Laurence Allard, Delphine Gardey et Nathalie Magnan, traduit de l'anglais par Nathalie Magnan, Paris, Exils, 2007, p. 106).

13 Roland Barthes, « Au séminaire » (1974), *Œuvres complètes*, t. IV, 1972–1976, Eric Marty (dir.), Paris, Seuil, 2002, p. 45.

14 John Felstiner, *Paul Celan : Poet, Survivor, Jew*, New Haven, Yale University Press, 1995, p. 31–32.

15 Alexis Nouss, *Paul Celan. Les lieux d'un déplacement*, Lormont, Le Bord de l'eau, 2010.

4장 이중의 폭력성

1 *L'Art de traduire*, Châlons-en-Champagne, Hapax éditions, 2008, p. 14.

2 Emily Apter, *Zones de traduction, op. cit.*, p. 24.

3 *Rachel Nolan, « A Translation Crisis at the Border »*, The New Yorker, 6 janvier 2020.

4 Henri Meschonnic, *Poétique du traduire, op. cit.*, p. 321.

5 장피에르 르페브르Jean-Pierre Lefebvre는 카프카의 플레야드판으로 새로운 번역본을 제시하면서 이 점을 주장한다. "카프카의 독일어는 두 모순적 힘 때문에 강한 인상을 준다. 우선, 그 나라 주요 언어가 체코어이지만 다국어적 환경에서 독일어를 매우 잘 하는 학생으로서의 힘이 그 하나이다. 카프카는 프라하어와 이디시어를 하면

서 생길 수 있는 두 언어의 간섭 현상의 피해자가 되는 걸 두려워했다. 두 번째 힘은 전자의 힘을 거스르려는 데서 온다. 그래서 일종의 즉흥적 시적 호흡의 힘이, 자신을 항상 더 멀리 데려가는 흐르는 말의 힘이 생겨났다. 그 뒤에는 그가 누이들에게 해준 이야기 경험들, 또는 우리가 여러 증언들을 통해 알 수 있는 그의 연극에 대한 취향, 즉 문어적 구속력이 덜한 활성적 말의 힘이 있었다." ("Kafka: the next generation", entretien de Tiphaine Samoyault avec Jean-Pierre Lefebvre et Georges-Arthur Goldschmidt, *En attendant Nadeau*, 23 octobre 2018 – https://www.en-attendant-nadeau.fr/2018/10/23/kafka-lefebvre-goldschmidt).

6 Milan Kundera, *Les Testaments trahis*, Paris, Gallimard, coll. « Folio », 1993, p. 130 : "번역가는 어휘를 풍부하게 하는 경향이 있다. (…) 이런 경향은 충분히 이해할 만하다. 그렇다면, 번역자는 무엇에 따라 평가되는가? 저자의 문체를 그대로 살리는 충실성? 그런데 이것은, 번역본으로 읽는, 그 나라 독자들로서는 판단할 수 있는 가능성이 없다. 반면, 어휘가 풍부하면 대중은 이를 어떤 가치로, 수행 능력으로, 그러니까 번역가의 내공과 역량의 증거로 즉각 느끼게 된다."

7 Franz Kafka, *Il processo*, traduit de l'italien par Primo Levi, Turin, Einaudi, coll. « Strittori tradotti da scrittori », 1980, « Note du traducteur », p. 254.

8 « Monstres en traduction », 티펜 사모요의 사회로 진행된 좌담회. 기 주벳, 앙드레 마르코비치, 파트릭 퀼리에, 앨린 슐만 등이 참여. 2011 아를 제28차 문학 번역 총회(Arles, Actes Sud, 2012).

9 존 리(*Vanish'd !*)와 길버트 아데어(*A Void*)의 두 영어판을 비교해보면 흥미롭다. 이 문제를 집중적으로 다룬 *Palimpsestes* 12호(2000, p. 99-157)를 볼 것. « La plausibilité d'une traduction : le cas de La Disparition de Perec ». 사라 그리브스, 폴 벤시몽, 미카엘 우스티노프가

기획하고, 사라 그리브스, 미레유 리비에르, 존 리 등이 쓴 글을 볼 것. 페렉의 《실종》의 여러 언어 번역본에 대한 좌담회 내용을 살려 출판함. 다른 영어 번역본도 있는데, 출판 안 된 것도 있음. 가령 Ian Monk, *A Vanishing*; Julian West, *Omissions*.

10 Antonin Artaud, « *Le Moine* » de Lewis raconté par Antonin Artaud, in *Œuvres complètes*, t. VI, Paris, Gallimard, 1966, p. 11. 또한 머릿말 마지막 다음 부분을 볼 것 : "난 마법사와 점쟁이가 숨어 있고, 점쟁이 다운 점쟁이가 거의 없는 곳에 사는 게 속상하다. (⋯) 난 돌팔이, 세공가, 마법사, 주술사, 손금쟁이에게 빠져 산다. 왜냐하면, 이런 모든 것들은, 내겐, 어떤 한계도, 즉 외양에 한정된 어떤 형태도 없는 것으로 보이기 때문이다. 그래서, 며칠 후면, 신은, 아니면 나의 영 靈은 자기 것들을 알아볼 것이다."(p. 13)

11 *Ibid.*, p. 129. 앙토냉 아르토Antonin Artaud와 번역을 주제로 한 좌담회에서 Jonathan Pollock이 발표한 연구물도 볼 것. *Vingt-Deuxièmes Assises de la traduction littéraire* (Arles 2005), Arles, Actes Sud, 2006, p. 46-51.

12 Antonin Artaud, « *Le Moine* » de Lewis raconté par Antonin Artaud, *op. cit.*, p. 314.

13 Antonin Artaud, *Nouveaux Écrits de Rodez*, Paris, Gallimard, 1977, p. 85.

14 Claro, « En toute violence », *Vingt-Deuxièmes Assises de la traduction littéraire* (Arles 2005), *op. cit.*, p. 30.

15 Jacques Derrida, *Ulysse gramophone*, op. cit., p. 44-45.

16 다음에서 인용. Axel Gellhaus (dir.), *Fremde Nähe, Celan als Übersetzer*, Marbach am Neckar, Deutsche Schillergesellschaft, 1997, p. 509.

17 Antoine Berman, *Jacques Amyot, traducteur français,* Paris, Belin, 2012.

18 André Pézard, « Avertissement », *in* Dante, *Œuvres complètes*, traduction de l'italien et commentaires par André Pézard, Paris, Gallimard, 1965, p. xix-xx (저자 강조)

19 Jacques Derrida, *Schibboleth. Pour Paul Celan*, Paris, Galilée, 1986, p. 50.

20 에티엔 돌레는 소크라테스의 입을 빌어 죽은 후에는 우린 더 이상 "아무것도 아니다"라고 했다. (에티엔 돌레는 플라톤의《대화》를 프랑스어로 옮기며 원서에 없는 역자의 문장을 자유롭게 넣어 기독교적 영생을 불 신하는 신성모독의 번역이라는 이유로 재판받아 화형당했다.-옮긴이)

21 루슈디의 이탈리아어 번역가인 에토레 카프리올로는 1991년 7월 3일 단도를 맞았으나 살아 남았다. 같은 해 7월 12일, 이번에는 일본어 번역가 히토시 이가라쉬가 피습당해 살해당했다. 1993년 7월 2일, 터키 번역가인 아지즈 네신은 37명의 사망자를 낸 시바스 호텔 테러 사건의 저격 대상이 되었다. 미셸 쇠라는, 또 다른 팔레스타인 작가 가샨 카나파니의 번역가인데 레바논 전쟁 때 인질로 잡혀 사망했다.

22 다음을 볼 것. Louise von Flotow « Julia E. Smith, traductrice de la Bible, à la recherche de la vérité par le littéralisme », *in* Jean Delisle (dir.), *Portraits de traductrices*, Ottawa, Les Presses de l'Université d'Ottawa / Arras, Artois Presses Université, 2002, p. 291-319.

23 Delphine Horvilleur, « De l'hébreu ou du culot interprétatif », entretien publié dans *Après Babel, traduire, op. cit.*, p. 157-167 (p. 159).

24 Luise von Flotow, « Translation and Gender Paradigms : From Identities to Pluralities », *in* Piotr Kuhiwczak et Karin Littau (eds), *A Companion to Translation Studies*, Londres, Multilingual Matters, 2007

; Susanne de Lotbinière-Harwood, *Re-belle et infidèle. The Body Bilingual*, Montréal, Les Éditions du remue-ménage, 1991.

25 Voir Ioana Popa, *Traduire sous contraintes. Littérature et communisme (1947-1989)*, Paris, CNRS Éditions, 2010, p. 245-310.

26 *Ibid.*, p. 262.

27 Luba Jurgenson (dir.), section « Témoignage historique », *in* Bernard Banoun, Isabelle Poulin et Yves Chevrel (dir.), *Histoire des traductions en langue française. xxe siècle*, Lagrasse, Verdier, 2019, p. 863-922. 집시 여류 시인 파푸차에 대해서는, 장이브 포텔Jean-Yves Potel이 모아 놓은 자료를 볼 것. *Études tsiganes*, n° 48-49, 2011-2012. 아르메니아 인종학살에 대한 증언들의 번역에 대해서는 다음을 볼 것. Janine Altounian, « J'ai senti physiquement ce que c'était que d'appartenir à une minorité discriminée », *Témoigner. Entre histoire et mémoire*, n° 119, 2014, p. 50-59; Marc Nichanian, *Entre l'art et le témoignage. Littératures arméniennes au xxe siècle*, Genève, MétisPresses, 2006.

28 Luba Jurgenson (dir.), « Témoignages historiques », p. 880의 단락 인용.

29 Varlam Chalamov, *Récits de la Kolyma* (1978), traduit du russe par Catherine Fournier, Sophie Benech et Luba Jurgenson, Lagrasse, Verdier, 2003, préface de Luba Jurgenson, p. 18.

30 칼 라흐만Karl Lachmann(1793~1851)은 필사본들을 체계적으로 분류해서 나온 것들을 가지고 고대 문헌을 연구했다. 문헌학에서 오랫동안 사용된 그의 방법론은 "진짜" 문헌은 후대에 연속적으로 나온 여러 사본들의 가필 또는 변형 그 뒤에 있는 것이라고 주장했다(라흐만은 독일의 어학자이자 성서 문헌학자다. 공인 성서 원문을 버리고 가장 오래된 그리스 사본을 가지고 그리스어 신약성서를 내기도 했다. 그는 4세기 후반 동방교회에서 사용하던

성서를 기준으로 이후의 여러 성서를 평가하고 해석했다.-옮긴이)

31 Luciano Canfora, *Le Copiste comme auteur* (2002), traduit de l'italien par Laurent Calvié et Gisèle Cocco, Toulouse/Marseille, Anacharsis, 2012, p. 21.

32 Antjie Krog, *La Douleur des mots* (1998), traduit de l'anglais par Georges Lory, Arles, Actes Sud, 2004.

33 Antjie Krog, *A Change of Tongue*, Johannesburg, Random House, 2003, p. 279.

34 Stéphanie Maupas, *Juges, Bourreaux, Victimes. Voyage dans les prétoires de la justice internationale*, Paris, Autrement, 2008 ; 그리고 문학적 도식에 대해서는, Yolande Mukagasana, *L'Onu et le Chagrin d'une négresse. Rwanda/ RD-Congo, 20 ans après*, s.l., Aviso, 2014. 국제사법재판소에서 주로 사용된 언어는 영어와 프랑스였다. 저질러지고 가해진 폭력은 항상 부분적으로 변형되어 "번역되었다." 이런 번역 작업에 소요된 과도한 시간도 그 작업과정에 부담이 되었다.

35 Jacques Derrida, « *Versöhnung, Ubuntu*, pardon, quel genre ? », in Barbara Cassin, Olivier Ceyla et Joseph Salazar (dir.), *Le Genre humain*, n° 83, 2004, p. 11-158.

36 *Ibid.*, p. 137-138.

37 Anneleen Spiessens, *Quand le bourreau prend la parole. Témoignage et fiction*, Genève, Droz, 2016, p. 320.

38 Jean Hatzfeld, *Une saison de machettes*, Paris, Seuil, 2003.

5장 수용소에서의 번역

1   *Qui, si je criais%...? Œuvres-témoignages dans les tourmentes du xxᵉ siècle*, Paris, Éditions Laurence Teper, 2007, p. 75.

2   특히 다음 뛰어난 책을 볼 것. François Rastier dans son beau livre *Ulysse à Auschwitz. Primo Levi, le survivant*, Paris, Éditions du Cerf, 2005. ·

3   Primo Levi, *Si c'est un homme* (1961), traduit de l'italien par Martine Schruoffeneger, Paris, Pocket, 1987, p. 174.

4   Pierre Pachet, « Quand il n'y a plus de livres », *La Quinzaine* littéraire, n° 905, août 2005, p. 29.

5   Philippe Mesnard, *Primo Levi. Le passage d'un témoin*, Paris, Fayard, 2011. 다음도 볼 것. «Témoignage historique », *Histoire des traductions en langue française. xxᵉ siècle*, p. 893-896.

6   Primo Levi, *Les Naufragés et les Rescapés. Quarante ans après Auschwitz* (1986), traduit de l'italien par André Maugé, Paris, Gallimard, 1989, p. 169-170.

7   "그에게 남은 것은 하나도 없었다. 그는 나의 말을 통해서만 증언한다." (Primo Levi, *La Trêve* [1963], traduit de l'italien par Emmanuelle Genevois-Joly, Paris, Grasset, 1966, p. 27).

8   Primo Levi, *Si c'est un homme, op. cit.*, p. 52.

9   *Ibid.*, p. 54.

10 Walter Benjamin, « La tâche du traducteur », in *Œuvres*, t. I, traduit de l'allemand par Maurice de Gandillac, Paris, Gallimard, coll. « Folio », 1971, p. 251.

11 Primo Levi, *Si c'est un homme, op. cit.*, p. 58.

12 Primo Levi, *Ist das ein Mensch ?*, traduit de l'italien par Heinz Riedt, Munich, Deutscher Taschenbuch Verlag, 1992, p. 44; « "So bist du rein" ('이렇게 하면, 넌 깨끗해') », « "So gehst du ein" ('이렇게 하면, 넌 파멸을 초래해') », « "Eine Laus, deine Tod" ('이, 이건 네 죽음이야') » (*Si c'est un homme, op. cit.*, p. 55).

13 Primo Levi, *Ist das ein Mensch ?, op. cit.*, p. 138; « "Lo lume era di sotto della luna"(달빛 아래 빛나는 빛) 아니면 이런 어떤 것. 하지만 전엔? 아무 생각도 안 난다. "Keine Ahnung", 여기서 말하는 것처럼 » (*Si c'est un homme, op. cit.*, p. 177).

14 Philippe Mesnard, *Primo Levi. Le passage d'un témoin, op. cit.*, p. 374에서 인용.

15 Zalmen Gradowski, *Au cœur de l'enfer. Document écrit d'un Sonder-kommando d'Auschwitz– 1944*, traduit du yiddish par Batia Baum, Paris, Kimé, 2001.

16 Michel Foucault, « Qu'est-ce qu'un auteur ? », *Dits et Écrits,* t. I, *1954-1975*, Paris, Gallimard, coll. « Quarto », 2001.

6장 번역으로 정의롭게 하라

1 *Force de loi. Le « Fondement mystique de l'autorité »*, Paris, Galilée, 1994, p. 53.

2 Paul Ricœur, « Le juste entre le légal et le bon », *Esprit*, septembre 1991, p. 5-22; John Rawls, *Théorie de la justice* (1971), traduit de l'anglais par

Catherine Audard, Paris, Seuil, 1987.

3   Henri Meschonnic, *Poétique du traduire, op. cit.*, p. 321

4   Robert Larose, « Méthodologie de l'évaluation des traduction », *Meta*, 43, 2, 1998, p. 9.

5   *Ibid.*, p. 10.

6   Jean-Paul Vinay et Jean Darbelnet, *Stylistique comparée du français et de l'anglais. Méthode de traduction*, Paris, Didier / Montréal, Beauchemin, 1958.

7   Michel Demet et Bernard Lortholary, *Guide de la version allemande*, Paris, Armand Colin, 1975; Hélène Chuquet et Michel Paillard, *Approche linguistique des problèmes de traduction. Anglais↔Français*, Paris, Ophrys, 2002.

8   Jean-Paul Vinay et Jean Darbelnet, *Stylistique comparée du français et de l'anglais. Méthode de traduction, op. cit.*, p. 24(저자 강조).

9   Jacqueline Risset, « Traduire Dante », *in* Dante, *L'Enfer*, traduit de l'italien par Jacqueline Risset, Paris, Flammarion, 1985, p. 20.

10 *Ibid.*, p. 23.

11 « *An interpretation [...] is false if it is either delirious, disregarding the constraints of the encyclopaedia, or incorrect, disregarding the constraints that language and the text impose on the construction of interpretation* » (Jean-Jacques Lecercle, *Interpretation as Pragmatics*, Londres, Macmillan, 1999, p. 32-33).

12 « *A just interpretation is one that conforms to the constraints of the pragmatic structure that governs the interpretation of the text, and that does not*

seek to close the interminable process of reinterpretation » (*ibid.*, p. 33).

13 George Steiner, *Après Babel. Une poétique du dire et de la traduction* (1975), traduit de l'anglais par Lucienne Lotringer, Paris, Albin Michel, 1978, p. 277.

14 Michel Deguy, « Une question au poème », in *Gisants*, Paris, Gallimard, 1985; repris dans *Comme si Comme ça. Poèmes 1980-2007*, Paris, Gallimard, coll. « Poésie », 2012, p. 29. (문어와 파이프오르간은 전혀 다른 것이지만, 형상적 닮음이 인정되어 유추될 수 있다면, 이것은 일종의 "같은 다른 것" "다른 같은 것"이 될 수 있다. 문학에서 관건은 그것 "처럼" 느껴지는 연상작용이라는 말이다. "처럼"이 강조되는 것도 그래서다.-옮긴이)

15 Michel Deguy, *Tombeau de Du Bellay*, Paris, Gallimard, 1973, p. 109; cité par Wilson Baldridge, « La Traduction, Mode du Rapprochement » http://soar.wichita.edu/bitstream/handle/10057/3529/Baldridge_1996.pdf?sequence=1.

16 Michel Deguy, « Guerre et paix », *Dix-Huitièmes Assises de la traduction littéraire (Arles 2001)*, Arles, Actes Sud, 2002, p. 19-36 (p. 28).

17 Michel Deguy, « Lettre à Léon Robel », *Change*, n° 19, 1974, p. 50.

18 2015년 퀘벡 번역가들의 선언. 국제펜클럽 헌장 제1항에 채택되었다.

19 « Politique européenne d'accueil. Éthique de la traduction », 7-9 décembre 2017, publié sous le titre *Traduction et migration. Enjeux éthiques et techniques*, Arnold Castelain (dir.) Paris Inalco Presses, 2020 심포지엄을 보라.

20 Jacques Derrida, *Qu'est-ce qu'une traduction « relevante » ?*, Paris, L'Herne, 2005, p. 16.

21 *Ibid.*, p. 18.

22 *Ibid.*, p. 33.

23 이 주제에 대해서 나는 르네 르미유René Lemieux의 탁월한 다음 논문을 참조했다. « Force et signification à l'épreuve de la tra-duction : la *différance* derridienne et son transport à l'étranger », *Recherches sémiotiques*, vol. 29, n° 2-3, 2009, p. 33-58. 그의 분석과 내가 좀 거리를 두는 유일한 점은, 그는 포르티아가 샤일록과 또 다른 직역성으로 대립함으로써 유대인보다 더한 유대인이 되었다고 말했으나, 내가 보기에는 포르티아는 문자와 정신을 동시에 엄밀히 하는 정확한 번역에 동의한 것으로 보인다.

24 Jacques Derrida, « *Versöhnung, Ubuntu*, pardon, quel genre ? », art. cité, p. 11-158.

25 « Car, puisque tu veux la justice, sois certain / que tu auras la justice, au-delà de tes désirs » ("왜냐하면, 당신이 정의를 원하니, 당신의 욕망 그 이상으로 정의를 얻게 될 것이 확실하오) (*Le Marchand de Venise*, traduit de l'anglais par Jean Grosjean, Paris, GF-Flammarion, 1994, acte IV, scène 1, p. 235)." (위 우리말 번역은 장 그로장의 프랑스어 번역본을 옮긴 것이다. 반면, 우리말 번역본을 참조해 보면, 가령 최종철 옮김의 번역본에서는 "당신이 정의를 촉구하니 안심하오, 원하는 것 이상으로 정의를 얻을 테니"로 번역되어 있다.-옮긴이).

26 Jacques Derrida, « Des tours de Babel », in *Psyché. Inventions de l'autre*, Paris, Galilée, 1987, p. 63.

27 Jacques Derrida et Lawrence Venuti, « What is a "Relevant" Transla-tion ? », *Critical Inquiry*, vol. 27, n° 2, Winter 2001, p. 174-200.

28　Gillian Tindall, « Hommage à Bernard Hoepffner » http://hoepf-fner.info/spip3/spip.php?article160.

29　Mohammed Bennis, Bernard Noël et Isabella Checcaglini, *Relative-ment au poème « Un coup de dés jamais n'abolira le hasard » de Stéphane Mallarmé (trois compositions d'Odilon Redon)*, avec le poème en français et en arabe, 4 vol., Paris, Ypsilon, 2007.

30　연구자들 사이에서 이런 도식에 대해서는 다양한 다른 견해가 있음을 지적할 필요는 있다. 그리고 출판사 편집자들과 많은 문학 번역가들 사이에서도 여러 다양한 관점들이 있다. 출판사 편집자들로서는, 대다수 독자들을 위해서라도, 번역은 "번역 냄새가 나지 않아야 할" 필요는 있다. 낯설게 하기 과정과 정확히 반대가 되는 셈이다.

7장 예측 불가능 지대

1　*Frères migrants*, Paris, Seuil, 2017, p. 104.

2　"기계적"인 것과 "비기계적인 것" 간의 구분이 꼭 인간이 하는 번역과 기계가 하는 번역 간의 대립으로 떨어지지는 않는다. 따라서 기계를 통한 비결정성과 비확실성도 생각해볼 필요가 있다. 이에 대해서는 특히 다음을 볼 것. Silvia Kadiu, « Des zones d'indécidabilité dans la traduction automatique et dans la traduction humaine », *Meta*, vol. 61, nº 1, mai 2016, p. 204-220.

3　Édouard Glissant, *Introduction à une Poétique du Divers*, Paris, Galli-mard, 1996.

4   *Ibid.*, p. 18.

5   Édouard Glissant, *Le Discours antillais* (1981), Paris, Gallimard, coll. «
    Folio », 1997.

6   *Littérature*, n° 150, juin 2008. « La traduction au sens large », sous-ti-
    tré « À propos d'Edgar Poe et de ses traducteurs », ouvre le numéro, p.
    9-24.

7   Yves Bonnefoy, « La traduction au sens large », art. cité, p. 11.

8   *Ibid.*, p. 23.

9   *Ibid.*, p. 23-24.

10 Édouard Glissant, *Le Discours antillais, op. cit.*, p. 794.

11 Luigia Pattano, « Traduire la relation des langues : un entretien avec
    Édouard Glissant », *Mondes francophones*, 26 août 2011. https://
    mondesfrancophones.com/dossiers/edouard-glissant/traduire-la-re-
    lation- des-langues-un-entretien-avec-edouard-glissant.

12 Édouard Glissant, « Traduire, relire, relier » (conférence inaugurale),
    Onzièmes Assises de la traduction littéraire (Arles 1994), Arles, Actes
    Sud, 1995.

13 Édouard Glissant, *Le Discours antillais, op. cit.*, p. 431.

14 Édouard Glissant, *Introduction à une Poétique du Divers, op. cit.*, p. 33.

15 Loïc Céry et Cathy Delpech-Hellsten, « La Relation aux frontières de
    la traduction », cycle de conférences, Institut du Tout-Monde, 2014-
    http://tout-monde.com/cycletrad2014.html.

16 글리상은 이것을 1990년에 썼다. 이건 오늘날 더 생각해볼 만한 것

이다.

17 Édouard Glissant, *Introduction à une Poétique du Divers, op. cit.*, p. 122.

18 "하나의 언어에서 다른 언어로의 푸가 예술. 첫번째 언어가 사라지지 않고, 두 번째 언어도 기어이 제시되기에. 그런데 오늘날 각각의 번역은 모든 언어가 모든 언어로 번역될 수 있는 가능성 속에 다 번역되면서 조직적 망을 수반하기에 푸가의 예술이기도 하다."(*ibid.*, p. 46).

19 Édouard Glissant, *Le Discours antillais, op. cit.*, p. 411.

20 Édouard Glissant, *Introduction à une Poétique du Divers, op. cit.*, p. 18.

21 *Ibid.*

22 이 주제에 대해서는 다음 책을 볼 것. Edward Bizub, *La Venise intérieure. Proust et la poétique de la traduction*, Neuchâtel, À la Baconnière, 1991.

23 Guy Régis Jr, « Longtemps je me suis couché de bonne heure. En créole », *remue.net*, 6 septembre 2011 – https://remue.net/Longtemps-je-me-suis-couche-de-bonne-heure-En-creole.

24 제랄드 주네트는 《포에티크》에 발표한 글에서 《잃어버린 시간을 찾아서》의 첫 쪽, 첫 문장이 어떻게 나오게 되었는지를 소개하고 해설한 바 있다. 프루스트는 한 번 쓴 문장을 줄 긋고 행을 바꿔 같은 문장을 다르게 또 <u>쓰고</u>, 또 <u>쓰고</u> 하다 마침내 한 페이지가 거의 다 찰 무렵, 바로 이 문장 "Longtemps je me suis couché de bonne heure"가 나왔다(*Poétique*, n° 37, mars 1979). 베르나르 브륀의 필사도 볼 것, « Le dormeur éveillé. Genèse d'un roman de la mémoire », *Cahiers Marcel Proust, 11, Études proustiennes, IV*, Paris, Gallimard, 1983, p. 244-245.

25 Marcel Proust, *Sodome et Gomorrhe*, in *À la recherche du temps perdu*, vol. III, Paris, Gallimard, coll. « Bibliothèque de la Pléiade », 1988, p. 134.

26 Marcel Proust, *Le Côté de Guermantes*, in *À la recherche du temps perdu*, vol. II, Paris, Gallimard, coll. « Bibliothèque de la Pléiade », 1988, p. 771.

27 Marcel Proust, *Sodome et Gomorrhe, op. cit.*, p. 213.

28 Jacques Derrida, « Derrida, l'événement déconstruction », *Les Temps Modernes*, n° 669-670, 2012, p. 11-12.

29 자크 데리다가 번역에 대해 쓴 글 중에는 다음도 참조할 수 있다. « Des Tours de Babel », *in* J.F. Graham (ed.), *Difference in Translation*, Ithaca/Londres, Cornell University Press, 1985, p. 209-248; id., *Qu'est-ce qu'une traduction « relevante » ?*, op. cit.

30 Luigia Pattano, « Traduire la relation des langues : un entretien avec Édouard Glissant », art. cité.

31 *Ibid.*

32 Vine Deloria, *Custer Died for Your Sins : An Indian Manifesto* (1969), Norman, University of Oklahoma Press, 1988. Voir aussi Florence Delay et Jacques Roubaud, *Partition rouge. Poèmes et chants des Indiens d'Amérique du Nord*, Paris, Seuil, 1988.

33 Joy Harjo, "Resurrection", in *In Mad Love and War*, Middleton, Wesleyan University Press, 1990, p. 18.

8장 번역과 공동체

1 *Communitas. Origine et destin de la communauté*, traduit de l'italien par Nadine Le Lirzin, Paris, PUF, 2000, p. 20.

2 Antoine Berman, *L'Épreuve de l'étranger, op. cit.*, p. 16.

3 *Ibid.*, p. 73.

4 Barbara Godard, « L'éthique du traduire. Antoine Berman et le "virage éthique" en traduction », TTR : *traduction, terminologie, rédaction,* vol. 14, n° 2, 2001, p. 49-82.

5 Lagrasse, Verdier, 2007. « La déontologie ne suffit pas » (p. 11-15) 2장을 볼 것, 메쇼닉은 안토니 핌의 책을 비판한다.

6 *Ibid.*, p. 8.

7 메쇼닉은 이를 잘 지적하고 있다. 번역과 관련한 그의 양가적 관계성은 아마도 여기서 나왔을 것이다. 그에게는, 처음 나온 원본의 성스러운 성격을 되살린 번역만이 '좋은' 번역이다.

8 Gayatri Chakravorty Spivak, *Nationalisme et Imagination* (2010), traduit de l'anglais par Françoise Bouillot, Paris, Payot, 2011, p. 29.

9 Paris, Les Éditions de Minuit, 2007.

10 Lily Robert-Foley, « Politique et poétique du tiers texte », 박사논문 인용.

11 Florence Delay는 truchement('중개인')과 drogman('통역관')이 같은 어원임을 상기한다. "Drogman은 13세기에 이탈리아어 Droguement, 그리스 비잔틴어 dragoumanos, 아랍어 tardjuman 등에서 나온 말이다. 여기서 또 truchement이라는 말도 나오게 되었는데, 12세기에

는 drugement이라고 발음했다. Drogman, Truchement, 이 두 단어는 모두 같은 어원으로, '번역자', '통역자'를 가리키게 되었다."(*Mon Espagne. Or et Ciel*, Paris, Hermann, 2008, p. 191).

12 Martin Rueff, *Différence et Identité. Michel Deguy, situation d'un poète lyrique à l'apogée du capitalisme culturel*, Paris, Hermann, 2009, p. 162. À la place d'« identité », Martin Rueff écrit « mêmeté ».

13 Michel Deguy, « Traduire, disent-ils », in *Réouvertures après travaux*, Paris, Galilée, 2007.

14 Michel Deguy, *Réouvertures après travaux, op. cit.*, p. 225.

15 Judith Butler, « "Nous le peuple" – réflexion sur la liberté de réunion », in collectif, *Qu'est-ce qu'un peuple ?*, Paris, La fabrique éditions, 2013.

16 *Op. cit.*

17 *Op. cit.*

18 Michel Vinaver, *11 septembre 2001 - 11 September 2001*, Paris, L'Arche, 2002. (제목에서 앞의 9월, septembre는 소문자이고, 뒤는 대문자이다. 같은 사건을 보고도 느끼는 방식이 서로 다르다는 의미로 보인다.-옮긴이)

19 *Ibid.*, p. 14.

20 *Ibid.*, p. 20-21.

21 Gayatri Chakravorty Spivak, *Nationalisme et Imagination, op. cit.*, p. 88.

22 Alton L. Becker, *Beyond Translation. Toward a Modern Philology*, Ann Arbor, The University of Michigan Press, 1999.

9장 번역과 생식 또는 출산

1 Hélène Cixous, *Insister. À Jacques Derrida*, Paris, Galilée, 2006, p. 11. 이 문장은 식수와 데리다가 대화하며 나온 것이다. "그는 나에게 이렇게 말했다. '당신은 마이 인시스터'(my insister)입니다[데리다는 맨 앞에서는 영어로 쓰고 있다. 그러나 뒤에 가서는 프랑스어로 단어를 바꿀 것이다. 영어로 insister는 동사 insist의 명사형으로 강요하는 사람, 주장하는 사람이라는 뜻이다. 그러나 우리말로 번역하면 그 의미가 잘 닿지 않는다. 본문에서 설명하고 있지만 '안에' '박혀 있다' 정도의 어원 및 조어 그대로 느끼기 위해 쟁점이 되는 이 단어는 우리말로 번역하지 않는다.-옮긴이]. 이런 말은 외국에서만 알아들을 수 있는 말입니다. 같은 '파사'(Passat) 아래 있는 거죠. 그러니까 첼란이 말했을 법한 무역풍 속에 이동달집을 타고 가듯 말입니다. 당신이 내게 제시한 이 단어, 아니 당신이 찾아낸, 기가 막히게 발굴해낸 이 단어, 남성 명사일 수도 있고 여성 명사일 수도 있는 이 번역 불가능한 단어. 그렇다면, 나도 당신에게 똑같이 이 단어를 돌려드릴 수 있겠습니다. 당신은, 아니 당신도 마이 인시스터(my insister), 몽 앵시스테(mon insister), 몽 앵시스퇴르(mon insiteur)[프랑스어로는 insister가 앞의 영어처럼 명사가 아니라 동사로만 쓰인다. 그래서 바로 뒤에 명사형으로, 주장하는 사람이라는 뜻의 insiteur라는 단어를 만들어냈다. 프랑스어에는 없는 단어다.-옮긴이]."(p. 42)

2 Lori Chamberlain, « Gender and the Metaphorics of Translation »(1988), in *The Translation Studies Reader*, Lawrence Venuti (ed.), New York/Londres, Routledge, 2000, p. 306-321.

3 Yves Chevrel et Jean-Yves Masson (dir.), 4 vol., Lagrasse, Verdier, 2015-2019.

4 George Steiner, *Après Babel, op. cit.*, p. 279.

5   « Toujours l'élan procréateur du monde » (Walt Whitman, *Feuilles d'herbe*
    [1855], traduit de l'anglais par Éric Athenot, Paris, José Corti, 2008, p. 53).

6   George Steiner, *Après Babel, op. cit.*, p. 279.(라틴어 표현대로라면 "책이든
    자식이든"이라는 뜻인데, 이것은 일종의 언어 유희이면서 또 어떤 의미를 갖기
    도 한다. 우리말은 철자가 완전히 다르지만, 라틴어로는 책(libri)과 자식(liberi)
    이 공교롭게도 철자가 비슷하다.-옮긴이)

7   Paul Audi, *Créer*, Lagrasse, Verdier/poche, 2010, p. 329.

8   Alain Rey의 사전 *Dictionnaire historique de la langue française*에 나온
    정의를 볼 것. « Procréer(1324)는 타동사이며, 라틴어 pro-creare에서
    차용했다. pro(→ pour, pro)('-를 위하여', '-앞'), 그리고 creare (→ créer,
    "engendrer, produire"('창조하다', '발생시키다', '생산하다'). 여기서 더 나아가
    비유적 의미로 "causer, faire naître, produire"('태어나게 하다', '생산하다'). 이 단
    어는 라틴어에서는 두 의미로 쓰였다. "engendrer"('발생시키다')는 인간, 인
    류 종에 대해 말할 때 주로 썼고, 여기서 비유적으로 "produire" (15세
    기초)('생산하다')로도 쓰였다. 이 동사에 상응하는 명사 procréa-
    tion(1213)은 여성 명사로 라틴어 procreatio, -onis에서 차용했다. 두
    가지 의미로 쓰였다. procréateur, trice(1547)는 procréer와 procréation
    에 상응하는 형용사로, 라틴어 procreator에서 차용했다. 특별히 이
    명사는 복수로 쓰인다. procreare의 라틴어 문법에 있는 동사상動詞狀
    명사다. 이 단어는 형용사로도 인정된다. 남성형(1547)으로 쓰이다
    가 여성형(1586)으로도 쓰인다. 복수의 부모(1581)를 가리키는 체언
    적 용법은 아주 오래된 표현이거나 재미난 표현이다.

9   Gilles Deleuze, *Critique et Clinique*, Paris, Les Éditions de Minuit, 1993,
    p. 11.

10 *Ibid.*

11   Catherine Malabou, *Changer de différence. Le féminin et la question philosophique,* Paris, Galilée, 2009.

12   자크 데리다는《에프롱Éperons》에서 니체를 임신한 철학자처럼 말한다. "그는 여자 못지않게 남자에게도 찬사를 보낸다. 쉽게 울고 마는 자신을, 아이를 임신한 여자처럼 상상하며 자기 생각을 말하기도 한다. 나는 자주 울며 임신한 배 위로 눈물을 떨어뜨리는 그를 상상한다."(*Éperons. Les styles de Nietzsche*, Paris, Flammarion, 1978, p. 51).

13   Henri Atlan, *L'Utérus artificiel,* Paris, Seuil, 2005. 이 저자에 따르면, 생명공학의 발전으로 인공 자궁이 50년에서 100년 사이에 나올 것이다.

14   Judith Butler, *Humain, Inhumain. Le travail critique des normes. Entretiens*, traduit de l'anglais par Jérôme Vidal et Christine Vivier, Paris, Éditions Amsterdam, 2005, p. 101-102. 이렇게도 덧붙인다. "이 용어가 만들어낼 수 있는 새로운 존재론적 결과를 검토하는 것도 중요하다. 왜냐하면 이 용어가 이미 단단히 정립된 존재론에서 해방되어 나왔다 해도, 반드시 새로운 용어가 되는 것은 아니기 때문이다."

15   Paul de Man, « Conclusions : "La tâche du traducteur" de Walter Benjamin », traduit de l'anglais par Alexis Nouss, dans *Autour de « La tâche du traducteur »*, Dijon, Théâtre typographique, 2003, p.29.

16   Jacob et Wilhelm Grimm, *Deutsches Wörterbuch*, cité par Alexis Nouss dans *Autour de « La tâche du traducteur », op. cit.*, p. 45.

17   Antoine Berman, *L'Âge de la traduction. « La tâche du traducteur » de Walter Benjamin, un commentaire*, Saint-Denis, Presses universitaires de Vincennes, 2008, p. 71. 베르만은 텍스트 전체의 맥락, 즉 텍스트

에 흐르는 강력한 개념에도 민감해야 하지만, 그의 표현에 따르면, 텍스트의 불투명성, 어떤 난해함을 만드는 텍스트의 이미지들에도 민감해야 한다는 것을 강조한다. 그는 왜 번역이 개념보다는 이미지에 의해 더 잘 해명되는지 묻는다. "하지만, 메타포와 이미지들이 번역을 정의하는 것은 아니다. 여기서는 다만 번역을 이렇게 둔탁하고 어둡게 정의해보는 것이다."(p. 28)

18 *Ibid.*, p. 53.

19 Paul Valéry, « Variations sur *les Bucoliques* », in *Œuvres*, t. I, Paris, Gallimard, coll. « Bibliothèque de la Pléiade », 1957, p. 215. 베르길리우스의 전원시를 번역한 경험을 말하는 이 유명한 글은 유기적 메타포들을 상당히 많이 써서 설명한다. 발레리는 가령 이를 "죽은 새들"에 비유하기도 하고 "비통한 시체"라고도 한다. 발레리는 번역을 통해 시의 형태를 복원하려는 노력을 기울이지는 않는다. 오히려 반대로, 작품의 미완성 상태로 남겨놓는다. 그래야 계속해서, 항상, 번역할 수 있기 때문이다. 마치 이것이 번역의 생, 아니 그 생존인 양. 베르길리우스를 번역하며 발레리는 이렇게도 쓴다. "이 작품의 생 자체에 가능한 한 감각적으로 예민하게 참여하는 나를 상상했다. 왜냐하면, 하나의 작품이 완성되며 죽기 때문이다."(*ibid.*, p. 210 그리고 217-218)

20 Pierre Leyris, entretien dans *Le Monde*, 12 juillet 1974.

21 Yves Bonnefoy, *Quarante-cinq Poèmes de Yeats, suivis de La Résurrection*, Paris, Hermann, 1989, p. 88-89. (이 번역 시는 위에 실린 예이츠의 영문 시를 번역한 것이 아니라, 아래 실린 이브 본푸아의 번역시를 옮긴 것이다.-옮긴이)

22 *Ibid.*, p. 29.

23 Zalmen Gradowski, *Au cœur de l'enfer. Document écrit d'un Sonderkom-mando d'Auschwitz– 1944, op. cit.*

24 Propos de Batia Baum rapportés par Luba Jurgenson, « Témoignage historique », section citée d'*Histoire des traductions en langue française. xxe siècle*, p. 879.

10장 감각으로의 전환

1 *Petits Traités I*, Paris, Gallimard, coll. « Folio », 1990, p. 572-573.

2 Evelyne Grossman, *Éloge de l'hypersensible*, Paris, Les Éditions de Minuit, 2017, p. 40.

3 Paolo Bellomo, « La traduction à l'épreuve de l'imitation. Traduction, pastiche, pensées de la ressemblance en France et en Italie aux xixe et xxe siècles », 2018년 파리3대학 박사논문.

4 "이야기, 연결 없는, 하지만, 연상조합된, 마치 꿈처럼. 시―그저 '조화로운' 것, 아주 아름다운 단어들로 가득 찬 것―그러나 또한 의미가 박탈된 것, 의미들 간의 관계가 박탈된 것―이해 가능한 정도에서 따로 떨어져 고립된 몇몇 절들, (…) 진정한 시란 '알레고리' 의미들로 크고 넓게 엮인 것일 수 있어야 한다. 음악처럼 간접적인 효과를 낼 수 있어야 한다." (Novalis, *Fragments*, traduit de l'allemand par Maurice Maeterlinck, Paris, José Corti, 1992, I, n° 1473, p. 392)

5 Jacques Roubaud, *Traduire, journal*, Caen, Nous, 2018, p. 59. (철자가 따로 없는 단어도 있고, 의미도 잘 조합되지 않는, 난해한 시이다. 의미보다 감각에 취중하여 자음과 모음을 조합하거나 음성적 유희를 한 듯하다.―옮긴이)

6 Jean François Billeter, *Trois Essais sur la traduction*, Paris, Allia, 2014, p. 83.

7 Élisabeth de Fontenay et Marie-Claire Pasquier, *Traduire le parler des bêtes*, Paris, L'Herne, 2008.

8 Marielle Macé, « Écoute ce que te dit l'oiseau », *Po&sie*, n° 167-168, 2019, p. 230-238.

9 Traduit de l'allemand par Armel Guerne, Paris, Albin Michel, 1978.

10 *Traduire le parler des bêtes, op. cit.*

11 Caen, Nous, 2008. 다음도 볼 것, *Po&sie* 167-168호, *op. cit.*

12 Jacques Demarcq, *Nervaliennes*, Paris, José Corti, 2010, p. 105.

13 *Le Nid d'oiseaux, ou Petit alphabet amusant, contenant une description succinte [sic] des principaux oiseaux de la France*, Paris, À la librairie d'éducation d'Alexis Eymery, 1817.

14 Eduardo Kohn, *Comment pensent les forêts. Vers une anthropologie au-delà de l'humain* (2013), traduit de l'anglais par Grégory Delaplace, Bruxelles, Zones sensibles, 2017, p. 184.

15 Marielle Macé, « Écoute ce que te dit l'oiseau », art. cité. 다음도 볼 것. Anna Lowenhaupt Tsing, *Le Champignon de la fin du monde. Sur la possibilité de vivre dans les ruines du capitalisme*, traduit de l'anglais par Philippe Pignarre, Paris, La Découverte, 2017.

옮긴이의 말

"생각하지 말고, 보아라!"
왜 직역인가, 왜 감각으로의 전환인가

스페인의 화가 프란시스코 데 수르바란은 헤라클레스의 12역사를 소재로 여러 점의 그림을 그렸다. 특히, 1634년에 그린 〈칼페산과 아빌라산을 나누는 헤라클레스〉를 가만히 보다 보면, 번역가의 힘든 과제가 자연스레 연상된다. 번역가와 작가가 결정적으로 다른 점은 무엇일까? 번역자는 2개 언어를 '동시에' 다루는 자다. 수르바란의 그림에서 헤라클레스는 역도 선수처럼 고개를 숙인 채, 온 힘을 다해 두 언어를 '들어올리는' 중이다.

우리는 흔히 '번역하다'를 '옮기다'라고 하고, 번역자를 '옮긴이'라고 한다. 그런데 골똘히 생각해보면, 과연 번역이 정말 그렇게 단순히 어떤 것을 어떤 곳에서 다른 곳으로 가져오는 일인지 의문이 든다(짐 나르기는 너무 쉽다. 좋아했던 사람이 나의 번역 일을 부동산 중개인에 비유해 몹시 실망한 적도 있다). 출발어와 도착어를 논하지만, 번역하는 자는 출발하면서부터 이미 반은 도착해 있고, 도착하기도 전에 자꾸 출발지를 뒤돌아보고, 기웃거리고, 서성댄다. 헤라클레스의 기둥이 있다고 알려진 지브롤터 해협의 양안 칼페와 아빌라산을 쪼개면서도 잇고 또 이으면서도 쪼개는 기이한 느낌. 두 산을 완전히 들어올린다기보다 어정쩡한 현재 진행형의 자세에서 육중한 피곤함이 먼저 느껴진다. 반면 이후에 나타날 기동성起動性의 자세를 표상한 헤라클레스의 기둥 그림 및 조각상에서는 항상 두 개의 원기둥을 표장처럼 들고 다니고, 두 다리는 앞뒤로 1미터 정도 차이 나게 벌린 일종의 런지 자세다.

왜 번역에 대해 말할 때 끊임없이 '차이'를 말하는가? 도착어는 출발어를 강줄기를 따라가듯 하라거나(때론 강줄기에서 살짝 멀어져도, 다시 돌아와야 하거나), 출발어와 도착어 사이에 한 뼘 정도 되는 거리를 유지해야 제대로 평가를 받는다거나, 거울을 보듯(때론 유리창일 수 있다) 따라가라고 하거나, 무성생식하듯 재현하라고 하거나. 일견 유사성을 말하는 것 같지만 분명 차이성을 끊임없이 인식시킨다. 번역은 이렇듯 다른 두 언어로 작업하는 탓에 부득이 착종錯綜된다. 우뚝 선 기립 자세로, 홀연히 자태를 뽐내는 자립적인 글이 되지 못하고, 왠지 결함이 있는 것 같고, 못 생기고, 딱하고, 난감한 글이 된다. 초벌의 번역문은 늘 이렇듯 결함 투성이의 문체를 갖는다. 그런데 이것이 원초적이고 거친 생기를 지닌 원시림 같은 글일 수 있다. 재교, 삼교를 거쳐 끝없이 윤문하고 조탁하여 완성되어 나오지만, 이것이 실은 기만된 형태라면 지나친 과장일까? 거의 모든 번역 출판물(특히 문학 번역물)은 잘 통용되지만, 그래서 자기 고유의 스타일을 잃어버리고 만, 표준화된 상품으로 소비되고 있다. 우리는 카프카를, 보들레르를 읽는 것이 아니라 카프카라고, 보들레르라고 믿는 일종의 기망欺罔을 읽고 있는지 모른다.

참으로 해결할 길 없는 난제처럼, 아이러니하게도 번역은 결점이 있으면서도 완벽해야 하고, 추하면서도 아름다워야 한다. 티펜 사모요는《번역과 폭력》전반부의 상당한 장을 할애하여, 이 피할 길 없는 번역 작업의 본질적 폭력성을 반목성, 길항성, 차이성 등의 개념을 통해 다각적으로 해설하며, 선제적으로 번역의 '부정성'을 인정한다. 그런데 만일 번역이 창작보다 위대한 과업이라면, 상처를 내면서 상처를 봉합하고, 불을 끄면서 불을 피우는 역설적인 이중 작업을 수행하기 때문이다.

헤라클레스가 번역가의 수호신이 될 수 있다면, 힘든 고역을 초인적인 힘과 불굴의 정신으로 해내는 자여서만이 아니라, 언제든 성질을 버럭 낼 것 같은 무지막지하면서도 파괴적인 광기를 부릴 위태로운 자여서이기도 하다(나는 이전에 번역 작업 도중 원서 일부를 찢어버리거나 연필을 부러뜨린 적도 있다). 헤라클레스가 수행하는 12역사라는 것도, 가령 드잡이하고, 생포하고, 훔쳐오고, 몰고 오고, 퇴치하고, 청소하고, 따오고, 수로를 변경하고, 괴력을 이용해 산줄기를 없애고, 잘라도 잘라도 다시 나오는 히드라의 머리들을 쳐내는 일들이다. 번역자는 어쩌면 '쓰는 자'라기보다 '쓴 것을 다시 쓰고' '쓴 것을 지우고, 쳐내며' 파괴하는 자다.

파리에서 유학하던 시절, 나는 용케도 파리8대학에서 티펜 사모요의 수업을 들었다. 당시 나의 지도교수는 다른 분이었지만, 번역을 이미 업으로 삼고 있던 나는 강의 제목에 이끌려그녀의 수업을 들었다. 강의 제목은 "번역을 생각하다, 번역된 텍스트를 생각하다Penser la traduction, penser le texte traduit였다. 강의 때 받은 참고문헌 자료를 지금까지 버리지 않고 가지고 있는데, 발터 벤야민, 앙투안 베르만, 알렉시 누스, 이브 본푸아, 바바라 카생, 자크 데리다, 앙리 메쇼닉, 앤서니 핌, 조르주 스타이너, 폴 리쾨르, 미카엘 우스니토프, 조르주 무냉, 조르주-아르튀르 골드슈미트, 자크 루보, 자클린 리세, 장 그로장, 폴 발레리 등 번역 담론에 관해 읽어야 할 추천서들로 빼곡하다.

또한 강의 시간에 읽은 인용 텍스트가 있는데, 제목이 흥미로워 여태 가지고 있다. 제목은 "$\frac{sur}{sous}$ traduction"이다. 제자(題字) 편집이 재미있다. '위'를 뜻하는 전치사 Sur가 위에, '아래'를 뜻하는 전치사 'sous'가 아래에 있다. 글쓴이는 배우이자 연출가인 피에르 드보슈인데, 극작가이자 시인인 폴 클로델(조각가 카미유 클로델의 남동생)의 말을 인용하며 (연극 대본은 잘 흘러가지만, 인생은 꼭 그렇게 잘 흘러가는 게 아니라는) 그의 글을 시작한다. 대본과 인생의 차이를 지적한 클로델의 말에서 영감받아, 드보슈는 원문과 번역문의 관계를 연상한다. 그에 따르면, 번역은 하다 보면 의미는 거의 유사하게 오지만 문체, 즉 스타일이 약화된다. 이것이 sous-traduit이다. 반면, 모국어가 아닌 외국어로 읽는 번역자는 아무리 그 외국어를 잘 이해하는 자라고 해도 외국인인 이상, 훨씬 집요하게 의미를 추적하고 탐색하며 원 작가가 쓸 때 미처 생각하지 못했던 것까지 정통하게 알아내 이를 좀더 부각하게 된다. 이것이 sur-traduit이다.

그렇다, 이런 게 번역의 실상이다. 티펜 사모요는 무조건 잘 읽히면 된다는 식으로, 좋은 게 좋은 거라는 식으로 번역하는 긍정주의 담론이 얼마나 무력하고, 실효성이 없는지 암묵적으로 비판하며, 어떤 경우에도 "자민족 중심주의 담론"으로 돌아가지 않겠다고 선언한다. 이미 앙투안 베르만이 끊임없이 주의를 요구한 "자민족 중심주의 담론"을 다시 한번 유의시키는 것이다. 왜냐하면 번역의 반목성과 길항성, 또 그 폭발적 잠재력을 무시하지 않고 도래할 번역을 슬기롭게 기다려야 더 뛰어난 번역가로서 성장할 수 있기 때문이다. 문학과 언어의 그 모든 천편일률성, 해묵은 거시담론에도 불구하고, 이 일탈하려는, 탈주하고 분기하려는, 미분되어서라도 차이를 생성하려는, 이 파괴적 파편성만이 그나마 문학과 언어의 가능성을 남겨놓기 때문이다. 잡다함과 악의 흔적을 지우기보다 차라리 드러내거나, 아니면 결정을 끝없이 미루고 지연하면서 자크 데리다의 방식으로 산종시키거나 얼룩진 자국을 남겨 진리를 흔들어댐으로써 찰나적으로 진리를 깨치게 할 수 있다.

셰익스피어의 〈베니스의 상인〉에 나오는 여주인공 포르티아(포셔)의 기가 막힌 불가능성의 가능성을 역설한 판결("살 1파운드는 취하나, 피는 흘리지 않고")에서 자크 데리다는 정량의 살 1파운드와도 같은 언어 고유의 문자성을 있는 그대로 취하는 직역성과 그럼에도 신탁 언어와도 같은 저 성운층에서 일어날 법한 초월적 교환성에 버금가는 의역성을 동시에 강조한다. 셰익스피어가 하필 미묘하게 직감적으로(또는 혜안적으로) 써버린 동사 'season'에서 데리다는 감탄을 불러일으킬 만한 사유를 해낸다. 그 어떤 번역자가 데리다처럼 'season'에서 번역하지 않고 머물기를, 지연하기를, 못내 괴로워하면서 번역하지 말기를 희열했을까? 놀리 메 탄게레('나를 만지지 말라'), 놀리 메 프란게레('나를 부숴뜨리지 말라'). 그렇다, 나를 번역하지 말라. 아니, 그러면서 번역하라. 페스티나 렌테로, 코나투스 속의 카이로스로. 인내하고 자제하되, 숏구치기!

직역이냐, 의역이냐. 이 해묵은 양항론은 실상 우리에게 좋은 번역을 위한 어떤 해법도 제시하지 못한다. 왜냐하면 두 언어는 상호 배제되거나 상호 보완될 뿐, 서로 완벽하게 독립적이지도 않고, 서로 완벽하게 일치하는 것도 아니기 때문이다. 직역과 의역이라는 개념을 지워버리고, 차라리 언어는 몸과 정신이라고 머릿속에 새기는 게 낫다. 횔덜린의 이 눈부신 금과옥조 "그러나 세상의 주인이신 아버지가 그 무엇보다도 사랑하시는 것이 있으니, 그것은 문자가 그 견실함 속에 정성스레 유지되는 것이다"를 가슴에 새기고 새기는 게 낫다. 단어 하나하나를, 문형 하나하나를, 문법 하나하나를, 문체를, 구조를 살아 계신 내 앞의 주님, 곧 지상을 떠나 부활하여, 천상으로 가실 주님의 몸처럼 느껴보자.

여성으로서는 최초로 성서를 번역한 줄리아 스미스의 직역론은 그래서 더욱 의미심장하다. "나는 단어 대 단어로 번역했다. 나에게서 나온 것은 어떤 것도 덧붙이지 않았고, 히브리어 단어나 그리스어 단어를 똑같이 영어로 쓰려고 정말 애를 썼다." 마치 "샘물을 만지듯", 텍스트의 문자를 만져서 번역한 그녀의 문장은 가령 "And Adam will call his wife's name Life, for she was the mother of all the living"이 되었다. 앞은 미래 시제, 뒤는 과거 시제(이 시제 함의는 중차대하다). 그리고 이브Eve라고 명명하지 않고 Life, all the living이라고 했다. 그러나 그녀의 번역문은 잊혀졌다. 강력하게 통용되고 해석의 대세가 된 대개의 영어, 프랑스어, 한국어 성서는 두 시제가 뒤바뀌어 있거나, 차이가 드러나지 않게 번역되었고, 생명적 추상성을 견뎌내지 못하고, 구체성으로 바꿔 명명했다.

　　일찌감치 발터 벤야민은 원문(작가)과 번역문(번역가)을 숲속과 숲 바깥으로, 즉 두 세계, 두 직업간의 공간 및 영역, 위상을 철저히 구분하고, 그 비유사성을 이해함으로써 번역이 단순한 모방 또는 복제, 팩시밀리가 아님을 확언하되, 그러면 어떻게 번역문이 원문의 메아리를 울리게 할 것인가를 고뇌하였다. 벤야민은 왜 '숲'을 연상했을까? 그리고 이어 왜 '메아리'를 연상했을까? 메아리는 연기緣起적이다. 분산적이고 확산적이다. 나르키소스를 사랑한 에코의 그 '작고' '잦은' 조용하고도 부산한 미세한 떨림은 번역자의 몫이다. 읽지 말고, 보아라. 읽지 말고 들어라. 번역된 글에서 형상적, 시각적 이미지가 연상되지 않고, 목소리와 리듬이 들리지 않고 느껴지지 않는다면, 결국 번역은 실패다, 파국이다.

티펜 사모요가 이 책 후반부와 결구에서 지혜롭게 강조하고 있듯, 이제 번역은 다시 두 개의 sens(단수의 sens는 '의미'를 뜻하고, 복수의 sens는 '감각' 또는 '관능적 전율'에 가까운 의미일 수 있다)를 화두로 삼아야 한다. 사모요는 번역학의 역사에서 분명 '감각으로의 전환'이라는 패러다임의 변화가 있었다고 진단한다. 물성을 살리는 번역, 감각성을 살리는 번역이 그것이다. Sens에 대한 철학적 고찰은 롤랑 바르트, 질 들뢰즈 등에서부터 이미 있어왔지만(마르셀 프루스트의 작품에서도 이미 이런 발견 및 탐색은 있었다), 번역 수행에 대입해 끊임없이 성찰하고 연마하면 상당한 번역의 질적 변화가 있을 것이다. 그런데 유의할 것은, 단수가 먼저가 아니라 복수가 먼저라는 점이다. 물리적 구체성은 흔히 복수로 표상되고, 형이상학적 추상성 및 신성한 윤리성은 흔히 단수로 표상되는데, 가감의 복잡한 생의 번뇌를 겪다가, 궁극에 승하듯(거듭나듯) 단수로 비약할 뿐이다. 의미는 감각들이 열거되고, 연언되는 중에 연기 향기처럼 발산되고 징조될 뿐, 외부에서 만들어져 내 앞에 제시되는 법은 없다.

번역이 지식이나 정신만이 아닌 몸으로 하는 수행인 것은, 영매처럼 영적 미메시스를 재현하기 위해 원문을 흉내내며 입을 달싹거리고, 발을 동동 구르고, 고개를 저어대기 때문이다. 단순한 징후가 아닌 증상, 발병처럼 번지는 열거법이나 발열적 수사구들을 번역하며 어찌 번역가가 무심하고 태연자약할 수 있을까. 화가가 점은 점대로, 선은 선대로, 면은 면대로 그리는 이유가 있듯, 번역가는 작가의 온갖 내적 신열과 분노, 때론 울혈과 우울, 침울을 같이 앓아야 한다. '직역' 또는 '정확성', 더 나아가 '정의'에 차원에 이르는 번역자의 윤리성, 시성은 이런 맥락에서 이해될 필요가 있다. 쉼표 하나하나, 단어의 개수, 품사의 조합(왜 명사인가, 왜 형용사인가, 또 왜 동사인가?)까지 번역자가 파악하는 것은 화가와 음악가의 배색과 음색, 그 톤까지 살피는 일과 같다. 사랑하는 그 누군가를 다 알고 있다고, 다 파악하고 있다고 결론짓지 말고, 우선 보아라, 자세히 보아라.

실연하고 패배한 나에게 찾아온 새로운 애인처럼 뼛속 깊이 위로와 자성을 주는 비트겐슈타인의 이 말! "생각하지 말고, 보아라!" 그렇다, 번역하면서 성급하게 읽고, 성급하게 생각하고, 성급하게 옮기지 말고, '보아라!' 언어라는 몸을, 텍스트라는 샘물을 조금이라도 만져보기 위해. 그런데 대관절 무엇이 보일까.

　"형편없는 글의 기능. (…) 정원사의 정원에는 물론 장미들과 나란히 똥거름과 쓰레기와 짚이 있다. 그러나 그것들은 단순히 그 가치에서만 차이가 있는 게 아니라, 무엇보다 정원에서의 기능에서도 구별된다. 조악한 문장처럼 보이는 것이 좋은 문장의 씨앗일 수 있다."(비트겐슈타인)

2023년 10월

류재화

번역과 폭력

초판 1쇄 발행 2023년 11월 22일

지은이　티펜 사모요
옮긴이　류재화

펴낸이　김준성
펴낸곳　책세상
등록　1975년 5월 21일 제2017-000226호
주소　서울시 마포구 동교로 23길 27, 3층(03992)
전화　02-704-1251　**팩스**　02-719-1258
이메일　editor@chaeksesang.com
광고·제휴 문의　creator@chaeksesang.com
홈페이지　chaeksesang.com
페이스북　/chaeksesang　　**트위터**　@chaeksesang
인스타그램　@chaeksesang　　**네이버포스트**　bkworldpub

ISBN 979-11-7131-040-1 93700